Heinrich Preschers

Helvetischer Calender

Für das Jahr 1794

Heinrich Preschers

Helvetischer Calender
Für das Jahr 1794

ISBN/EAN: 9783744691369

Hergestellt in Europa, USA, Kanada, Australien, Japan

Cover: Foto ©ninafisch / pixelio.de

Weitere Bücher finden Sie auf **www.hansebooks.com**

Helvetischer Calender für das Jahr 1794.

Zeitrechnung.

Das Jahr Christi 1794. ist ein ordinar Jahr von 365. Tagen; es ist

das 6507. Jahr der Julianischen Periode.

5975. Jahr von Erschaffung der Welt nach der Jobel-Aera.

2570. Jahr der Olympiaden, oder

das 2. Jahr der 643. Olympias.

2947. Jahr nach Erbauung der Stadt Rom.

487. Jahr seit dem die ersten Eidsgenossen den Grund der Helvetischen Freyheit gelegt haben.

443. Jahr seit dem Zürich und Luzern dem Eidgenößischen Bund beygetreten.

441. Jahr seit dem ewigen Bund der 8. alten Orte.

281. Jahr seit dem die 13. Eidgnößis. Cantons durch Appenzells Aufnahm in den Bund vollzählig geworden.

145. Jahr seit dem die Souverainität der Hochlöbl. Eidgenoßschaft von allen Hohen Mächten Europens einmüthig anerkennt, und in dem Münsterschen und Osnabrückischen Friedensschluß garantirt worden.

Der 1. Neumond dieses Jahrs, so auf den 2. Jenner einfällt, ist der 73897. nach Erschaffung der Welt. Er ist

der 63. in der Ecliptischen Tafel; bisdahin sind

2182111. Tage seit dem ersten Schöpfungs-Tag verflossen.

Jenner hat 31. Tage.

Neuer Calender. Alter Calender.

1	M	1 Neu-Jahr ✝	21	Thomas Ap. ✝
2	D	2 Abel	22	Chyridonius
3	F	3 Enoch	23	Dagobertus
4	S	4 Gottfried	24	Adam/ Eva.
5	S	5 E. Simeon	25	Christtag ✝
6	M	6 Casp. Mel. B. ✝	26	Stephanus ✝
7	D	7 Veritas Isid.	27	Joh. Evang. ✝
8	M	8 Erhard	28	Kindleintag ✝
9	D	9 Julianus	29	Thomas Bisch.
10	F	10 Samson	30	David
11	S	11 Diethelm	31	Sylvester
12	S	12 E. Ep. Satyrus	1	Neu-Jahr ✝
13	M	13 XX. Tag ✝	2	Abel
14	D	14 Felix Pr.	3	Enoch
15	M	15 Maurus	4	Gottfried
16	D	16 Marcellus	5	Simeon
17	F	17 Antonius ✝	6	Casp. Mel. B. ✝
18	S	18 Prisca Jgfr.	7	Veritas. Isid.
19	S	19 2.Ep. Pontianus	8	1.Ep. Erhard
20	M	20 Seb. Fab. ✝	9	Julianus
21	D	21 Meinrad ✝	10	Samson
22	M	22 Vincentius ✝	11	Diethelm
23	D	23 Emerentiana	12	Satyrus
24	F	24 Timotheus	13	XX. Tag ✝
25	S	25 Pauli Bekehr. ✝	14	Felix Pr.
26	S	26 3.Ep. Polycarp.	15	2.Ep. Maurus
27	M	27 Joh. Chrisost.	16	Marcellus
28	D	28 Carolus ✝	17	Antonius ✝
29	M	29 Bakr. Kneg.	18	Prisca Jgfr.
30	D	30 Adelgundus	19	Pontianus
31	F	31 Vigilius	20	Sebast. Fab. ✝

Politischer Calender.
Politische Feste und Jahrmärkte.

1) Burgermeister - und andere Wahlen zu Neuenburg. Leipziger - Meß.
2) Berchtoldus - Fest in Zürich. Räthenbesatzung zu Frauenfeld. Schüpfen, J. M.
4) Freyburg. Sempach, J. M.
6) Zofingen, J. M.
7) Solothurn, J. M.
8) Appenzell. Klingnau, J. M.
11) Sursee, J. M.
13) Sogenannter Laidtag und kleine Raths-Besatzung zu Biel. Burgergemeind. zu Mellingen. St. Ursitz, J. M.
13) Das Schulden-Gericht zu Zürich öffnet sich.
14) Bern, J. M. Lyoner - Meß.
15) Liestall, J. M.
17) Mellingen, J. M.
18) Utznach, J. M.
19) Grosse Rathsbesatz. zu Biel. Seewis, J. M.
20) Einführung und Rechnungs - Abnahme der Vogte von Utznach und Gaster.
24) Meyenburg, J. M.
27) Pfäffiken. Schweitz, J. M.
28) Carolusfest in Zürich. Vivis, J. M.
29) Rapperschweil. Unterseen, J. M.
30) Winterthur, J. M.

Zu Ende des Monats der Anfang des jährlichen Congresses zu Chur.

Hornung hat 29. Tage.

Neuer Calender.			Alter Calender.	
32	S	1 Brigita	21	Meinradus †
33	S	2 4 Ep. Lichtmeß †	22	3 Ep. Vincent.†
34	M	3 Blasius	23	Emerentiana
35	D	4 Cleophea, Ver.	24	Timotheus
36	M	5 Agatha	25	Pauli Bek. †
37	D	6 Dorothea	26	Polycarpus
38	F	7 Richardus	27	Joh. Chrisost.
39	S	8 Salomon †	28	Carolus †
40	S	9 5 Ep. Apolonia	29	4 Ep. Val. Rueg
41	M	10 Scholastica	30	Adelgund.
42	D	11 Euphrosina	31	Vigilius
43	M	12 Susanna	1	Brigitta
44	D	13 Castor, Jonas	2	Lichtmeß †
45	F	14 Valentinus	3	Blasius
46	S	15 Faustinus	4	Cleophea. Vero
47	S	16 E 70. Juliana	5	Sept. † Agatha
48	M	17 Donatus	6	Dorothea
49	D	18 Gabin. Ruth	7	Richard.
50	M	19 Gutbrecht	8	Salomon †
51	D	20 Dietrich	9	Apolonia
52	F	21 Simachus	10	Scholastica
53	S	22 Peter Stuhlf. †	11	Euphrosina
54	S	23 E 60. Josua Seb.	12	Ser. † Susanna
55	M	24 Mathias †	13	Castor Jonas
56	D	25 Victorinus	14	Valentinus
57	M	26 Nestorius	15	Faustinus
58	D	27 Nodosius	16	Juliana
59	F	28 Leander	17	Donatus

Politischer Calender.
Politische Feste und Jahrmärkte.

1) Ettisweil, J. M.

3) Monten. Thiengen. Seevis. Diessenhofen. Hauptweil. Lichtensteig, J. M.

4) Eglisau. Wyl, J. M.

5) Appenzell. Liestall. Zweysimmen, J. M.

6) Lenzburg. Oesch, J. M.

7) Lausanne, J. M.

11) Brugg, J. M.

12) Arberg, J. M.

14) Wallenburg. Herisau, J. M.

18) Grüningen. Schaffhausen, J. M.

22) Ettisweil, J. M.

24) Bremgarten. Sitten, J. M.

25) Bülach. Chauxdefond, J. M.

26) Gryers. Büren. Langnau. Morsee, J. M.

27) Aerneu. Bischofzell. Münster, J. M.

März hat 31 Tage.

Neuer Calender.   Alter Calender.

60	S	1 Albinus	18	Gabin Ruth
61	S	2 Eso.Hrn Faßn†	19	Hrn. Faßn.†S.
62	M	3 Lucius	20	Dietrich
63	D	4 Adrianus	21	Simachus
64	M	5 Escherm.† Euf.	22	Escherm. P Stf†
65	D	6 Fridolinus †	23	Josua Seb.
66	F	7 Felicitas	24	Mathias †
67	S	8 Pontius	25	Victorinus
68	S	9 Jud.† 40 Ritter	26	Alt Faß.† Nest.
69	M	10 Kungolt	27	Nodosius
70	D	11 Attalus	28	Leander
71	M	12 Fronf. Greg. †	1	Albinus
72	D	13 Macedonius	2	Simplicius
73	F	14 Zacharias	3	Lucius
74	S	15 Longinus	4	Adrianus
75	S	16 Rem.† Violand	5	Rem.† Euseb.
76	M	17 Gertrud †	6	Fridolinus †
77	D	18 Alexander Gab.	7	Felicitas
78	M	19 Joseph †	8	Pontianus
79	D	20 Emanuel	9	40. Ritter
80	F	21 Benedictus	10	Kungolt
81	S	22 Victorinus	11	Attalus
82	S	23 Fidelis	12	Occ. Gregor. †
83	M	24 Pigmenius	13	Macedonius
84	D	25 Maria Verk. †	14	Zacharias
85	M	26 Castul. Jsr.	15	Longinus
86	D	27 Procus	16	Violanda
87	F	28 Priscus	17	Gertrud †
88	S	29 Eustachius	18	Alexand. Gab.
89	S	30 Lät. † Guido	19	Lät. Joseph †
90	M	31 Balbina	20	Emanuel

Politischer Calender.
Politische Feste und Jahrmärkte.

3) Baden. Balstall. Biel. Dornach. Luzern. Willisau, J. M.
4) Zofingen, J. M.
5) Arau. Murten, J. M.
6) Sursee, J. M.
7) Milden, J. M.
8) Thun. Utznach, J. M.
10) Ermensee, J. M.
11) Horgen. Solothurn. Schaffhaus. J. M.
12) Elgg. Genf. Weinfelden, J. M.
17) Rechensee. Schweiz, J. M.
18) Regensperg, J. M.
19) Neuenburg. Arburg, J. M.
20) Kyburg. Locle, J.
21) Jubelfeyer zum Angedenken des sel. Bruder Clausen in Unterwalden.
22) Küblis, J. M.
24) Frühlings-Fest zu Zürich. Große Procession auf der Müsegg zu Luzern.
25) Neuenstadt. Seengen, J. M.
27) Detiken oder Stäfa. Coppet, J. M.
29) Utznacht, J. M.
31) Olten. Seewis, J. M.

April hat 30. Tage.

Neuer Calender.   Alter Calender.

91	D	1 Hugo Bisch.	21	Benedictus
92	M	2 Abundus	22	Victorinus
93	D	3 Venatius	23	Fidelis
94	F	4 Ambrosius	24	Pigmenius
95	S	5 Martianus	25	Maria Verk. †
96	S	6 Jud. † Ireneus	26	Jud. † Cast. Js.
97	M	7 Celestinus	27	Proclus
98	D	8 Maria in Egypt	28	Priscus
99	M	9 Procurius	29	Eustachius
100	D	10 Ezechiel	30	Guido
101	F	11 Leo Pabst	31	Balbina
102	S	12 Julius Pabst	1	Hugo Bisch.
103	S	13 Palmt.† Egesip.	2	Palmt.† Abund.
104	M	14 Thiburtius	3	Venatus
105	D	15 Raphael	4	Ambrosius
106	M	16 Daniel	5	Martianus
107	D	17 Hohe Donst. †R	6	Hohe Donst. †
108	F	18 Charfreytag †	7	Charfreyt. †
109	S	19 Wernerns	8	Maria in Eg.
110	S	20 Ostertag †	9	Ostertag †
111	M	21 Fortunatus	10	Ezechiel
112	D	22 Gajus Pabst	11	Leo Pabst
113	M	23 Georgius †	12	Julius Pabst
114	D	24 Adelbertus	13	Egesipius
115	F	25 Marcus Ev. †	14	Tiburtius
116	S	26 Anacletus	15	Raphael
117	S	27 Quasi † Anast.	16	Quasi.† Daniel
118	M	28 Vitalis	17	Rudolf
119	D	29 Peter Meil.	18	Valerius
120	M	30 Quirinius	19	Wernerus

Politischer Calender.
Politische Feste und Jahrmärkte.

1) Burgdorf. Solothurn, J. M.
2) Appenzell, J. M.
4) Bauma. Ebo auf den freyen Bergen, J. M.
7) Schüpfen. Sempach, J. M.
8) Evangelischer Synodus im Toggenburg. Wädischweil, J. M.
9) Arben. Oron. Sissach, J. M.
10) Das Schuldengericht zu Zürich schließt sich. Näfelserfarth.
11) Evangelischer Synodus zu Glarus.
15) Ermottingen, J. M.
17) Sechszehner-Besatzung zu Bern.
18) Sanen, J. M.
21) Raths-Besatzung und Regimentsumzug zu Bern. Frankfurter-Meß. Wohlhausen, J. M
22) Luzern. Müllhausen. Solothurn. Zofingen, J. M.
23) Synodus zu Appenzell ausser Roden. Baden. Dellsperg. Bremgart. Rapperschw. Rheinau. Weggis, J. M.
24) Aemter-Besatzung zu Bern. Chorgericht zu Appenzell ausser Roden. Versammlung des obern Graubunds zu Truns.
27) Landsgemeinden zu Schweitz, Unterwalden und Appenzell inner Roden.
28) Lyoner-Meß. Schweitz, J. M.
29) Eglisau, J. M.
30) Bernegg. Richtenschweil, J. M.

May hat 31. Tage.

Neuer Calender.   Alter Calender.

112	D	1 Philip Jacob ✝	20	Hermannus
123	F	2 Athanasius	21	Fortunatus
122	S	3 ✝ Erfindung ✝	22	Gajus Pabst
124	S	4 Mis. ✝ Florianus	23	Mis. Georg. ✝
125	M	5 Gothardus	24	Adelbertus
126	D	6 Joh. Gef.	25	Marcus Ev. ✝
127	M	7 Juvenalis	26	Anacletus
128	D	8 Michaelis Ers.	27	Anastasius
129	F	9 Beatus	28	Vitalis
130	S	10 Gordianus	29	Peter Meil.
131	S	11 Jub. ✝ Mamert	30	Jub. ✝ Quirin.
132	M	12 Pancratius	1	Philip Jac. ✝
133	D	13 Servatius	2	Athanasius
134	M	14 Christian	3	✝ Erfindung ✝
135	D	15 Sophia	4	Florianus
136	F	16 Peregrinus	5	Gotthard
137	S	17 Priscilla	6	Joh. Gef.
138	S	18 Cant. ✝ Isabella	7	Cant. ✝ Juvenal.
139	M	19 Potentiana	8	Mich. Ersch.
140	D	20 Bernhardina	9	Beatus
141	M	21 Constantinus	10	Gordianus
142	D	22 Helena	11	Mamertus
143	F	23 Achilles	12	Pancratius
144	S	24 Johanna Luisa	13	Servatius
145	S	25 Rog. Urbanus ✝	14	Rog. ✝ Christian
146	M	26 Eleuterus	15	Sophia
147	D	27 Lucius	16	Peregrinus
148	M	28 Wilhelmus	17	Priscilla
149	D	29 Aufahrt ✝ May	18	Aufahrt ✝ Isab.
150	F	30 Wigandus	19	Potentiana
151	S	31 Petronella	20	Bernhardina

Politischer Calender.
Politische Feste und Jahrmärkte.

1) Regiments-Besatzung zu Zofingen. Baar. Martelen. Waldshut. Zürich, J. M.
2) Solothurn, J. M.
4) Große Rathsversammlung zu Appenzell. Landsgemeind zu Uri, Zug, Lachen, Gersau. Nachgemeind zu Appenzell inner Rod. Heiden. Herisau, J. M.
5) Das Schuldengericht zu Zürich öffnet sich. Olten. Sitten. Weinfelden, J. M.
6) Synodus zu Zürich. Wyl, J. M.
7) Appenzell. Altstetten. Büren, J. M.
10) Freyburg, J. M.
11) Landsgemeind zu Appenzell auffer Roden, Glarus. Nachgemeind zu Uri, Zug.
12) Leipziger-Meß. Münster, J. M.
18) Hauptmann- oder Rood-Gemeinden in Appenzell auffer Roden.
19) Doppelter Landrath in Appenzell auffer R.
20) Haßle, J. M.
26) Bischofzell. Sitten, J. M.
27) Arau. Grüningen. Langenth. Nydau, J. M.
29) Burgdorf. Liestall, J. M.
30) Solothurn, J. M.

Brachmonat hat 30 Tage.

Neuer Calender.   Alter Calender.

152	S	1	Exaudi † Nicom	21	Exaudi † Const.
153	M	2	Marcelinus	22	Helena
154	D	3	Erasmus	23	Achilles
155	M	4	Cyprianus	24	Johanna Luisa
156	D	5	Bonifacius	25	Urbanus †
157	F	6	Benignus	26	Eleuterus
158	S	7	Paulus Bisch.	27	Lucianus
159	S	8	Pfingst. Med †	28	Pfingsttag †
160	M	9	Primus, Felix	29	Maximinus
161	D	10	Onophirus	30	Wigand
162	M	11	Fronl. † Barn.	31	Fronl. † Petr.
163	D	12	Basilides	1	Nicomedes
164	F	13	Felicula	2	Marcellinus
165	S	14	Valerius	3	Erasmus
166	S	15	Trin. Vit M. †	4	Trinit. † Cyp.
167	M	16	Justina Aurel.	5	Bonifacius
168	D	17	Paula Jgfr.	6	Benignus
169	M	18	Marcelliana	7	Paulus Bisch.
170	D	19	Fronl. † Gerv.	8	Fronl. Med. †
171	F	20	Abigael	9	Primus, Fel.
172	S	21	Albanus	10	Onophirus
173	S	22	1.Tr.10000 Rit	11	1.Tr. Barnab.
174	M	23	Basilius	12	Basilides
175	D	24	Johan. Täuf. †	13	Felicula
176	M	25	Eberhard	14	Vallerius
177	D	26	Joh. Paul †	15	Vitus Mod. †
178	F	27	7. Schläfer	16	Justina Aurelia
179	S	28	Hortentia	17	Paula Jfr.
180	S	29	2.Tr.PetPaul †	18	2. Tr. Marc.
181	M	30	Pauli Ged.	19	Gervasius

Politischer Calender.
Politische Feste und Jahrmärkte.

2) Versamml. der Helvet. Gesells. zu Olten.
4) Das Schuldengericht zu Zürich schließt sich. Bremgarten. Meyenb. Stäffis, J. M.
5) Altorf. Roschach, J. M. 7) Zurzacher-Meß.
9) Regimentsbesatzung zu Schaffhausen und J. M. Biel. Lichtensteig. Mellingen. Murten. Rapperschweil, J. M.
10) Müllhausen. Urseren. Zug, J. M.
11) Versammlung der geistl. Classen zu Basel.
12) Das Schuldengericht zu Zürich öffnet sich.
15) Meistertag zu Zürich.
17) Versammlung der geistl. Classen zu Bern.
18) Aemter-Besatzung zu Zürich.
19) Bürgermeisterwahl zu Müllhausen.
21) Regiments-Besatzung zu Zürich. Schwörtag zu Winterthur.
22) Besatzung der kleinen Räthen und Sechsziger auch des grossen Raths zu Freyburg. Erneuerung der Häupter und Rathsherrn zu Basel. Schwörtag zu Zürich.
23) Regimentsbesatz. zu Luzern. Olten, J. M.
24) Schwörtag zu Luzern. Regimentsbesatzung und Beendigung der Häupter und Alträth auch Bürgerannahm zu Soloth. Synodus zu St. Gallen. Strasburger-Meß.
25) Venner- u. Vogteyenwahlen zu Freyburg. Beendigung der Jungräthen und Bedienten zu Solothurn. Censur der Räthen und Gerichts zu St. Gallen. Buren, J. M.
26) Bestätigung u. Erwehlung der Landvogte zu Soloth. Synodus der evang. in Bündten. Bischofzell. Sursee, J. M.
29) Erwehl. der Meister und Sechser zu Basel.
30) Eröffnung der Tagsatzung zu Frauenfeld.

Heumonat hat 31. Tage.

Neuer Calender.   Alter Calender.

182	D	1 Theobaldus	20 Abigael
183	M	2 Mar. Heims. †	21 Albanus
184	D	3 Cornelius	22 10000. Ritter.
185	F	4 Ulrich Bisch. †	23 Basilius
186	S	5 Anselmus	24 Joh. Täufer †
187	S	6 3. Tr. Esajas	25 3.Tr. Eberhard
188	M	7 Wilibald	26 Joh. Paul †
189	D	8 Kilianus	27 7. Schläfer
190	M	9 Cyrillus	28 Hortentia
191	D	10 7. Brüder	29 Peter Paul †
192	F	11 Jahel, Rachel	30 Pauli Ged.
193	S	12 Lidia, Herm.	1 Theobaldus
194	S	13 4Tr Kaish Hein. †	2 4Tr. M. Heims. †
195	M	14 Hanna Bonav.	3 Cornelius
196	D	15 Margaretha †	4 Ulrich Bisch. †
197	M	16 Hundst. Anf. †	5 Hundst. Anf. †
198	D	17 Alexius	6 Esajas
199	F	18 Maternus	7 Wilibald
200	S	19 Rosina, Arnold	8 Kilianus
201	S	20 4.Tr. Elias, H.	9 5.Tr. Cyrillus
202	M	21 Dietegen	10 7 Brüder
203	D	22 Maria Mag. †	11 Jahel Rachel
204	M	23 Apollinarius	12 Lidia Herm.
205	D	24 Christina	13 Kaiser Heinr. †
206	F	25 Jacob Christ. †	14 Hanna, Bonav.
207	S	26 Anna †	15 Margaretha †
208	S	27 6.Tr. M. Sara	16 6.Tr. Wencesl.
209	M	28 Pantaleon	17 Alexius
210	D	29 Beatrix	18 Maternus
211	M	30 Wilpert. Jac.	19 Rosina Arnold.
212	D	31 Germanus	20 Elias Hartm.

Politischer Calender.
Politische Feste und Jahrmärkte.

1) Sanen. Thun, J. M.
2) Unterseen. Arburg. Arau. Herzogenbuchsee. Milden. Neufchatel, J. M.
4) Willisau, J. M.
5) Davos, J. M.
6) Eydleistung der Zünften zu Basel.
8) Romont, J. M.
9) Sempacherschlachtfest und J. M. Orbe, J. M.
11) Heil. Kreuzfarth im Entlibuch.
13) Eydleistung der Bürgern in klein Basel.
14) Schwörtag zu Rapperschweil.
15) Wallenburg, J. M.
16) Frankfurt an der Oder Meß. Sissach. Langnau. Lugano, J. M.
21) Eschlismatt, J. M.
22) Münster im Aergeu. Beaucaire, J. M.
25) Gluß. Waldshut, J. M.
26) Der Dorf- oder Schwing-Tag der Aelpler zu Sarlen in Unterwalden.
28) Gaiß, J. M.
29) Locle. Vivis, J. M.
30) Bern. Rheinegg, J. M.

Mit Anfang der Erndte schließt sich das Schulden-Gericht zu Zürich.

Augstmonat hat 31. Tage.
Neuer Calender.   Alter Calender.

213	F	1 Peter Kettenf.✝	21	Dietegen
214	S	2 Moses, Aron	22	Maria Mag.✝
215	S	3 7.Tr.Steph.E.	23	7.Tr.Apollinar.
216	M	4 Justinus Jos.	24	Christina
217	D	5 Oswald ✝	25	Jacob Christ.✝
218	M	6 Sixtus	26	Anna ✝
219	D	7 Affra Zigonia	27	Martha Sara
220	F	8 Cyriacus	28	Pantaleon
221	S	9 Romanus	29	Beatrix
222	S	10 8.Tr.Laurent.✝	30	8.Tr.Wilp.Jac
223	M	11 Gottlieb	31	Germanus
224	D	12 Paravici Clara	1	Peter Kettenf.✝
225	M	13 Hypolitus	2	Moses, Aaron
226	D	14 Samuel	3	Stephan Erf.
227	F	15 Maria Himelf.✝	4	Justinus, Jos.
228	S	16 Jodoch, Roch.	5	Oswald ✝
229	S	17 9.Tr. Romulus	6	9.Tr. Sixtus
230	M	18 Benjamin	7	Affra, Zigigonia
231	D	19 Sebaldus	8	Cyriacus
232	M	20 Bernhardus ✝	9	Romanus
233	D	21 Privatus	10	Laurenz ✝
234	F	22 Adolphus	11	Gottlieb
235	S	23 Zacheus	12	Paravici Clara
236	S	24 10.Tr. Barthol✝	13	10.Tr. Hypolit.
237	M	25 Ludovicus ✝	14	Samuel
238	D	26 Genesius	15	Maria Himel.✝
239	M	27 Hundst. End ✝	16	Hundst. End ✝
240	D	28 Pelagius	17	Romulus
241	F	29 Joh. Enth. ✝	18	Benjamin
242	S	30 Felix Priest.	19	Sebaldus
243	S	31 11.Tr.Rebecca	20	11.Tr.Bernh.✝

Politischer Calender.
Politische Feste und Jahrmärkte.

3) Der Dorf- oder Schwing-Tag der Aelpler zu Kerns.
4) Lyon, J. M.
6) Appenzell. Arau. Buonaß. Huttwyl. Stäfis, J. M.
10) Syndicat zu Lauis. Mellingen. Reichensee, J. M.
11) Diessenhofen. Muothathal. St. Ursitz J. M.
13) Murten, J. M.
14) Wattwyl, J. M.
16) Sarnen. Vallangin, J. M.
18) Altstetten. Feurthal. Grabs. Olten Regensberg. Urnäschen, J. M.
19) Malters, J. M.
20) Genf, J. M.
21) Ettisweil. Gsteig bey Sanen, J. M.
23) Sogenannte Steuergemeind zu St. Gallen. Zurzacher Markt.
24) Syndicat zu Bellenz. Schaffhausen. Zofingen. Thayngen, J. M.
25) Bremgart. Weggithal. Einsiedlen, J. M.
26) Das Schuldengericht zu Zürich öffnet sich.
27) Zweysimmen. Rapperschweil. Eschlismatt. Neustadt, J. M.
28) Bischoffzell. Sursee, J. M.
29) Rheinfelden. Mels, J. M.
30) Weggithal, J. M.
31) Baden Regimentsbesatzung.

B

Herbstmonat hat 30. Tage.

Neuer Calender.   Alter Calender.

244	M	1 Verena ✝	21	Privatus
245	D	2 Emericus	22	Adolphus
246	M	3 Theodosius	23	Zacheus
247	D	4 Esther Serap.	24	Bartholom. ✝
248	F	5 Herculinus	25	Ludovicus ✝
249	S	6 Magnus	26	Genesius
250	S	7 12.Tr. Regina	27	12.Tr. Gebhart
251	M	8 Maria Geb. ✝	28	Pelagus
252	D	9 Costanz Kirch. ✝	29	Joh. Enth. ✝
253	M	10 Gorgonius	30	Felix Pr.
254	D	11 Fel. Reg. Ex. ✝	31	Rebecca
255	F	12 Tobias	1	Verena ✝
256	S	13 Achior, Hector	2	Emericus
257	S	14 13.Tr. ✝ Erh. ✝	3	13.Tr. Theodos
258	M	15 Nicodemus	4	Esther Serap.
259	D	16 Lampertus	5	Herculus
260	M	17 Fronf. ✝ Euph.	6	Magnus
261	D	18 Fercolus	7	Regina
262	F	19 Januarius	8	Maria Geb. ✝
263	S	20 Fausta	9	Cost. Kirchw. ✝
264	S	21 14.Tr. Math. ✝	10	14.Tr. Gorgon.
265	M	22 Mauritius ✝	11	Fel. Reg. Ex. ✝
266	D	23 Linus Tecla	12	Tobias
267	M	24 Ropertus	13	Achior Hector
268	D	25 Cleophas	14	✝ Erhöhung ✝
269	F	26 Cyprianus	15	Nicodemus
270	S	27 Cosm. Dam.	16	Lampertus
271	S	28 15.Tr. Wencesl.	17	15.Tr. Euphem.
272	M	29 Michael ✝	18	Fercolus
273	D	30 Ursus Hieron. ✝	19	Januarius

Politischer Calender.
Politische Feste und Jahrmärkte.

1) Knabenschiessend zu Zürich. Regiment-Besatzung zu Sursee.
2) Studentenschiessend zu Zürich. Bern. Yverdon, J. M.
3) Morsee. Nidau. Stäfis, J. M.
4) Langenthal, J. M.
5) Lausanne, J. M.
8) Frankfurter-Meß. Bruntrut, J. M.
9) Erlenbach. Solothurn, J. M.
10) Gryers. Montey. Muttenthal, J. M.
11) Evangelischer Bettag.
12) Zürich-Messe.
16) Freyburg. Müllhausen. Denzingen. Wollhausen, J. M.
17) Langnau, J. M.
18) Peterlingen, J. M.
21) Wallenburg, J. M.
22) Münster. Rheinau. Vallangin. Zweysimmen, J. M.
23) Luzern. Reichenbach, J. M.
24) Glarus. Thun, J. M.
26) Sibnen, J. M.
28) Stanz. Am Steg, J. M.
29) Aemter-Besatzung zu Lausanne. Appenzell. Lauffenburg. Ragatz. Saletz. Sargans. Urseren. Wallenstadt, J. M.
30) Bern. St. Johann, J. M.

In Mitte des Monats Aemter-Besatzung zu Luzern.

Weinmonat hat 31. Tage.

Neuer Calender. Alter Calender.

274	M	1 Remigius	20	Fronf. + Fausta
275	D	2 Leodegarius +	21	Matheus +
276	F	3 Lucretia	22	Mauritius +
277	S	4 Franciscus +	23	Linus Tecla
278	S	5 16. Tr. Constans	24	16. Tr. Ropert.
279	M	6 Angela	25	Cleophas
280	D	7 Judith Sever.	26	Cyprian
281	M	8 Amaley	27	Cosm. Dam.
282	D	9 Dionysius	28	Wenceslaus
283	F	10 Gedeon	29	Michael +
284	S	11 Burkhard	30	Ursus Hier. +
285	S	12 17. Tr. Wallfr.	1	17. Tr. Remig.
286	M	13 Maximilian	2	Leodegarius +
287	D	14 Wilhelmina	3	Lucretia
288	M	15 Theresia	4	Franciscus +
289	D	16 Gallus +	5	Constans
290	F	17 Lucina	6	Angela
291	S	18 Lucas Evang. +	7	Judith Sever.
292	S	19 18. Tr. Ptolom.	8	18. Tr. Amaley
293	M	20 Wendelinus	9	Dionysius
294	D	21 Ursula +	10	Gedeon
295	M	22 Sever. Cord.	11	Burkhard
296	D	23 Severinus	12	Wallfried
297	F	24 Salome	13	Maximilian
298	S	25 Crispinus	14	Wilhelm
299	S	26 19. Tr. Amand.	15	19. Tr. Theresia
300	M	27 Columbus	16	Gallus +
301	D	28 Simon Judä +	17	Lucina
302	M	29 Narcissus	18	Lucas Evang. +
303	D	30 Theonestus	19	Ptolomeus
304	F	31 Wolfgang	20	Wendelinus

2. 5.

Politischer Calender.
Politische Feste und Jahrmärkte.

Mit Herbsts Anfang schließt sich das Schulden-Gericht zu Zürich.
1) Büren. Chur. Elgg. Zofingen. Wädischweil, J. M.
2) Luzern. Rapperschweil, J. M.
3) Bauma, J. M.
6) Lachen, J. M.
7) Adelboden. Schüpfen. Wädischweil, J. M.
9) Glarus, J. M.
10) Herisau, J. M.
13) Einsiedlen. Tanis, J. M.
14) Aegeri. Mettmenstetten, J. M.
15) Rapperschweil, J. M.
16) Große Rathsversammlung in Appenzell inner Roden. Schweiz, J. M.
18) Utznacht. St. Gallen, J. M.
19) Locle, J. M.
20) Dornach. Frauenfeld. Hundweil. Lichtensteig. Menzingen. Olten. Ragatz, J. M.
21) Grüningen. Regensperg. Zug, J. M.
22) Appenzell. Arau. Burgdorf. Gryers. Kyburg. Liestall. Stein. Unterseen, J. M.
23) Zweysimmen. Haßli, J. M.
26) Besatzung der Zunftvorgesetzten zu Chur.
27) Sanen. Seevis, J. M.
28) Bestätigung des grossen Raths zu Chur. Basel-Meß. Bugg. Meyenfeld. Wiedlispach. Zizers, J. M.
29) Büren. Bremgarten. Entlibuch, J. M.
30) Schwarzenburg, J. M.
31) Bestättigung des kleinen Raths zu Chur.

Wintermonat hat 30. Tage.

Neuer Calender.   Alter Calender.

305	F	1 Aller Heiligen ✝	21	Ursula ✝
306	S	2 20.Tr.All Seel✝	22	20 Tr. Severus
307	M	3 Theophilus	23	Severinus
308	D	4 Sigismund	24	Salome
309	M	5 Malachias	25	Crispinus
310	D	6 Leonhardus	26	Amandus
311	F	7 Florentinus	27	Columbus
312	S	8 4 Gekrönte	28	Simon Judä ✝
313	S	9 21.Tr.Theodor	29	21.Tr. Narciss.
314	M	10 Thaddeus	30	Theonestus
315	D	11 Martin Bisch.✝	31	Wolfgang
316	M	12 Arsatius	1	Aller Heiligen ✝
317	D	13 Brutius	2	Aller Seelen ✝
318	F	14 Friedericus	3	Theophilus
319	S	15 Leopoldus	4	Sigismund
320	S	16 22.Tr.Othmar✝	5	22.Tr. Malach.
321	M	17 Casimirus	6	Leonhard
322	D	18 Eugenius	7	Florentinus
323	M	19 Elisabetha ✝	8	4 Gekrönte
324	D	20 Eduard	9	Theodor
325	F	21 Maria Opf. ✝	10	Thaddeus
326	S	22 Cecilia	11	Martin Bisch.
327	S	23 23.Tr. Clemens	12	23.Tr.Arsatius
328	M	24 Chrysogon.	13	Brutius
329	D	25 Catharina ✝	14	Friedrich
330	M	26 Conradus ✝	15	Leopoldus
331	D	27 Jeremias	16	Othmarus ✝
332	F	28 Geroldus	17	Casimir
333	S	29 Saturinus	18	Eugenius
334	S	30 1.Adv.Andreas✝	19	24.Tr.Elisab. ✝

Politischer Calender.
Politische Feste und Jahrmärkte.

1) Utznacht, J. M.
2) Oberzunftmeister-Wahl zu Chur.
3) Bremgarten. St. Moritz. Sursee, J. M.
4) Bern. Bülach. Pfäffiken. Roschach. Wald. J. M.
5) Arberg. Landeren. Sanen, J. M.
7) Burgermeister- und Aemterbesatz. zu Chur. Neuburg, J. M.
8) Huldigung der Bürgerschaft zu Chur. Sitten, J. M.
10) Andelfingen. Einsiedlen, J. M.
11) Arbon. Freyburg. Herzogenbuchsee. Kayserstuhl. Muri. Schaffhausen. Zürich. St. Bläsi, J. M.
12) Appenzell. Brienz. Grandson. Rheineg. Schweitz, J. M.
13) Horgen, J. M.
15) Sitten, J. M.
16) Baden, J. M.
17) Diessenhofen. Gersau, J. M.
18) Arau. Berneck. Ossingen. Richtenschweil. Seengen. Wyl, J. M.
20) Stäfa, J. M.
21) Frutigen, J. M.
22) Genf, J. M.
23) Kirchhöregemeinden in Appenzell ausser R.
26) Bern. Mellingen J. M.
27) Herisau. Uster, J. M.
29) Utznacht, J. M.
30) Amts-Burgermeisterwahl zu St. Gahen.

B 4

Cristmonat hat 31. Tage.

Neuer Calender.   Alter Calender.

335	M.	1	Longinus	20	Eduard
336	D	2	Candidus	21	Maria Opf. ✝
337	M	3	Cassianus	22	Cecilia
338	D	4	Barbara ✝	23	Clemens
339	F	5	Sabina	24	Chrysogon
340	S	6	Nicolaus ✝	25	Catharina ✝
341	S	7	2. Adv. ✝ Agatha	26	25. Tr. Conrad ✝
342	M	8	Maria Empf. ✝	27	Jeremias
343	D	9	Joachim	28	Geroldus
344	M	10	Waltherus	29	Saturinus
345	D	11	Damasius	30	Andreas ✝
346	F	12	Ephimachus	1	Longinus
347	S	13	Jos. Luc. Ott.	2	Candidus
348	S	14	3. Adv. ✝ Nicasi	3	1. Adv. ✝ Cassianus
349	M	15	Abraham, Isak	4	Barbara ✝
350	D	16	Adelheit	5	Sabina
351	M	17	Lazarus	6	Nicolaus ✝
352	D	18	Fronf. ✝ Wunib	7	Agatha
353	F	19	Nemesius	8	Maria Empf. ✝
354	S	20	Ursicinus	9	Joachim
355	S	21	4 Adv Thom. A. ✝	10	2. Adv. ✝ Walth.
356	M	22	Chiridonius	11	Damasius
357	D	23	Dagobertus	12	Ephimachus
358	M	24	Adam Eva	13	Jos. Luc. Ottil.
359	D	25	Christtag ✝	14	Nicasius
360	F	26	Stephanus ✝	15	Abraham Isak
361	S	27	Johañ Evang. ✝	16	Adelheid
362	S	28	E. Kindleint. ✝	17	3. Adv. ✝ Lazarus
363	M	29	Thomas Bisch.	18	Wunibaldus
364	D	30	David	19	Nemesius
365	M	31	Sylvester	20	Fronf. ✝ Ursic.

6.

Politischer Calender.
Politische Feste und Jahrmärkte.

1) Amts-Bürgermeisterwahl zu St. Gallen. Entlibuch. Ermatingen. Bilmerg, J. M.
2) Hauptwyl. Eglisau. Zug, J. M.
3) Langenthal. Romont, J. M.
4) Altorf. Schweitz, J. M.
6) Gossau. Kayserstuhl. Mülhausen. Sanen. Sursee, J. M.
7) Meistertag zu Zürich.
8) Frauenfeld, J. M.
9) Brugg. Reichenbach, J. M.
10) Aemter-Besatzung zu Zürich. Appenzell. Langnau. Nydau. Orbe, J. M.
11) Altstetten. Lenzburg. Zweysimen, J. M.
13) Regiments-Besatzung zu Zürich.
14) Schwörtag zu Zürich.
15) Bremgarten. Olten, J. M.
16) Willisau, J. M.
17) Arau. Rapperschweil. Thun, J. M.
18) Bürgermeister-Wahl zu Mülhausen. Winterthur, J. M.
20) Gaiß, J. M.
21) Wesen, J. M.
23) Chur, J. M.
24) Straßburger-Meß.
26) Regimentsbesatzung zu Luzern. Schwörtag zu St. Gallen. Orbe, J. M.
27) Schwörtag zu Luzern. Regiments-Besatzung und Schwörtag zu Bischofzell. Milden. Yverdon, J. M.
30) Biel, J. M.

Zeitmerkmale.

	Im Gregorianischen oder Neuen Calender.	Im Julianischen oder Alten Calender.
Die güldene Zahl	9.	9.
Die Epacten	28.	11.
Der Sonnencircul	11.	XII.
Der Römer Zinszahl	XII.	U.
Der Sonntags-Buchstaben	E.	

Die 4. Kronfasten.

	Den 1. Merz	11. Wochen.
Fasnacht-Kronf. den 12. Merz	31. May	13. ,,
Pfingst-Kronf. 11. Bracm.	20. Herbstm. 16. ,,	
Kirchweyhe-Kronf. 17. Herbstm. 14. ,,	20. Christm. 13. ,,	
Weyhnacht-Kronf. 17. Christm. 13. ,,		

Anfang der 4. Jahrszeiten.

| Winter-Sonnenwende Ao. 1793. Christmonat 21. Tag 8. Uhr 2. m. Morgens. |
| Frühlings Nachtgleiche 1794. Merz 20. ,, 9. ,, 39. ,, Morgens. |
| Sommer-Sonnenwende Brachm. 21. ,, 7. ,, 41. ,, Morgens. |
| Herbst-Nachtgleiche Herbstmonat 22. ,, 9. ,, 22. ,, Abends. |
| Winter-Sonnenwende Christmonat 21. ,, 1. ,, 56. ,, Abends. |
| Schieffe der Ecliptic Ao. 1794. 23 gr. 27′ 54″. |
| Abweidung der Magnet-Nadel 17 gr. 28. min. Westlich. |

Von den Finsternissen des 1794 Jahrs.

Es sind derselben an der Zahl 6, nemlich 4 an der Sonne, welche eintreffen auf den Neu-Mond Nro. 64, 65, 70 und 71, und 2. an dem Mond.

Die erste Sonnenfinsterniß ist eine sichtbare, und geschiehet den 31 Jenner um den Mittag, selbige wird auf dem atlantischen Meer, so wie in den nordwestlichen Gegenden von Europa sichtbar seyn, aber nirgends über 4 und ein halben Zoll groß erscheinen. Sie nimmt ihren Anfang Vormittag um 11 Uhr 12 m. das Mittel wird seyn 0 Uhr 36 m. Nachmittag, und das Ende um 1 Uhr 19 m. Die Sonne wird auf 2 Zoll 6 m. gegen Norden verfinstert, ihre ganze Währung betragt 1 Stund 27 m.

Die zweyte Sonnen-Finsterniß geschieht den 1ten Merz, und ist uns unsichtbar. Sie wird nur in äussersten Ländern des Oceans, unterhalb neu Seeland, und auf der südlichen Spize von Amerika sichtbar seyn.

Die dritte ist eine kleine unsichtbare Sonnenfinsternuß in der Nacht vom 26 auf den 27 Juli. Sie wird nur auf Neu-Seeland, und in dortigen Gegenden des mittägigen Oceans sichtbar seyn.

Die vierte ist auch eine kleine unsichtbare Sonnenfinsterniß den 25 August um den Mittag, sie wird nur in dem äussersten Norden von Europa und Asia gesehen.

Die erste Mondsfinsterniß geschiehet in der Nacht vom 14ten auf den 15ten Hornung. Sie ist vornemlich ganz Europa, Afrika, dem grösten Theil von Asien, und dem östlichen Theil von Süd-Amerika sichtbar. Sie nimmt ihren Anfang den 14ten Hornung Abends um 8 Uhr 39 m., um 9 Uhr 45 m. ist der Mond bereits am meisten verfinstert, um 10 Uhr 38 m. stehet er am tiefsten in dem Erdschatten, nemlich 21 Zoll 17 m. Der Anfang des Austritts des Erdschattens geschiehet um 11 Uhr 32 m. und das völlige Ende um 0 Uhr 37 m. Morgens. Ihre ganze Währung betragt 3 Stund 58 min.

Die zweyte Mondsfinsterniß ist bey uns unsichtbar, welche geschiehet den 11 August. Sie wird vornemlich in Amerika, in dem grösten Theil des stillen oder Südmeers, auf Neu-See- und Holland, und im westlichen Afrika gesehen, und meistens total erscheinen.

Nachricht.

Erklärung der bey jedem Monat angezeigten Monds-Puncten. ○ bedeutet den Neumond. ● den Vollmond. ☽ das erste ☾ das letzte Viertel, ᴗ ist obsich gehend. ᴖ ist nidsich gehend. Apog. bedeutet, der Mond sey in der Erdferne. Perig. in der Erdnähe. ☊ der Mond im aufsteigenden Knoten oder Drachenhaupt, wenn er über die Ecliptic gegen den Nordpol hinaufsteigt. ☋ der niedersteigende Knote des Monds oder Drachenschwanz, wenn er unter die Ecliptic gegen den Südpol heruntersteigt ꝛc. ✠ bedeutet die Fest- und Feyertage.

Monds-Puncten
im Jenner.

ᴗ den 1.
○ den 2. 0 Uhr 14 m. Vorm.
Perig. den 6. ☊ den 7.
☽ den 8. 5 Uhr 27 m. Nachm.
ᴖ den 14.
● den 16. 4 Uhr 10 m. Vorm.
✺ in ♌. den 19.
Apog. den 20. ᴗ den 21.
☾ den 24. 9 Uhr 29 m. Vorm.
ᴗ den 28.
○ den 31. 11 U. 54 m. Vorm. Finst. sichtb.

Monds-Puncten
im Hornung.

Perig. den 2.   ☊ den 4.
☽ den 7.   3 Uhr 24 m. Vorm.
☊ den 10.
● den 14.   10 Uhr 39 m. Nachm.   Finst. sichtb.
Apog. den 16.
☼ in ♒ den 18.   ☋
☾ den 23.   2 Uhr 26 m. Vorm.
☋ den 25.

---

im März.

○ den 1.   10 Uhr 28 m. N.   Finst. unsichtb.
Perig den 2.   ☊ den 3.
☽ den 8.   3 Uhr 32 m. Nachm.
☊ den 9.   Apog den 15.
● den 16.   5 Uhr 27 m. Nachm.
☋ den 17.
☼ in ♈ den 20.   Tag und Nacht gleich.
☾ den 24.   3 Uhr 45 m. Nachm.
Perig. den 30.   ☊
○ den 31.   7 Uhr 55 m. Vorm.

---

im April.

☊ den 6.
☽ den 7.   7 Uhr 8 m. Vorm.
☋ den 13.

Monds-Puncten

● den 15. 10 Uhr 39 m. Vorm.
☼ in ♈ den 19.
☾ den 20.
☾ den 23. 1 Uhr 23 m. Vorm.
☊ den 27.
○ den 29. 4 Uhr 40 m. Nachm.

im May.

☋ den 3.
☽ den 6. 10 Uhr 12 m. Nachm.
Apog. den 10. -
☋ den 11.
● den 15. 1 Uhr 15 m. Vorm.
☾ den 18.
☼ in ♊ den 20.
☾ den 22. 2 Uhr 1 m. Vorm.
☊ den 24. Perig. den 25.
○ den 29. 1 Uhr 11 m. Vorm.
☋ den 31.

im Brachmonat.

☽ den 5. 3 Uhr 28 m. Vorm.
Apog. den 6. ☋ den 7.
● den 13. 1 Uhr 13 m. Nachm.
☾ den 14.

Monds-Puncten

☾ den 20. 0 Uhr 45 m. Nachm. Perig.
☉ in ♋ den 21. Längster Tag. ☊
○ den 27. 10 Uhr 51 m. Vorm. ☋

---

im Heumonat.

Apog den 1.   ☋ den 4.
☽ den 5. 8 Uhr 49 m. Vorm.
☾ den 11.
● den 12. 11 Uhr 10 m. Nachm.
Perig. den 18.   ☊
☾ den 19. 5 Uhr 7 m. Nachm.
☉ in ♌ den 22.
☋ den 24.
○ den 26. 10 Uhr 37 m. N. Finst. unsichtb.
☋ den 31.

---

im Augstmonat.

Apog. den 1.
☽ den 4. 1 Uhr 29 m. Vorm.
☾ den 8.
● den 11. 8 Uhr 0 m. V. Finst. unsichtb.
Perig. den 14. ☊
☾ den 17. 10 Uhr 47 m. Nachm.
☋ den 20.
☉ in ♍ den 23.
○ den 25. 0 Uhr 56 m. N. Finst. unsichtb.
Apog. den 28.   ☋

Monds = Puncten
im Herbstmonat.

☽ den 2. 5 Uhr 4 m. Nachm.
☾ den 4.
● den 9. 4 Uhr 26 m. Nachm.
☊ den 10.
Perig. den 11.
☾ den 16. 7 Uhr 12 m. Vorm.
☋ den 17.
✷ in ♋♌ den 22. Tag und Nacht gleich.
○ den 24. 5 Uhr 27 m. Vorm. ♉
Apog. den 25.

---

im Weinmonat.

☾ den 1.
☽ den 2. 7 Uhr 8 m. Vorm.
Perig. den 8. ☊
● den 9. 1 Uhr 4 m. Vorm.
☋ den 14.
☾ den 15. 7 Uhr 32 m. Nachm.
Apog. den 21. ♉
○ den 23. 11 Uhr 9 m. Nachm.
✷ in ♏ den 24.
☾ den 29.
☽ den 31. 7 Uhr 22 m. Nachm.

Monds-Puncten
im Winterm.

Perig. den 4.   ☊
● den 7.   10 Uhr 30 m. Vorm.
☋ den 10.
☾ den 14.   0 Uhr 3 m. Nachm.
Apog. den 19.
☉ in ♐ den 21.
○ den 22.   4 Uhr 54 m. Nachm.
☋ den 25.
☽ den 30.   5 Uhr 34 m. Vorm.

---

im Christm.

☊ den 2.
Perig. den 3.
● den 6.   9 Uhr 20 m. Nachm.
☋ den 8.
☾ den 14.   7 Uhr 55 m. Vorm.
Apog. den 15.   ☋
☉ in ♑ den 21. Kürzeste Tag.   ☋
☽ den 29.   2 Uhr 0 m. Nachm.   ☊
Perig. den 30.

Regierungs- Kirchen- Kriegs- und Litterar- Etat

der ganzen

Helvetischen Eydgenoßschaft,

derselben

gemeinen Herrschaften

und

zugewandten Orten.

Vom Jahr 1794. bis 1795.

I. Regierungs-Etat.

I. Canton Zürich.

Der Kleine oder tägliche Rath.

Herr Joh. Heinrich Ott, Bürgermeister, Hrn. zu Hefenhofen u. Moos, erw. 1780.
- - Johann Heinrich Kilchsperger, Bürgermeister, erwählt 1786.
- - Joh. Scheuchzer, Statthalter, erster Pfleger des Stifs zum großen Münster, und Bergherr.
- - Fel. Nüscheler, Statthalter, erster Pfleger des Spithals, Obervogt zu Küßnacht.
- - Hs. Casp. Landolt, Statthalter, erster Allmosenamtpfleger, Obervogt zu Bülach.
- - Hs. Conrad Hirzel, Statthalter, Obervogt zu Männedorf.

Jkr. Dav. Weiß, Rathshr. von freyer Wahl, Seckelmstr. erster Examinator, Obervogt zu Altstetten.

Herr Salomon Hirzel, Rathsherr von freyer Wahl, Seckelmeister, Obervogt zu Altstetten und Kelleramt.
- - Dav. Ott, Zunftmstr. Obmann gemeiner Stadtkloster, alt Statthalter.
- - Mathias Römer, Rathshr. v. Fr. Wahl.
- - Daniel Hauser, Zunftmeister.
- - Hs. Casp. Schinz, Zunftmstr. Obervogt zu Stäfa.

Herr Hs. Casp. Escher, Constafel- u. Stallherr. Gerichtsherr zu Kefikon ꝛc. Obervogt zu Regenstorf.

Jkr. Hs. Ulr. Blaarer, Rathsherr, des geheimen Raths, Obervogt im Kelleramt.

Herr Hs. Casp. Frieß, Zunftmstr. Schanzenhr. Obervogt im Neuamt.

» » Hs. Casp. Ulrich, Zunftmstr. Pfleger an der Spannweid, Obervogt zu Schwamendingen und Dübendorf.

Jkr. Hs. Casp. Meyer v. Knonau, Gerichtshr. zu Weiningen ꝛc. Rathshr. alt Kornmeister, Obervogt zu Regensdorf.

Herr Hs. Casp. Hirzel, M. D. Rathshr. von Fr. Wahl, d. geheimen Raths, Stadt-Physikus, Examinator, Hardherr, Obervogt im Neuamt.

» » Hs. Conrad Lochmann, Zunftmstr. Obervogt zu Bülach.

» » Hs. Jacob Scheuchzer, Raths-u. Bauherr, Obervogt zu Wiedikon.

» » Hs. Caspar Hirzel, Rathsherr v. Fr. Wahl und des geheimen Raths, Obervogt zu Horgen.

» » Wilh. Füßli, Zunftmstr. Kornmeister, Obervogt zu Wollshofen und Engi.

» » Joh. Wägmann, Zunftmstr. Pfleger zu St. Jacob, Obervogt zu Meilen.

» » Hs. Conrad Heidegger, Zunftmstr. Obervogt zu Birmenstorf und Udorf.

» » Hs. Heinr. Sching, Raths-u. Ober-Zeughr.

» » Hs. Georg Hirzel, Rathshr. Stadthptm. Obervogt zu Wiedikon.

Jkr. Hs. Conrad Escher, Constafelhr. Landvogt zu Baden.

Herr Joh. Bürckli, Zunftmstr. Obervogt zu Erlenbach.

Herr Hs. Heinrich Rahn, Rathsherr, Obervogt zu Kußnacht.
- - Hs. Conrad Ott, Zunftmstr. Obervogt zu Männedorf.
- - Heinrich Füßli, Rathshr. v. Fr. Wahl. Obervogt zu Horgen.
- - Salomon Escher, Zunftmstr. Obervogt zu Wettschweil und Bonstetten.
- - Hs. Jacob Escher, Zunftmstr. Obervogt in vier Wachten.
- - Leonhard Ziegler, Rathsherr. Obervogt zu Wollishofen.
- - Leonhard Ziegler, Zunftmstr. Obervogt zu Hongg.

Jkr. Hs. Conrad Weiß, Zunftmstr. Obervogt der vier Wachten.

Herr Hs. Jacob Pestaluz, Raths- und Silherr, Obervogt zu Erlenbach.
- - Hs. Conrad Werdmüller, Rathsherr.
- - Hs. Georg Escher, Zunftmeister, Obervogt zu Wettschweil und Bonstetten.
- - Hs. Caspar Ott, Zunftmeister, Obervogt zu Birmenstorf und Udorf.

Jkr. Ludwig Meiß, Constafelherr, Obervogt zu Meilen.

Herr Hs. Jacob Irminger, Zunftmeister, Obervogt zu Stäfa.
- - Hs. Conrad Escher, Rathsherr.
- - Felix von Orell, Constafelherr, Landvogt in das Thurgäu, Obervogt zu Rümlang.
- - Johannes Schultheß, Rathsherr. Obervogt zu Rümlang.
- - Hs. Conrad Lavater, Zunftmeister, Salzhausschreiber, Obervogt zu Männidorf.

Herr Dieth. Lavater, M. D. Rathshr. Ober-
vogt zu Schwamendingen u. Dübendorf.
- - Johannes Füeßli, Rathsherr.
- - Hs. Caspar Meyer, Zunftmeister, Ober-
vogt zu Hongg.
- - Heinrich Däniker, Rathsherr.

Staats = Canzley.

Jkr. Hans Rheinhart, Staatsschreiber.
- - Hs. Conr. Escher, Staats-Unterschreiber.
- - David Weiß, Raths - Substitut. und
Legations - Secretarius.
Herr Matthias Landolt, Raths - Substitut.

Herr Salomon Zureich, oberster Rathsdiener.

Der Kriegs = Rath.

Herr Bürgermeister Ott.
- - Statthalter Nüscheler.
Jkr. Seckelmeister Weiß.

General - Inspectores der Infanterie.

Herr Zunftmeister Schinz.
- - Rathsherr Escher.
- - Zunftmeister Frieß.
Jkr. Rathsherr Meyer von Knonau.
Herr Zunftmeister Ulrich, General - Inspector
über das Schiffvolk.
- - Rathsherr Scheuchzer, Oberst des Suc-
curs = Regiments.
- - Rathsherr Schinz, General - Inspector
der Artillerie.
- - Rathsherr Hirzel, Stadthauptmann.
Jkr. Rathsherr Escher, General - Inspector
der Dragoner.

Herr Zunftmstr. Irminger, General-Inspector
über das Commissariat.
- - alt Landvogt Landolt, des Gr. Raths,
Obrist des Jägercorps.

Generals in fremden Diensten.

Herr Friedrich Ludwig Heß, des grossen Raths,
General-Lieutenant u. Oberst des Schweizergarderegiments in Holländ. Diensten.
- - Hs. Jacob Steiner, des grossen Raths,
gewesner Marechal de Camp, und
Obrist in Französis. Diensten.

Secretair. Herr Heinrich Hirzel.
Subst. Secret. Herr Jacob Scheuchzer.

Sanitäts - Räthe.

Herr Hs. Conrad Hirzel, Statthltr. Präses.
Jkr. Hs. Ulrich Blaarer, Rathsherr.
- - Hs. Caspar Meyer v. Knonau, Rathshr.
Herr Hs. Caspar Frieß, Zunftmeister.
- - Hs. Caspar Hirzel, M. D. Rathsherr.
- - Wilhelm Füßli, Zunftmeister.
- - Hans Georg Hirzel, Rathsherr und
Stadthauptmann.
- - Diethelm Lavater, M. D. Rathsherr.
Jkr. Hs. Conrad Weiß, Zunftmeister.
Herr Niclaus Zundel, M. D. Unter-Stadtarzt.
- - Hs. Heinrich Bodmer, des gr. Raths,
- - Hs. Caspar Hirzel, M. D. des grossen
Raths, und Stiftspfleger.
- - Hs. Conrad Meyer, des grossen Raths,
und Stadtarzt.
- - Hs. Rudolf Zundel, M. D. des grossen
Raths.
Secret. Herr Caspar Locher.
- - Jkr. Ludwig Meyer, v. Knonau.

Commercien-Räthe.

Herr Rathsherr Schinz, Präses.
- - Zunftmeister Hs. Conrad Ott, Quästor.
- - Zunftmstr. Salomon Escher.
- - Rathsherr Conrad Werdmüller.
- - Johannes Lavater, des Gr. Raths.
- - Martin Schultheß, des Gr. Raths.
- - Felix Stocker, des Gr. Raths.
- - Hs. Heinrich Kramer, des Gr. Raths.
- - Hs. Rudolf Ott, des Gr. Raths.
- - Heinrich von Muralt, des Gr. Raths.
- - Hs. Conrad Escher, des Gr. Raths.
- - Hs. Heinrich Meyer, des Gr. Raths.

Secret. Jkr. David Weiß, Raths-Substit.
- - Herr Hs. Conrad von Orell, Post-Direktor.

Das Stadtgericht.

Jkr. Balthasar Reinhardt, des Gr. Raths, Schultheiß.

Stethrichter. Herr Salom. Hirzel, Landschrbr. des Gr. Raths, Stabhalter.
- - - - Hs. Caspar Locher.
- - Jkr. Friedrich Ludwig Meiß.
- - Herr Hs. Heinrich Landolt.
- - - - Heinrich Meyer.
- - Jkr. Hs. Georg Escher.

Gerichtschreiber. Herr Johannes von Muralt.

Landvogteyen und Aemter des großen Raths.

Landvögte zu
Kyburg. Herr Salomon Escher.
  Landschreiberey. Herr Heinrich Hirzel.
  – – Hs. Ulrich Hegner.
Grüningen. Herr Heinrich Lavater.
  Landschr. – – Hs. Caspar Ulrich.
Eglisau. Jkr. Hs. Ulrich Escher.
  Stadtschr. Herr Hs. Jacob Lauffer.
Regensperg. – – Caspar Lavater.
  Landschr. – – Bernhard Stoker.
Andelfingen. – – Hs. Rudolf Schweizer.
  Landschr. – – Johannes von Orell.
Greiffensee. Jkr. Andreas Schmid.
  Landschr. Herr Hs. Rudolf Hirzel.
Knonau. – – Hs. Rudolf Holzhalb.
  Landschr. – – Diethelm Heidegger.
Wädischweil. – – David von Orell.
  Landschr. – – Hs. Conrad Keller.
Sax. – – Hs. Jacob Wolf.
  Landschr. – – Hs. Ulrich Roduner.

Obervögte zu
Lauffen. – – Hartmann Liechti.
  Amtschr. – – Hs. Caspar Heß.
Steinegg. – – Hs. Jacob Weiß.
  Gerichtschr. – – Hs. Jacob Weerli.
Weinfelden. – – Hs. Jacob Brunner.
  Gerichtschr. – – Hs. Ulrich Steinfels.

Hegi.	Herr Hs.	Rudolf Denzler.
Pfyn.	⸗ ⸗ Hs.	Conrad Geßners sel. Erben.
Wellenberg und Hüttlingen.	⸗ ⸗	Leonhard Bodmer.
Gerichtschr.	⸗ ⸗ Hs.	Rudolf von Oreß.
Neunforn.	⸗ ⸗	Christoph Ringgli.
Altiken.	⸗ ⸗	Felix Vogeli.
Spithalamt.	⸗ ⸗ Hs.	Jacob Keller.
Schreiber.	⸗ ⸗ Hs.	Jacob Brunner.
Salzamt.	⸗ ⸗ Hs.	Conrad Lavater.
Buchhalter.	⸗ ⸗	Leonhard Hirzel.
Fraumünster.	Jkr. Hs.	Heinrich Grebel.
Hinderamt.	Herr Hs.	Rudolf Steinfels.
Almosenamt.	⸗ ⸗ Hs.	Heinrich Meyer.
Oetenbach.	⸗ ⸗	Johannes Hirzel.
Winterthur.	⸗ ⸗ Hs.	Georg Finsler.
Stein.	⸗ ⸗ Hs.	Rudolf Werdmüller.
Großkeller.	⸗ ⸗	David Zimmermann.
Cammeramt.	⸗ ⸗ Hs.	Caspar Obermann.
Cappel.	⸗ ⸗ Hs.	Jacob Weiß.
Küßnacht.	⸗ ⸗	Mathias Landolt.
Rüti.	Jkr.	Caspar Weiß.
Toß.	Herr	Felix Tauenstein.
Embrach.	⸗ ⸗	Anthonius Engelhard.
Cappelerhof.	⸗ ⸗	Salomon Wirz.

II. Canton Bern.
Der tägliche Rath.

Herr Niclaus Friedrich v. Steiger, Schultheiß, erw. 1787. des Preußischen schwarzen Adler-Ordensritter.

- - Albrecht von Mülinen, Schultheiß, erwehlt 1791.
- - Niclaus Emanuel Tscharner, regierender Seckelmeister deutscher Landen.
- - Carl Albrecht v. Frisching, alt Seckelmeister deutscher Landen.
- - Joh. Heinrich Otth, alt Venner.
- - Albrecht Bernhard Steiger, Herr zu Münsingen, alt Venner.
- - Sigmund Emanuel von Graffenried, alt Venner.
- - Franz Ludwig von Jenner, alt Venner.
- - Wilh. Bernh. von Muralt, regierender Seckelmeister welscher Landen, Präsident der welschen Appellationskammer.
- - Joh. Friedrich v. Ryhiner, alt Venner.
- - Carl Ludwig v. Dugspurger, reg. Venner zu Schmieden u. des Landgerichts Sternenberg.
- - Emanuel Nicl. v. Willading, reg. Venner zu Metzgern u. Landgerichts Konolfingen.
- - Emanuel Friedr. Fischer, reg. Venner zu Gerwern u. Landgerichts Zollikhofen.
- - Niclaus von Dießbach, Bauherr.
- - Rudolf Sigmund v. Wattenwyl, reg. Venner zu Pfistern u. Landg. Sefftigen.
- - Wolfgang Carl von Gingins, Herr zu Chivilly, Orny und Moiri, Zeugherr.

Herr Simeon Franz Wurstemberger, alt
    Bauherr.
* * Friedr. Carl Ludwig Manuel, Salzdirect.
* * Rudolf Stettler, Kirchmeyer.
* * Joh. Jacob Haller, Ohmgeltner, Präsi-
    dent der deutschen Appellationskamer.
* * Daniel Fellenberg.
* * Franz Victor Effinger, Gleitsherr.
* * Daniel Wyttenbach, Nachschauer.
* * Albrecht von Herbort, Bospfenniger.
* * Carl Rudolf Kirchberger, Freyhr zu Roll,
    Heimlicher.
* * Joh. Rudolf v. Sinner, Herr zu Worb
    Valeyres, Heimlicher.

Staats- Canzley und Beamte.

Staatsschreiber. Herr Samuel Wyttenbach.
Großweibel. * * Pet. Ludwig von Tavel.
Gerichtschreiber. * * Eman. Vinc. v. Sinner.
Rathhausamann. * * Fridr. Franz L. Morlot.
Rathschreiber. * * Carl Emanuel Morlot.
Unterschreiber. * * Gottlieb Thormann.
Rathsexspectanten. Herr Franz Rud. Lerber.
    * * Franz Thormann.
    * * Rudolf Steck.
Deutsch Seckelschrbr. * * Beat Ferdin. Ludw.
    von Jenner.
Buchhalter. * * F. Lud. v. Graffenried.
Substitut u. Cassirer. * * Friedrich Lienhardt.
Welsch Seckelschr. * * Gottl. Franz Müller.
Substitut. * * Friedrich Thormann.
deutsch. Obercomissar. * * Franz Sal. Wyß.
welsch. Obercomissar. * * Rud. Gab. Manuel.
Untercommissarius. * * Alexander Fischer.

Die deutsche Appellations-Kammer.

Herr Rathsherr Haller, Präses.
- - alt-Landvogt Steiger, von Bonmont.
- - alt Stiftschaffner Stettler, v. Zofingen.
- - alt-Landvogt von Graffenried, von Sumiswald.
- - alt-Landvogt v. Frisching, v. Landshut.
- - alt-Landvogt Stettler, von Bipp.
- - alt-Landvogt v. Mülinen, von Königs.
- - Professor Tscharner.
- - Imbert Jac. Ludwig Berseth, Ohmgeltner.
- - Christ. Friedr. Freudenreich, Hauptmañ.
- - Franz Abraham von Jenner, Hauptmann.

Secret. Herr Rudolf Gatschet.

Welsche Appellations-Kammer.

Herr Welsch-Seckelmstr. von Muralt, Präses.
- - Rathsherr Fellenberg.
- - alt-Landvogt v. Gingins, v. Oberhofen.
- - alt-Schultheiß v. Graffenried, v. Burgdorf
- - alt-Landvogt Thormann, v. Laupen.
- - alt-Gubernat. v. Wattenwyl, v. Aelen.
- - alt-Landvogt Tscharner, v. Wiflispurg.
- - alt-Landvogt von Steiger, v. Thorberg.
- - Bernh. Gottlieb Isaac v. Diesbach, Herr zu Carrouge.
- - Ludwig Rudolf von Werdt, Hauptmann.
- - Carl Ludw. v. Erlach, Marech. de Camp.
- - Joh. Franz Fischer, Hauptmann.

Secret. Herr Gottlieb Franz Müller.

Substitut-Secret. Herr Friedr. Thormann.

Der Kriegsrath.

Herr Schultheiß von Mülinen, Präses.
  " " Welsch-Seckelmeister von Muralt.
  " " Venner von Willading.
  " " Venner von Dugspurger.
  " " Rathsherr und Zeugherr von Gingins.
  " " alt Obrist und alt-Landvogt Gatschet,
    von Buchsee.
  " " alt-Landvogt von Steiger, von Bipp.
  " " Obrist Schmalz, alt-Landv. v. Lenzburg.
  " " alt-Landvogt von Tavel, von Vivis.
  " " Obrist u. alt-Landv. v. Graffenried, von
    Aubonne.
  " " Obrist Fischer, alt-Landv. v. Yverdon.
  " " Obrist Morlot, Rathhausammann.
  " " Bartholome May, Oberstlieutenant.
Secret. Herr Albrecht Haller.
Substitut-Secret. Herr Sig. Rud. Mutach.

Sanitäts-Räthe.

Herr Rathsherr Manuel, Präses.
  " " Rathsherr Fellenberg.
  " " alt-Castlan Steiger, von Zweysimmen.
  " " alt Landvogt von Tavel, von Vivis.
  " " alt Schultheiß v. Graffenried v. Burgdorf.
  " " Hauptmann E. F. Freudenreich.
  " " Johann Daniel Forrer.
  " " David Rud. Fellenberger, Vöspfenniger.
  " " Abraham Steck, M. D.
Secret. Herr Gottl. Rudolf Kastenhofer.

Commercien-Räthe.

Herr Rathsher Manuel, Präses.
  " " Rathsherr Stettler.
  " " alt-Obervogt Haller, von Schenkenberg.
  " " alt-Castlan Brunner, von Wimmis.

Herr alt-Stiftschaffner Gruner, von Zofingen.
- - alt-Landvogt Mutach, von Lenzburg.
- - Carl Ludw. Nic. Kirchberger, alt Gewolb-Registrator.
- - Ohmgeltner Knecht.
- - Joh. Daniel Forer.
Secret. Herr Carl Gottlieb Dayelhofer.

Landvogteyen und Aemter.

Schultheiß zu
Thun. Herr Carl Ferd. v. Sinner.
 Landschr. - - Joh. Ludw. v. Wagner.
Burgdorf. - - Carl Niclaus v. Wagner.
 Landschr. - - Joh. Ludwig Dinr.
Büren. - - Jacob Samuel Otth.
 Landschr. - - Joh. Rudolf Kohler.
Unterseen. - - Dan. Ludwig v. Tavel.
 Amtschr. - - Peter Sterchi.

Castellane, zu
Zweysimmen. - - Daniel Gabriel Knecht.
 Amtschr. - - Jacob Huzli.
Wimenis. - - Franz Rud. v. Frisching.
 Amtschr. - - Jacob Flogerzi.
Frutigen. - - Johann Jacob Wyß.
 Amtschr. - - Johannes Zahler.

Gubernator zu
Aelen. Herr Beat Emanuel Tscharner.
 Lieut. Gouvernat. Herr Louis Delces.
 Secret. Gouvern. - - Jean Aviolat.

Landvögte, zu
Oberhofen. Herr Rudolf Fischer.
 Amtschr. - - Johannes Ritschard.
Trachselwald. - - Daniel Samuel v. Rodt.
 Landschr. - - Franz Nic. v. Graffenried.

Bipp. Herr Bernh. Ludw. v. Muralt.
Urwangen. = = Samuel Albrecht Müller.
Wangen. = = Ludw. Emanuel Fischer.
Landschr. dieser
drey Vogteyen. Herr Abraham Morell.
Landshut. Herr Joh. Jacob v. Wagner.
Landschr. = = Emanuel May.
Lenzburg. = = Franz Rudolf v. Weiß.
Landschr. = = Carl Sigmund Stettler.
Aarberg. = = Albrecht von Werdt.
Landschr. = = Abraham Salchli.
Nidau. = = Friedrich Wurstemberger.
Landschr. = = Albrecht Pagan.
Erlach. = = Franz Ludwig v. Müller.
Landschr. = = Georg Ludwig v. Ernst.
Laupen. = = Nicl. Gottl. v. Diesbach.
Landschr. = = Anton Sigm. v. Herbort.
Signau. = = Joh. Bernhard Steiger.
Landschr. = = Georg Eman. v. Ernst.
Biberstein. = = Gabriel Tschiffeli.
Amtschr. = = Joh. Jacob Rychener.
Sanen. = = Niklaus Gatschet.
Landschr. = = Franz Zbigre zu Sanen.
 = = Peter Bertholet zu Oesch.
Brandis. = = Abrah. Friedr. Benoit.
Landschr. = = Franz.Nic. v.Graffenried.
Interlaken. = = Carl Friedrich Steiger.
Landschr. = = Anton Bizius.
Thorberg. = = Franz Lud. v.Graffenried.
Landschr. = = Niclaus Rudolf Luthard.
Fraubrunnen. = = Dav.Sal.L.v.Wattenwyl.
Landschr. = = Emanuel May.

D

Frienisberg.   Herr Franz von Willading.
    Amtschr.   = = Chr. Vict. v. Graffenried.
St. Johannis Insel. Hr. Carl Phil. Freudenreich.
    Landschr.   Herr Georg Ludwig v. Ernst.
Gottstadt.   = = Carl Ludwig Stürler.
    Landschr.   = = Albrecht Pagan.
Buchsee.   = = Nikl. Bernhard Stürler.
    Landschr.   = = Samuel Schönweiz.
Summiswald.   = = Lud. Sal. v. Wattenwyl.
    Landschr.   = = Fr. Nic. von Graffenried.
Köniz.   = = Ferd. Ludwig v. Jenner.
    Amtschr.   = = Samuel Schönweiz.
Castelen   = = Gottl. Eman. v. Wagner.
    Landschr.   = = Nikl. Balthasar Wild.
  Stiftschaffner zu
Bern.   Herr Samuel von Wagner.
    Stiftschr.   = = Albrecht Haller.
Zofingen.   = = Ludwig Wurstemberger.
  Hofmeister zu
Königsfelden.   = = Carl von Groß.
    Hofschreib.   = = Franz Ludwig Haller.
  Obervogt zu
Schenkenberg.   = = Joh. Rudolf Bucher.
    Landschr.   = = Nikl. Balthasar Wild.
  Commandant zu
Aarburg.   = = Niclaus Rudolf Haller.
    Landschr.   = = Franz Samuel Koch.
  Landammann zu
Haßli.   Herr Niclaus von Bergen.
    Landschr.   = = Isaac Zopfi.

Spithalmeister zu
Neuenstadt.   Herr Joh. David v. Wattenwyl.
Schaffner zu
Hettiswyl.   Herr Joh. Rud. Fischer.

Vogteyen im Pays-de-Vaud.

Landvögte, zu
Wifflispurg.   Herr Abr. Friedr. v. Sinner.
   Lieutenant.   -   - Abrah. Dan. Bosset.
   Secretaire.   -   - Jean Louis Blanc.
Milden.   -   - Franz Rudolf v. Weiß.
   Lieutenant.   -   -   de Cerjeat.
   Secretaire.   -   - J. F. Dan. Burnand.
Lausanne.   -   - Ludwig von Büren.
   Lieutenant.   Herr Jon. Polier de Corcelles.
   Secretaire.   -   - Abr. Fr. L. Just. Gaulis.
Yverdun.   -   - Vincenz von Sinner.
   Lieutenant.   -   - Joseph Franz Burnand.
   Secretaire.   -   - Joh. Franz Martin.
Morsee.   -   - Alex. Georg Thormann.
   Lieutenant.   -   - J. Ant. Sam. Mandrod.
   Secretair.   -   - J. Franz Lud. Pache.
Nyon.   -   - Ant. Emanuel v. Rodt,
   Lieutenant.   -   - Elias Franz S. Reverdil.
   Secretair.   -   - Franz Friedr. Anet.
Vivis.   -   - Carl Em. v. Wattenwyl.
   Lieutenant.   -   - P. Em. C. v. Dekersberg.
   Secretair.   -   - Isaak Mange.
Romainmoitier. -   - Beat Rudolf von Erust.
   Lieutenant.   -   - Joh. Rud. Rochat.
   Secretair.   -   - Joh. Sam. Roland.

Oron.	Herr	Franz Christ. v. Engel.
Lieutenant.	- -	Abrah. Sam. Mieville.
Secretair.	- -	Gab. Friedrich Jan.
Bonmont.	- -	Christ. Gottl. v. Diesbach
Lieutenant.	- -	Sam. Rochmondet.
Secretair.	- -	Cäsar Lauthard.
Aubonne.	- -	Beat Rudolf v. Tavel.
Lieutenant.	- -	Isaac Ludwig Grivel.
Secretair.	- -	M. Gabriel Grivel.
Gouverneur zu Peterlingen.	Herr	David von Wattenwyl.
Lieutenant.	- -	Benjamin Tavel.
Secretair.		
Bauherr.	Herr	Niclaus Dapelhofer.
Salzdirector.	- -	Beat Rudolf Tscharner.
Kirchmeyer.	- -	Joh. Rudolf Steck.
Mushafenschaffner.	Herr	Carl Friedr. Bucher.
Kornherr.	Herr	Gabriel von Graffenried.
Stadtmajor.	- -	Joh. Rudolf v. Mülinen.
Gleitsherr.	- -	Christian Friedr. Zehender.

III. Canton Lucern.

Der Innere Rath.

Winter - Seiten.

Herr Joseph Ludwig Casimir Kruß, Schultheiß, Stadtvenner und Seckelmeister. Erw. 1793.

- - Jac. Antoni Thüring v. Sonnenberg, St. Ludovici-Ordens Ritter, Marechal de Camp u. gewes. Oberst eines Regiments in Frankreich, Statthalter u. Venner.

Herr Franz Ludwig Pfyffer, Herr zum Wyer, gewesn. General-Lieutenant in Frankreich, Comthur St. Ludovici-Ordens, und Venner.

» » Jos. Ant. Fel. Balthasar, alt-Seckelmstr. General-Proviantmeister und Inspector der Landmarchen.

» » Joh. Ulrich Ignaz von Sonnenberg, Herr v. Castelen u. Fischbach, Oberzeugherr Kornherr und Gener. Feldzeugmeister.

» » Franz Rud. Dietrich Meyer, Herr zu Schauensee, Heimlicher, alt Salzdirektor, Reußherr.

» » Joh. Bapt. Peter Mauriz v. Flekenstein.

» » Alphons Jos. Joh. Nep. Dulliker, alt Spendherr.

» » Joh. Jost Rüttimann.

» » Xav. Ulrich Balthasar, Zwingherr zu Emmen, Herrendingen und Radoltschweil, alt Kornherr.

» » Conrad Ignati Schumacher.

» » Jost Bernh. Joh. Bapt. Mohr, Salzdirect.

» » Franz Jos. Brnh. zur Gilgen, Oberfinner und Spendherr.

» » Carl Martin Dürler, Pfundzoller.

» » Joseph Coelestin Ignati Xaveri Johann Baptista Mohr, Landv. im Entlibuch.

» » Franz Ludwig Joseph Alph. Balthasar, Landvogt zu Rotenburg.

» » Joseph Aurelian zur Gilgen, Landvogt des St. Michael-Amts zu Münster.

» » Jost. Ignati Joh. Nepomuk Pfyffer, v. Altishofen, Gerichtsherr zu Butisholz.

Sommer - Seiten.

Herr Jos. Ign. Franz Xav. Pfyffer v. Heidegg, Amts-Schultheiß und Pannerherr, alt Landv. zu Merischwanden. Erw. 1782.
- - Franz Ludw. v. Sonnenberg, Statthalter.
- - Joh. Rud. Valentin Meyer, v. Oberstad, Landvogt zu Rußweil, Zwingverwalter zu Heidegg.
- - Joseph Thüring Schweizer, v. Buonas, Director des Xaverianischen Hauses, Pannerherr u. Landv. in das Rheinthal.
- - Aloysi Christoph Joh. Baptista Göldlin von Tieffenau, Ritter St. Ludov. Ordens und Oberstlieutenant.
- - Nicol. von Flüe, Joh. Nepomuc. Dürler, Bauherr.
- - Jost Jos. Bernh. Hartmañ, alt Sentiherr.
- - Franz Placi Anton Coelestin Schumacher, alt Spitalherr.
- - Jacob Pfyffer Feer, Herr zu Butisholz.
- - Ulrich Aloysi Jos. Anton Pfyffer von Altishofen, Senti-Spittalherr.
- - Joseph Aloysi Salesi Franz Xav. Leodeg. Peyer im Hof, Landv. zu Willisau.
- - Ulrich Anton Joh. Baptista Schnyder, Herr zu Wartensee.
- - Joh. Martin Jos. Anton Balthasar, Großspittalherr und Obristwachtmeister.
- - Joseph Martin Leodegar am Rhyn, Landvogt nuch Lauis.
- - Joseph Aurelian Niclaus Ignati Leodegari Segesser, von Brunegg, Weinzolls-Seckelmeister.

Herr Franz Xaveri von Flekenstein.
• • Franz Xaveri Leopold am Rhyn.]
Vacat.

Staats = Cantzley.

Staatsschreiber. Herr Alphons Joseph Aloysi
Pfyffer, v. Heidegg.
Unterschreiber. • • Franz Xaveri Schnyder
von Wartensee.
Rathschreiber. • • Joseph Ant. Balthasar.
Großweibel. • • Jos. Xav. Coel. U. Joh.
Baptista Mohr.

Der Kriegs-Rath.

Herr Schultheiß Krus, Stadtvenner und Se-
ckelmeister.
• • Schultheiß Pfyffer, v. Heidegg Pannerhr.
• • Marschall von Sonnenberg, Venner,
Statthalter und Brigadier.
• • General-Lieut. Pfyffer zum Wyer, Veñer
und Brigadier.
• • alt Seckelmeister und General = Proviant-
meister, Felix Balthasar.
• • Ober-Zeugherr von Sonnenberg, Herr zu
Castelen, auch General=Feldzeugmstr.
• • Pannerherr Schweizer, von Buonas,
Major und Inspect. der Cavallerie.
• • Rathsherr Martin Balthasar, Obrist-
Wachtmeister.
• • Ludwig Pfyffer, von Altishofen, alt
Gustherr, des grossen Raths.

Zu diesen annoch:

Herr Ulr. Ant. Schnyder zu Wartensee, Brigad.
• • Jos. Ulrich Goldlin v. Tieffenau, Brigad.
• • Ignati Colestin Pfyffer, von Altishofen.

Herr Franz Placi Colestin Schumacher, Major von der Artillerie.
- - Jos. Franz Martin Hartmann, des grossen Raths, Land-Major.
- - Jos. Ignat. Pfyffer, von Altishofen, des grossen Raths, Land-Major.
- - Jost Jos. Leonti Schwyzer von Buonas, des Gr. Raths, Dragoner-Major.
- - Carl Joseph Meyer, von Baldegg, des grossen Raths, Land-Major.
- - Jost Bernh. Pfyffer v. Altishof. Land-Maj.
- - Joseph Corneli Schindler, Land-Major.

Dann die Stückhauptleuthe.

Herr Placi Ant. Cel. Schumacher, Groß-Major, des Gr. Raths, der Brigade Willisau.
- - Joseph Celestin Mohr, des Raths, der Brigade Rußwyl.
- - Joh. Baptista Pfyffer von Altishofen, der Brigade Münster.
- - Joseph Antoni von Sonnenberg, Herr zu Castelen, d. gr. Raths, der Brig. Entlibuch.
- - Jacob Joseph Antoni Gloggner, der Brigade Rothenburg.
- - Franz Xaver Aloysi Schumacher, Aide-Major.

Secr. Hr. Franz Xaveri Keller.

Sanitäts-Räthe.

Herr Schultheiß und Seckelmeister Kruß, Präsident.
- - Niclaus de Flüe Dürler, Bauherr.
- - Franz Bernhard zur Gilgen, Spendherr.

Herr Ulrich Aloys Jos. Anton Pfyffer, v. Altishofen, Rathshr.
 ⸺ J. Mart. Jos. Ant. Balthasar, Spithalhr.
Secret. Herr Joseph Anton Balthasar, Rathsschreiber.

Vogteyen und Aemter des grossen Raths.

Landvogt zu
Büren. ⸺ Joh. Baptista Pfyffer zu Altishofen.
Habspurg. ⸺ Georg Vincenz Rütimann.
Malters. ⸺ Joseph Aloys Schumacher.
Weggis. ⸺ Joseph Pfyffer v. Heydegg.
Kriens. ⸺ Joh. Franz Ant. Hartmann.
Knutwyl. ⸺ Heinrich Ludw. Dulliker.

Obervogt zu
Ebikon. Herr Jos. Franz Xav. Dürler.
Griesenberg. ⸺ Joseph Egydi Balthasar.
Schleßvogt zu Wyken. Hr. Jos. At. Wyssing.
Seevogt zu Sempach. Hr. Xaveri Schumacher.
Zwingsverwalter zu Heidegg. Hr. Rud. Val. Meyer, v. Oberstad.
Schiffherr. Herr Carl Aloysi Mohr.
Kriensbach u. Unterbauhr. Hr. Laur. zur Silge.
Untersinner. Herr Joseph Xaveri Gilly.
Gustherr. Carl Joseph Meyer, v. Baldegg, zu Mammertshofen.

Vogtschreiber zu
Luzern. Herr Mart. B. J. Hartmañ.
Merischwand. ⸺ Conrad Leonti Pfyffer, zum Wyer.

Richter am Stadtgericht. Herr Jof. Pfyffer
v. Heidegg.
Gerichtschrbr. Herr Conrad Leonti Jost X.
Pfyffer zum Wyer.
Amtschreiber zu Münster. Herr Antoni Balthasar.
Verwalter zu
Heidegg u. Müswangen. Hr. Carl Jof. Anton
Meyer v. Baldegg, v. Mammershofen.
zu Kriens. Herr Alex. Pfyffer, v. Altishofen.
Salzschreiber und   Herr Jof. Carl Alphons
Unter-Stadtmajor.   Joh. Bapt. Mohr.
Stadtschreiber zu Willisau. Herr Jof. Xaveri
Schweizer zu Buonaß.
Straßherr. Herr Melch. Joh. Georg Jof.
an der Allmend, Herr zu
Baldegg.
Unterzeugherr. Herr Cölestin Ignati Pfyffer,
von Altishofen.
Kaufhausmeister und
Bodenzinser. Hr. Joseph Ant. v. Sonneberg v. Castelen.
Müllemäsmeister. Hr. Jof. Aloysi zur Gilgen.
Werch- u. Salzhaus-Herr. Hr. Jof. Aloys zur
Gilgen.
Böspfenniger. Herr Jof. Aloysi zur Gilgen.
Weinstich und Statthalter
am Stadtgericht: Hr. Joh. Franz Martin
Antoni Hartmann.

IV. Canton Uri.
Die Standeshäupter.

Herr Heinrich Antoni Straumeyer, regierender Landammann. Erw. 1792.
- - Martin Fridolin Brand, alt Landamann, Landshauptm. und Königl. Sizilianischer Garde-Hauptmann.
- - Joseph Stephan Jauch, alt Landammann.
- - Joseph Antoni Müller, alt Landammann auch Landsfähndrich.
- - Carl Franz Schmid, alt Landammann und Zeugherr.
- - Carl Franz Müller, alt Landammann und Landsfähndrich.
- - Franz Joseph Lauwener, alt Landammañ.
- - Thadd. Xaveri Schmid, alt Landammann.
- - Martin Antoni Püntiner, v. Braunberg, alt Landammann.
- - Franz Maria Arnold, Statthalter.
- - Jost Antoni Müller, Lands-Seckelmeister.
- - Ant. Maria Schmid, Lands-Hauptmann.

Nebst diesen machen noch den Geheimen Rath aus,
- - Casp. Antoni Gerig.
- - Franz Marti.
- - Franz Florian Arnold.
- - Johann Florian Gißler.
- - Jacob Truttmann.

Canzley und Beamte.
Landschreiber. Herr Carl Ant. Epp, von Rudenz
- - Carl Ant. Schmid, Spitalhr.
- - Franz Vincenz Schmid, Oberst Landwachtmstr.
- - Franz Valentin Curti.

Landschreiber. Herr Joseph Antoni Jauch.
 - - Antoni Maria Müller.
Landweibel. - - Joh. Joseph Ziegler.

* * *

Landvogt zu Lifenen. Herr Carl Franz Gißler.
Castlan zu Bellenz. Herr Joh. Melch. Yberg.

V. Canton Schweitz.
Die Landes = Häupter.

Herr Joseph Maria Carol. Dominicus Jütz, regierender Landammann. Erw. 1793.
- - Franz Dominic. Pful, alt Landammann, Director des Burgunder-Salzes.
- - Mich. Antoni v. Schorno, alt Landamañ, und Hauptm. in Sicilianisch. Diensten.
- - Joseph Ludwig Dom. Thadd. Weber, alt Landammann.
- - Carl Dominik Reding v. Biberegg, alt Landammann.
- - Jos. Franz Reding von Biberegg, alt Landammann.
- - Mainrad Schuler, Amts-Statthalter.
- - Georg Franz Jos. ab Yberg, alt Statthalter, und Sibner des Alt Viertels, Landshptm. in beyden Höfen.
- - Franz Antoni Fälchlin, alt Statthalter.
- - Joseph Leonhard Schnuoriger, regierender Landsseckelmeister.
- - Joh. Walter Rudolf Bellmund, von Rickenbach, alt Lands-Seckelmeister.

Herr Franz Bonifacius Reding von Biber-
egg / Zeugherr.
 ‚ ‚ Dominik Aloysi Graf Weber v. Acher/
Pannerherr.
 ‚ ‚ Werner Anton Dominic. In der Bizin /
Sibner des Nid Wasser Viertels.
 ‚ ‚ Joseph Franz Antoni Sutter/ Sibner des
Muotathal Viertels.
 ‚ ‚ Joh. Leonhard ab Egg/ Sibner des Stei-
nen Viertel.
 ‚ ‚ Werner Dominik von Euw / Sibner des
Neu Viertels.
 ‚ ‚ Joseph Sebastian Cammer/ Sibner des
Arter Viertels.

Canzley und Beamte.

Landweibel.   Herr Pius Antoni Geiger.
Landschreibere.   ‚ ‚ Felix Dominik. Ulrich.
                   ‚ ‚ Joh. Jos. Meinr. Sutter.
                   ‚ ‚ Georg Carl Faßbind.
Unterschreiber.   ‚ ‚ Georg Carol. Faßbind.

Der Kriegs-Rath.

Der regierende Herr Landammann Jütz.
 ‚ ‚ Franz Dominic Pfyl/ alt Landammann.
 ‚ ‚ alt Landammann Reding.
 ‚ ‚ alt Landammann von Schorno.
 ‚ ‚ alt Landammann Weber.
 ‚ ‚ alt Landammann Dominik Reding.
 ‚ ‚ Lands-Statthalter Schueler.
 ‚ ‚ Dominik Aloys Graf von Weber/ Pannerherr.
 ‚ ‚ Franz Bonifaci von Reding/ Zeugherr.
Secret. Herr Mainrad Suter.

Der Sanitäts-Rath.

Herr Landammann Jütz.
- - Sibner in der Bizin.
- - Joseph Bernardin Ulrich, als Landshauptmann zu Wyl.
- - Johann Georg Pfyl.
- - Johann Antoni Ender.
- - Pius Anton Geiger, Landweibel.

Secret. Herr Landschreiber Suter.
Oberkeitl. Richter. Herr Jos. Dom. Martin.

* * *

Seminarienvogt zu St. Joseph. Herr Joseph Franz Mettler.
Archivverwalter. Herr Felix Dominik Ulrich, Landschreiber.
Bauherr. Herr Joseph Antoni Imlig.
Strassenherr. Herr Joh. Franz Steiner.
Spitalherr. - - Joseph Dominik Martin.

Schloßvogt zu
Bellenz. Herr Carl in der Bizie.
Grinau. - - Joseph Balthasar Horat.

Landshauptmänner oder Oberste der Regimenter:

Herr alt Statthalter ab Yberg, in den Höfen.
- - alt Statthalter Reding, in der Mark.
Waldstadt Emsiedlen. Herr Theodor Reding von Bberegg.
Kußnacht. Herr Christoph Anton Reding v. Biberegg.
Gaster. - - Thomas Hyac. Wuerner.
Uznacht. - - Domin. Apollin. Weber.
Kriegscommissar. Hr. Mart. Ant. Reichlin.

VI. Canton Unterwalden.
1. Ob dem Kernwald.

Die Landes-Häupter.

Herr Joh. Melchior Bucher, regierender Landammann. Erw. 1793.
- - Nicodemus von Flüe, alt Landammann und Pannerherr.
- - Franz Ignati Rohrer, alt Landammann.
- - Peter Ignati von Flüe, alt Landammann.
- - Felix Stockmann, Landsstatthalter.
- - Nicolaus Antonia Maria Im Feld, alt Landvogt im Maynthal.
- - Joh. Jos. Bucher, alt Landv. zu Mendris.
- - Wolfgang Windli, Lands-Seckelmeister.
- - Franz Joseph von Zuben, Landsbauherr.
- - Peter von Flüe, Landshauptmann.
- - Jos. Ignati Stockmann, Landshauptm.
- - Antoni Franz Im Feld, Landsvenner.
- - Niklaus Würz, von Rudenz, Zeugherr.

Vacat Landsvenner.

Canzley und Beamte.

Landschreiber.   Herr Franz Leonti Stockmann.
                - - Joseph Ignati Rohrer.
Landweibel.   - - Carolus Rohrer.

Der Kriegs-Rath.

Der regierende Landammann, Pannerherr, Landshauptmänner, Landsvenner und Zeugherren.

2. Nid dem Kernwald.

Herr Jost Remigi Trachsler, regierender Landammann und Pannerherr. Erw. 1793.

Herr Victor Maria Buosiger, alt Landamann.
 - - Jacob Joseph Zellger, alt Landammann.
 - - Joseph Aloysi v. Matt, Landsstatthalt.
 - - Melchior Joseph Wagner, Seckelmstr.
 - - Joseph Caspar Barmettler, Obervogt.
 - - Joh. Caspar Kayser, Zeug- u. Bauherr.
 - - Franz Aloysi Kayser, Landshauptmann.
 - - Joseph Aloys Christen, Landsfehndrich.

Canzley und Beamte.

Landschreiber: Herr Melchior Remigi Würsch.
 - - Joseph Maria Christen.
Landweibel. - - Jos. Christoph Zimmermañ.

Der Kriegs-Rath.

Der regierende Landamañ, Landshptm. Pannerherr, Statthalter, Zeugherr, Landsvenner.
Dann:
Herr Lauренz Biniti, Landsvenner.
 - - Joh. Jacob Joseph Lußi, Schützenvenner.

Sanitäts-Räthe.

Herr Trachsler, regierender Landammann.
 - - alt Landammann Würsch.
 - - alt Landammann Buosiger.
 - - alt Landammann Zelger.
 - - Ignati Wanischer, M. D.
 - - Stephan Christen.
 - - Franz Joseph Blättler.

VII. Canton Zug.

Die Landeshäupter.

Herr Franz Joseph an der Matt, von Baar, reg. Amañ von Stadt u. Amt. Erw. 1792.
 - - Carl Caspar Kollin von Zug, alt Ammann, Statthalter und Pannerherr.

Herr Franz Michael Müller, alt Ammann
von Zug, Stadt- und Landsfähndrich.
• • Clemens Xaveri Wäber, von Menzingen,
alt Ammann.
• • Joh. Georg Landwing, Statthalter von
Stadt und Amt, Ritter St. Lud. Ord.

Der kleine Rath der Stadt Zug.

Herr Joh. Georg Landwing, regierend. Staab-
führer, Statthalter von Stadt und
Amt, Ritter St. Lud. Ordens.
• • Carl Casp. Kollin, Panner-u Zeugherr, alt
Ammann, Statthlt. u. Staabführer.
• • Franz Michael Müller, Stadt- u. Lands-
fähndrich, Landshauptmann der obern
freyen Aemtern, alt Ammann.
• • Franz Michael Spillmann.
• • Carl Caspar Aklin.
• • Joh. Caspar Beuttler, Kornherr.
• • Carl Felix Heeß.
• • Carl Joseph Wolfgang Kayser.
• • Carl Franz Benedict Müller.
• • Georg Damian Sydler, Landvogt im
Meynthal, alt Statthalter von Stadt
und Amt, alt Stabführer.
• • Franz Michael Jos. Letter, Landvogt zu
Sargans, Land-Major.
• • Wolfgang Damian Bossart, Gerichtsherr
zu Buonaß, Strassenherr und regie-
render Landvogt zu Hünenberg.
• • Jos. N. Leonti Stadlin, Raths-Seckelmeist.

Canzley und Beamtete.

Stadtschreiber. Herr Joachim Anton Bossart
Landschreiber. • • Beat. Caspar Hegglin.
Großweibel. • • Joseph Anton Utiger.

Der Kriegsrath.

Herr alt Ammann Kollin, Präsident.
- - alt Ammann Müller.
- - Landvogt und Landmajor Letter.
- - Georg Damian Sydler, alt Statthalter und Staabführer.
- - Jägerhauptmann und Gerichtsherr zu Buonaß, Carl Peter Landwing.
- - Franz Bonav. Landwing, Land-Major.
- - Joh. Martin Kayser, Hauptmann, burgerlicher Seckelmeister.

Secret. Herr Joseph Anton Utiger.

Vogteyen und Aemter.

Obervögte zu
Kahm.   Herr Jacob Carl Klotter.
Steinhausen.   - - Caspar Utinger.
Risch.   - - Bertholome Mooß.
Walchweil.   - - Carl Heeß.
Zwingherr zu Rüti. Hr. Joseph Aloys Acklin.

VIII. Canton Glarus.
Die Landeshäupter.

Herr Joh. Jacob Zweifel, regierender Landammann. Erw. 1791. R.
- - Fridolin Joseph Tschudi, alt Landamm. Generallieut. und Gardehauptm. in Sicilianisch. Diensten, Ritter Constantini- und St. Stephani-Ordens. C.
- - Balthasar Joseph Hauser, als Landammann. C.
- - Joh. Heinrich Zwicki, M. D. alt Landammann. R.

Herr Felix Antoni Müller, alt Landamann. C.
»   » Caspar Hauser, Landsstatthalter. C.
»   » Johannes Blumer, Pannerherr. R.
»   » Joh. Melchior Zwicki, Landshauptm. R.
»   » Casp. Jos. Hauser, Landshauptmann. C.
»   » Joh. Heinrich Ellmer, Landsseckelmstr. R.
»   » Xaveri Gilly, Landsfähndrich. C.
»   »   Hauser, Vice-Landsfähndrich. C.
»   » Fridolin Zwicki, Landsfähndrich. R.
»   » Fridolin Joseph Anton Freuler, alt Land-
         vogt zu Baden. C.
»   » Esajas Zopfi, alt Landv. zu Baden. R.
»   » Joh. Caspar Jos. Freuler, Zeugherr. C.
»   » Caspar Schindler, Zeugherr. R.
»   » Caspar Joseph Hauser, Seckelmeister. C.
»   » Peter Heffti, Seckelmeister. R.
»   » Carl Franz Joseph Bürger, Pannervor-
         trager. C.

Canzley und Beamte.

Landschreiber.   Herr Fridol. Joseph Hauser. C.
                 »   » Joh. Balth. Lenzinger. R.
                 »   » Abraham Tschudi. R.
Landweibel.   »   » Jundel. C.
                 »   » Fridolin Zopfi. R.

Der Reform. Kriegsrath.

Nebst den Reformierten Landshäuptern.
Herr Adam Schiesser.
»   » Johann Peter Zwicki.
»   » Johann Rudolf Zweifel.
»   » Joh. Jacob Zwicki, Major.
»   » Melchior Schindler.

Landvogt zu
Werdenberg. Herr Joh. Heinrich Freytag. R.
Landschrb. - - Fabian Luchsinger. R.

IX. Canton Basel.
Der Kleine Rath.
Neuer Rath.

Herr Peter Burkhardt, Bürgermstr. Erw. 1790.
- - Andreas Merian, oberster Zunftmeister,
Erw. 1790.

Von Joh. Bapt. 1793. bis dahin 1794.

Die Rathsherren.

Herr Leonhard Häusler.
- - Peter Vischer.
- - Joh. Bernhard Socin.
- - Joh. Rudolf Stähelin.
- - Claudius Passavant.
- - Johannes Dietschy.
- - Samuel Paravicin.
- - Friedrich Segnser.
- - Niklaus Grynmüller.
- - Joh. Jacob Faesch.
- - Isaak Miglin.
- - Abraham Iselin, Dreyzehnerherr
- - Christian von Mechel.
- - Joh. Jacob Christ.
- - Johannes Munch.

Die Meistere.

Herr Hieronymus Wieland, Dreyer und
Dreyzehnerherr.

Herr Johannes Hagenbach, Dreyzehnerherr.
 » » Nicolaus Harscher, Dreyzehnerherr u.
     Präsident des kaufmännisch. Directorii.
 » » Jacob Christoph Rosenburger.
 » » Johann Rudolf Merian.
 » » Lucas David.
 » » Hs. Jacob Burkhard, Dreyzehnerherr,
     Deputat und Obrist.
 » » Johann Philipp Erzberger.
 » » Johannes Kienzel, Oberv. zu klein Hüning.
 » » Andreas Ortmann, Dreyzehnerherr.
 » » Heinrich Dietiger.
 » » Friedrich Merian.
 » » Ludwig Weitnauer.
 » » Leonhard Häusler.
 » » Christoph Mäglin.

Alter Rath.

Herr Johannes Debary Bürgerm. Erw. 1787.
 » » Andreas Burtorf, oberster Zunftmeister.
     Erw. 1784.

Von Joh. Bapt. 1793. bis dahin 1794.

Die Rathsherren.

Herr Hieronymus Christ.
 » » Christoph de Ludw. Burkhard.
 » » Daniel Schorndorf.
 » » Balthasar de Balthasar Stähelin.
 » » Emanuel Falkner, Dreyzehnerherr.
 » » Joseph Fischer.
 » » Joh. Jacob Schardt.
 » » Martin de Wilhelm Wenck.
 » » Oswald Schneulin.
 » » Lucas de Lucas Fäsch, Dreyzehnerherr
     Deputat und Kriegscommissarius.

Herr Johann Jacob Munzinger.
 - - Lukas Pack.
 - - Joh. Jacob Freyburger.
 - - Hieronymus de Peter Gemusäus, Dreyß
       zehnerherr und Deputat.
 - - Johann Jacob Sternenberger.

Die Meistere.

Herr Leonhard Burkhardt.
 - - Joh. Lucas Legrand, Obervogt zu Riehen.
 - - Eman. Hebenstreit, genannt La Roche.
 - - Joh. Jacob Preißwerk.
 - - Johannes Fürstenberger, Dreyer - und
       Dreyzehnerherr,
 - - Friedrich Münch, Dreyer - und Dreiß
       zehnerherr.
 - - Lucas Zäßlin.
 - - Johannes Bratschin.
 - - Joh. Georg Marbach.
 - - Joh. Conrad Fäsch.
 - - Hs. Jacob Vest.
 - - Christoph Burkhardt.
 - - Emanuel Schardt.
 - - Joh. Georg Frey.
 - - Hieronimus Stähelin

Staats=Canzley.

Stadtschreiber. Herr Peter Ochs, J. U. D
Rathschreiber. - - Rudolf Fäsch, J. U. L.
Rathsubstitut. - - Hieronymus Dienast
Registrator.   - - Matth. Merian. J. U. C.
Ingrossist.   - - Jacob Amadeus Iselin.
Weinschreiber. - - Abel Merian.
Obrist Knecht. - - Felix Burkhardt.

Der Geheime und Kriegsrath, oder Dreyzehner-Herren.

Die 4. Herren Häupter.
Herr Hieron. Wieland, Dreyerherr.
- - Johannes Hagenbach.
- - Niclaus Harscher.
- - Joh. de Joh. Fürstenberger, Dreyerhr.
- - Emanuel Falkner, Dreyzehnerherr.
- - Friedrich Münch, Dreyerherr.
- - Hans Jacob Burkhardt, Deput.
- - Lucas de Lucas Fäsch, Deput.
- - Andreas Ortmann.
- - Abraham Iselin.
- - Hieronymus Gemusäus, Deputat.

Sanitäts-Räthe.
Herr Nikl. Harscher, Mstr. u. Dreyzehnerhr.
- - Joh. Balth. Stähelin, Rathsherr.
- - Johan. de Joh. Fürstenberger, Dreyer und Dreyzehnerherr.
- - Lucas David, Mstr.
- - Samuel Paravicin, Rathsherr.
- - Hans Jacob Vest, Mstr.
- - Joh. Jacob Merian.
- - Philipp Merian.

Secret. Hr. Abel Merian, Weinschreiber.

Kaufmännisches-Directorium.
Herr Nicolaus Harscher, Mstr. Präses.
- - Christoph Burkhard, Mstr. } Deputati.
- - Samuel Paravicini, Rathhr. }
- - Hieronym. Gemusäus, Rathshr. }

Directores.
Herr Peter Merian.

Herr Joh. Heinrich Beck.
 » » Jacob de Samuel Merian.
 » » Jacob de Nic. Bischoff.
 » » Felix Battier.
 » » Jacob Christoph Debary.
 » » Lucas Sarasin.
 » » Rud. de Gedeon Burkhard.
 » » Emanuel Hofmann.
 » » Daniel le Grand.
 » » Philipp Merian.
 » » Joh. Jacob Vischer.
 » » Daniel Passavant/ Postverwalter.
— Secret. Hr. Hieron. Dienast/ Rathsubstitut.

Vogteyen und einige Aemter.

Schultheisse zu
Liechstall.   Herr J. Dav. Hebdenstreit/ J.U.C.
 » » Niklaus Brodtbeck.
Stadt- u. Landschr. Hr. Eman. Fäsch/ J.U.L.
Obervögte zu
Farnspurg.   Herr Joh. Franz Hagenbach.
Waldenburg. » » Joh. Jacob Müller.
Homburg.   » » Phil. Heinr. Gemusäus.
Münchenstein. » » Niclaus Munzinger.
Landschrbr. zu Sissach. Hr. Joh. Sarasin.

Stadtgerichts-Vorstehere.

Herr J. Heinrich Wieland/ J. U. D. Schult-
        heiß der Mehrern Stadt.
 » » J. Ludw. Meyer/ J. U. L. Gerichtschr.
 » » Sam. Ryhiner/ Schulth. der mind. Stadt.
 » » Eman. Falkner/ Stadt- u. Gerichtschr.
Domprobstey-Schaffner. Hr. Daniel Ber-
                noulli/ M. D.
Direct. der Schaffneyen. Hr. Nicl. Falkner.

X. Canton Freyburg.
Der tägliche Rath.

Herr Franz Romanus v. Werro, Schultheiß. Erw. 1770.
- - Franz Antoni von Techtermann, Schultheiß. Erw. 1793.
- - Claudi Jos. Odet v. Orsonnens, Statthalter, Landsoberst.
- - Peter Nicolaus von Ammann.
- - Beat Nicolaus Augustin von Müller.
- - Anton. Jos. Procop. von Ugertz, Oberst, Ober-Commissarius und Stadtmajor.
- - Joh. Peter Philipp von Python.
- - Heinrich Nicolaus Balthasar v. Fivaz.
- - Franz Peter Nicolaus von Chollet.
- - Carol. Nicolaus von Montenach.
- - Franz Tobias Raphael von Castella.
- - Joh. Joseph von Daguet.
- - Franz Xaverius von Gady.
- - Simon Ulrich von Wild, Seckelmeister.
- - Franz Peter Nicolaus von Maillardoz.
- - Jac. Philipp Joseph von der Weyd.
- - Franz Philipp von Reinold, St. Ludovici Ordensritter und Oberst.
- - Nicolaus von Raze, Ober-Commissarius.
- - Franz Peter Bernhard von Rämi.
- - Franz Jacob von Chollet.
- - Franz Peter Victor Friedrich von Diesbach, Kayserl. Cammerherr.
- - Franz Niclaus Aloysi Benjamin v. Techtermann, Herr zu Bionnens.
- - Beat Ludwig Niklaus von Schwaller, Burgermeister.

Vacat. E 5

Die 4. Venner.

Burg.   Herr Joh. Peter Nicl. Raphael
                 von Castella.
Au.   ⸺ ⸺ Joh. Bapt. von Schueler.
Neustadt.   ⸺ ⸺ Franz Jof. Mauriz von Tech-
                 termann.
Spittal.   ⸺ ⸺ Joh. Jacob von Chollet.

Staats-Canzley und Beamte.

Staatsschreiber. Herr Simon Tobias v. Rämi.
Großweibel.   ⸺ ⸺ Albrecht Niclaus Ignati
                 von Müller.
Rathschreiber. ⸺ ⸺ Joh. Niclaus Fortunat
                 von der Weyd.
Archivisten.   Herr J. Pet. Ph. v. Maillardoz.
              ⸺ ⸺ Nikl. Beat L. v. Schaller.
Registrator.   ⸺ ⸺ Jof. Niclaus v. Stoklin.

Der Kriegsrath.

Herr Schultheiß von Werro.
 ⸺ ⸺ ⸺ ⸺ von Techtermann.
 ⸺ ⸺ Statthalter Odet von Orsonnens.
 ⸺ ⸺ Seckelmeister von Wild.
 ⸺ ⸺ Stadt-Major von Ligeritz.
 ⸺ ⸺ Carl Nicolaus von Montenach.
 ⸺ ⸺ Philipp von Reinold.
 ⸺ ⸺ Venner.
 ⸺ ⸺ Zeugherr.
 ⸺ ⸺ Stadtschreiber von Rämi.
 ⸺ ⸺ Franz Peter von Castella.
 ⸺ ⸺ Rudolf Ludwig von Bumann.

Landvogteyen und Aemter.

Landvogte zu
Pont.   Herr Franz Jacob Niklaus von
                 Müller.

Illingen.   Herr Nikl. Xaver. v. Landerset.
Wuippingen.   . . Jos. Niclaus v. Daguet.
Montenach.   . . Niklaus Albin. von Odet.
Plaffeyen.   . . Joh. Peter Ignaz v. Reif.
Jaun.   . . Franz Peter Sebastian v.
                     Gottrau.
Stäffis.   . . Joseph von Gady.
Font und Wuyssens. Hr. Joh. Joseph Aloys
                     von Gottrau.
Gryers.   . . Franz Peter Stanislaus von
                     Castella, von Delley.
Thalbach.   Herr Franz Niclaus von Chollet.
Boll.   . . Joh. Peter Antoni von Dies-
                     bach, Herr zu Torny.
Corbers.   . . Peter Niclaus von Chollet.
Romont.   . . Pet. Lud. v. Odet, v. Orsonens.
Aue.   . . Jos. Nikl. Aloys v. Maillardoz.
Ueberstein.   . . J. Bapt. Pet. Nic. v. Fegeli.
Attalens.   . . Emanuel von Bumann.
Castell St. Dyonisii. Herr Anton Joseph Lud-
                     wig von Müller.
St. Albin.   Herr Franz Philipp v. Gottrau.
Cheire.   . . Carl Niclaus von Bumann.
Ober-Comissarius. Herr Phil. Nic. v. Gottrau.
Kirchmeyer.   Herr Franz Peter von Ufleger.
Kornmeister.   . . Joseph von Gottrau.
Baumeister.   . . Joh. Georg Jos. v. Werro.
Zeugwart.   . . Bruno Panc. von Gasser.
Spittalmeister. . . Mart. Pet. Nikl. v. Gady.
Waagmeister.   . . Joseph Tobias Nicl. von
                     Castella, von Delley.
Amtsmann an der Sensen. Hr. Joseph v. Wild.
Rathhaus-Amañ. Hr. Franz Xav. v. Landerlet.
Salzmeister. Hr. Rud. Ludwig von Bumann.

XI. Canton Solothurn.
Der kleine Rath.

Herr Johann Carl Stephan Glutz, St. Michaelis Ordens-Ritter, Schultheiß. Erw. 1773.
» » Joh. Balth. Vict. Wallier, Schultheiß. Erw. 1793.
» » Carl Jos. Fidelis Grimm, Sta`t-Veñer.
» » Victor. Leonti Gereon Hieronymus Byß, Seckelmeister.

Uebrige Alträthe.

Herr Robert Georg Joseph Felix Sury, Vogt zu Kriegstetten.
» » Franz Philipp Ignat. Glutz, von Blozheim, Zeugherr und Thüringen-Vogt.
» » Urs. Carl Felix Schwaller, Kornherr.
» » Urs. Joseph Benedict Christoph Brunner.
» » Joseph Ludwig Victor Gugger.
» » Amanz Ludwig Maria Glutz.
» » Franz Xav. Jos. Ant. Zeltner.
» » Felix Ludwig Hieronymus Grimm.
» » Franz Amanz Gugger.
» » Franz Peter Aloysi Zeltner, Staatsschrbr.

Jungräthe.

Herr Urs. Jos. Nic. Aloysi Glutz, v. Blozheim, Gemein Mann.
» » Urs. Vict. Andreas Joseph Roggenstill, Vogt zu Bucheggberg.
» » Vict. Jos. August. Hermen. Ant. Arregger, Vogt zu Kriegstetten.
» » Victor Edmund Glutz, Stadtmajor.
» » Joh. Georg Antoni v. Vivis, Vogt zu Flummenthal.

Herr Franz Ludw. Bernhard Wallier v. Wendelstorf, Bauherr.
 . . Peter Jacob Joseph Anton Glutz, Vogt zu Läberen.
 . . H. D. Balth. Jos. Grimm, v. Wartenfels.
 . . Pet. Jos. Schwaller, Neumagaz. Verwalt.
 . . Franz Benedict Philipp Jos. Juggmer, Vogt zu Läberen.
 . . Franz Heinrich Laurenz Joseph Gibelin, Schanzen-Seckelmeister.
 . . Urs. Franz Jos. Ant. Sury, Frucht-Comis.
 . . Urs. Vict. Franz v. Roll, v. Emenholz.
 . . Joh. Victor Felix Brunner, Burgermstr.
 . . Ludwig Joseph Anton Sury.
 . . Balth. Amanz Simon Sury.
 . . Franz Jacob Gugger, Wegherr.
 . . Urs. Victor Joseph Tschan.
 . . Victor Felix Leonti Hieronym. Gereon Sury von Bussy.
 . . Franz Christoph. Heinrich Fidelis Joh. Nep. von Thurn und Valvassina.
 . . Franz Joseph Schwaller.
 . . Urs. Joseph Salesi Aloys Vogelsang.

Raths-Officialen.

Seckelschreiber. Herr Bernh. Jos. Malachias Glutz von Blotzheim.
Großweibel. . . . Franz Ludwig Xav. Jos. Gugger.
Rathschreiber. . . Joh. Georg Balth. Polyc. Krutter.
Gerichtschreiber. . . Johann Georg Kulli.

Der Kriegsrath.

Die 4. Herren Häupter.
Herr F. Ph. Ign. Glutz v. Blotzheim, Zeugherr.
 . . Altrath Jos. Ludw. Vict. Gugger, Obrist.

Herr Altrath Grimm, Obrist.
, , , , Amanz Ludw. Glutz, Obrist.
, , Staatsschreiber Zeltner.
, , Urs. Jos. Glutz, Gemeinmann.
, , Jungrath Vict. Edm. Glutz, Stadtmajor.
, , , , von Vivis, Obrist.
, , , , Wallier, v. Wendelst. Bauherr.
, , , , Pet. Jac. Glutz, Artill. Comand.
, , , , Grimm von Wartenfels, Obrist.
, , , , Tuggener, Obrist.
, , , , Gibelin, Major.
, , , , Urs. Franz Ant. Sury, Dragoner-Obrist.
, , Urs. Jos. Wilh. Sury von Bussy, Artillerie-Hauptmann.
, , Joh. Jost. Anton Roggenstill, Stadthptm.
, , Bernh. Jos. Vict. Byß, Stadt-Lieutenant.
, , Jos. Bern. Altermatt, Ritter, Marechal de Camp, Gen. Com. d. Standestrupp.
, , J. Jos. Carl Leonti Glutz, Stadt-Lieut.
, , Ludw. Vict. Jos. Ub. v. Roll, Drag. Maj.
, , Joh. Bapt. Hieron. Barthol. Altermatt, Major des Fußvolks.
, , Urs. Xav. Jos. Ant. Zeltner, Artill. Hptm.
, , Ludwig Ignati Karrer, Ritter, Obrist.
, , Ludw. v. Roll, von Emmenholz, Major.
Secretar. Peter Joseph Durrholz.

Sanitäts-Räthe.

Herr Altrath Amanz Ludw. Maria Gugger.
, , Jungrath Arregger.
, , , , , Heinr. D. Grim v. Wartenfels.
, , , , , Brunner.
, , Altvogt Franz Xaver Gugger.
, , alt Landvogt Bernh. Jos. Malach. Glutz.
Secret. Herr Franz Ludwig Wyßwald.

Commercien-Räthe.

Herr Seckelmeister Byß.
- - Amanz Ludwig Glutz, Altrath.
- - Felix Ludwig Hieron. Grimm, Altrath.
- - Staatsschreiber Zeltner.
- - Franz Jacob Gugger, Jungrath.
- - Benedict. Joseph Byß, alt Stadtlieut.
- - Joh. Victor Felix Brunner, alt Landv.
- - Georg Joseph Dunant, alt Landvogt.
- - Jos. Mal. Franz Glutz von Blotzheim, Seckelschreiber.
- - Urs. Jos. Tugginer, alt Landvogt.

Secret. Herr Georg Patriz. Gaßmann.

Aussere Vögte vom grossen Rath.

Landvögte, zu
Falkenstein.   Herr Urs. Carl Jos. Schwaller.
Bechburg.   - - Urs. Victor Jos. Wigier
            von Steinbrugg.
Landschr. in der Cluß. Hr. Franz Carl Balthasar Jos. Vogelsang.
Gößgen.   Herr Franz Georg Nic. Tschan.
Dorneck.   - - Jac. Jos. Ant. Xav. Gerber.
Thierstein. - - Ludw. Augustin Claudius Surbeck.
Bilgenberg. - - Jos. Rob. Georg Fel. Sury.
Landschr. dieser drey Vogt. Hr. Franz Jos.
            Aug. Ger. Ant. Dyon. v. Vivis.
Schultheiß zu Olten. Hr. Ignat. Salesi Jos.
            Benedict Baß.
Stadt- und Landschr.
  zu Gößgen. Hr. Urs. Franz Jos. Dionys
            Brunner.

* * *

Stadthauptmann. Herr Joh. Jost Ant. Roggen-
　　　　　　　　stil, St. Lud. Ordensritter.
Stadtlieuten. Herr Bernh. Jos. Vict. Byß.
　・　・ J. Carl Jos. Leonz. Glutz.
Schanzdirector. ・　・ Urs. Vict. Jos. v. Vivis.
Salzcassa-Verwalter. Hr. Urs. Peter Joseph
　　　　　　　　Ludwig Zeltner.
Spittalschaffner. Hr. Urb. J. Jos. Krutter.
Groß bürgerlich
　Allmosenschaffner. Hr. Frz. Pet. Jos. Bruner.

XII. Canton Schaffhausen.
Der Kleine Rath.

Herr Anshelmus Franz von Meyenburg, Bür-
　germeister. Erw. 1763.
・　・ Johann Heinrich Keller, Bürgermeister.
　Erw. 1788.
・　・ Joh. Ludwig Peyer, Statthalter.

Die Obherren.

Jkr. Niclaus Alexander Jerem. Peyer im Hof,
　Obrist-Wachtmeister, Obervogt zu
　Schleittheim und Beggingen.
・　・ J. Casp. Stockar v. Nüforn, Seckelmstr.
・　・ Joh. Jacob Peyer, M. D. Pannerherr.
・　・ Joh. Jacob Peyer.

Die Zunftmeistere.

Herr Johannes Spleiß, Obervogt zu Buch im
　Hegäu, Geylingen ꝛc.
・　・ Stephan Maurer, Holzherr, Obervogt
　zu Theyngen und Barzheim.

Herr Joh. Heinrich Schalch, Zeugherr, Obervogt zu Beringen.
- - Tobias Hurter.
- - Johannes Zundel.
- - Eberhard Köchlin.
- - Johann Georg Ott.
- - Joh. Bernhardin Joos.

Jkr. Johann Jacob Peyer.
Herr Joh. Caspar Wipf, Obervogt zu Lohningen und Guntmadingen.
- - Johann Conrad Meister.
- - Benedict Maurer, Obervogt zu Neuhausen und Uatzen, auch Rüdlingen, Buchberg und Elliken.
- - Johann Jacob Spleiß.
- - Johann Christoph Harder.
- - Joh. Ulrich Schwarz, Commandant auf Munnoth und Kriegsoberster.

Jkr. Statthalter Peyer.
- - Joh. Balthasar Pfister, Seckelmeister.
- - Joh. Conrad Stierlin.
- - Joh. Conrad Bäschlin, Obherr der Hochwachten, Oberst-Wachtmeister, Obervogt zu Herblingen und Reyet.
- - Joh. Alexander Ott, Obervogt zu Meerishausen und Bargen.

Canzley und Beamte.

Stadtschreiber.	Jkr. Diethegen von Zieglern.
Rathschreiber.	Hr. Johannes Sigerist.
Archivarius.	Jkr. Diethegen Peyer im Hof.
Eh - und Stadtgerichtschrbr.	Herr Georg Heinr. Schenk.
Großweibel.	Jkr. Johann Conrad Rink, von Wlderburg.

F

Alternirende Vogt des Reichs und Stadtrichtere.

Herr Johann Conrad Ott.
- - Joh. Jacob Bäschlin.

Die Vogtrichtere vom grossen Rath.

Jkr. Georg Friedrich im Thurn.
- - Bernhardin Ziegler.
Herr Johannes Rauschenbach.
- - Joh. Ludwig Schalch.
- - Joh. Heinrich Zündel.
- - Benedikt Fischer.
- - David Hurter, alt Landvogt.
- - Joh. Conrad Siger st.
- - Joh. Jacob Burgi.
- - Joh. Heinrich Ammann.
- - Balthasar Pfister.
- - Franz Ott.

Der Geheime Rath.

Herr Burgermeister von Meyenburg.
- - - - Keller.
Jkr. Statthalter Peyer.
- - Sekelmstr. Joh. Casp. Stockar, v. Nuforn.
Herr Seckelmeister Balthasar Pfister.
- - Zunftmeister Hs. Jacob Spleiß.
Jkr. Stadtschreiber von Zieglern.

Der Kriegsrath.

Sämmtliche Herren des Geheimen Raths.
Herr Zunftmeister und Obrist Schwarz.
- - Zunft- und Obrist-Wachtmeister Bäschlin.
Jkr. Obherr und Obrist-Wachtmeister Peyer im Hof.

Herr Zunftmeister und Zeugherr Schalch.
Jkr. Niklaus Peyer.
Herr Eberhard Peyer.

Sanitäts = Räthe.

Herr Joh. Heinrich Schalch.
Jkr. Joh. Jacob Peyer, Zunftmeister.
Herr Joh. Ulrich Schwarz, Zunftmeister.
- - Joh. Alexander Ott, Zunftmeister.
- - Joh. G. Deggeler, M. D. Stadt = Phys.
- - Joh. Burgauer, M. D. Stadt=Physicus.
- - Joh. Casp. Wipf, als Chirurgus Juratus.

Commercien = Räthe.

Herr Johannes Spleiß, Zunftmstr. Präses.
- - Joh. Heinrich Ammann.
- - Hs. Jacob Bäschlin.
- - Eberhard Gaupp.
- - Johannes Ott.
- - Johannes Rauschenbach, des Gr. Raths.
- - David Schenk, des Gr. Raths.
- - Joh. Friedrich Schalch.
- - Joh. Caspar Maurer.
 Secret. Herr Johannes Ott.

* * *

Landvogt zu
Neunkirch, Herr Joh. Felix Hurter.
 Landschrbr. - - Joh. Jacob Kirchhofer.

F 2

XIII. Canton Appenzell.
a. Der Innere Rhoden.
Die Landeshäupter.

Herr Carl Franz Bischofberger, regierender Landammann und Landvogt im Rheinthal. Erw. 1792.
- - Joh. Baptista Ruesch, alt Landammann.
- - Joseph Ulrich Hörler, Landsstatthalter, und Landammann-Stellverweser.
- - Antoni Joseph Thäler, Landsseckelmstr.
- - Franz Aloysi Suter, Landshauptm.
- - Joseph Antoni Manser, Landsbauherr.
- - Carl Jacob Fuchslin, Kirchen- und Pfrunden-Pfleger.
- - Johann Joseph Michael Büeler, Landsfähnrich.
- - Joseph Herrsche, armen Leuten Seckelmstr.
- - Johann Baptista Graf, armen Leuten Pfleger.
- - Joseph Weißhaupt, Spittalmeister.
- - Wolfgang Krüsi, Zeugherr.
- - Joh. Jacob Rechsteiner, Reichsvogt.
- - Antoni Jos. Mittelholzer, Landschreiber.
- - Antoni Näf, Landweibel.

b. Der Aussere Rhoden.
Die Landeshäupter.

Herr Johannes Schäffer, regierender Landammann. Erw. 1793.
- - Joh. Jacob Zuberbüeler, alt Landammañ.

Herr Hs. Jacob Zellweger, Lands-Statthalter.
- - Joh. Ulrich Wetter, Lands-Statthalter.
- - Jacob Gruber, Lands-Seckelmeister.

Herr Ulrich Meyer, Lands-Seckelmeister und
    Bauherr.
- - Barthol. Honnerlag, M. D. Landshptm.
- - Jacob Oertli, Landsfähndrich.
- - Johann Jacob Scheuß, Landshauptmann.
- - Mathias Schieß, Landsfähndrich und
    Rathschreiber.
- - Johann Tendenmann, Landschreiber.
- - Joh. Holderegger, Landweibel.

Gemeine Herrschaften.

a. So von den VIII alten Orten zu zwey
   Jahren um bevogtet werden.

    Thurgäu.
Landvogt.   Herr Clemens Xaveri Weber, v.
          Mentzingen, alt Ammann
          von Stadt und Amt Zug.
          Erw. 1792.
        - - Felix v. Orell, des Raths u.
          Constafelherr von Zürich,
          auf 1794.
Landschreiber. - - Ludwig Baron von Reding,
          von Biberegg, von Luzern.
Landamann. - - Heinrich Bullinger, v. Zurich.
Landweibel. - - Rogg, von Frauenfeld.
    Sargans.
Landvogt. - - Franz Mich. Jos. Letter, des
          Raths zu Zug. Erw. 1793.
Landschreiber. Herr J. Bapt. Walther Tschudi,
          von Glarus.
    Obere Freyämter.
Landvogt. Herr Peter Ignati von Flüe, alt
          Landammann in Unterwald.
          Ob dem Wald. Erw. 1793.

Landschreiber. Herr Franz Jos. Leonti Müller,
von Zug.

b. Der VIII alten Orten und Appenzell.
Rheinthal.
Landvogt. Herr Carl Franz Bischofberger,
regierender Landammann in
Appenzell Inn. Roden, 1792.
. . . . . Jos. Thüring Schweizer von
Buonas des R. u. Pannerhr.
zu Luzern, auf 1794.
Landschreiber. Hr. Fr. Ludw. Lombach v. Bern.
. . . . . Hs. Heinrich Tobler von
Zürich, auf 1794.

c. Der III Ständen Zürich, Bern und Glarus.
Baden.
Landvogt. Jkr. Hs. Conrad Escher, Consta-
felherr und des Raths zu
Zürich. Erw. 1791.
Landschreiber. Hr. S. Rud. v. Jenner, v. Bern.
. . . Hr. Sal. Rahn v. Zürich, auf 1794
Untervogt. . . J. L. Baldinger v. Baden.
Untere Freyämter.
Landvogt. Herr Ludw. Wurstemberger, des
Gr. R. zu Bern u. Stiftschaff-
ner zu Zofingen. Erw. 1793.
Landschreiber. . . J. Fr. v. Meyer, v. Bern.

d. Der II. Ständen Bern und Freyburg auf 5 Jahr.
Grandson.
Landvogt. Herr Beat Nicl. Stanisl. Protas
v. Fegeli, des 60 Raths
zu Freyburg, 1790.
Stadthalter. Herr Jonas Jeanneret.

Landschreiber. ‒ ‒ Anton Mieville.
Schwarzenburg.
Landvogt. Herr Franz Peter Eman. Niclaus
v. Ratze, des Gr. Raths
zu Freyburg, 1790.
Landschrbr. ‒ ‒ Johann Nicolaus Fischer.
Tscherlitz und Orbe.
Landvogt. Herr Fridr. Emanuel v. Werdt,
d. Gr. Raths zu Bern, 1790.
Castlan zu Orbe. Herr Steffan Jacob Carrard.
Statthalt. zu Tscherlitz. Hr. Steff. Gothofray.
Landschreiber. Hr. Georg Benjamin Mestrezat.
Murten.
Schultheiß. Herr Carl Ludwig von Stür-
ler von Serreaux, des
Gr. R. zu Bern, 1790.
Statthalter. ‒ ‒ Joh. David Vissaula.
Stadtschreiber. ‒ ‒ Joh. Abraham Vissaula.

e. Der II. Ständen Schweitz u. Glarus auf 2 Jahr.

Gaster.
Landvogt. Herr Franz Xaveri Weber,
von Schweitz, 1792.
Uznacht.
Landvogt. Herr Caspar Joseph Hauser, v.
Glarus, auf 1792.

f. Italienische Vogteyen der XII. Orten.

Lauis.
Landvogt. Herr Urs. Xav. Jos. Ant. Zeltner,
v. Soloth. Amtsstatthlt. 1793.
‒ ‒ ‒ ‒ Jos. Mart. Leod. am Rhyn,
des R. zu Luzern, auf 1794.

Landschrbr. Hr. Jos. Baron v. Beroldingen v. Uri
Lugarus.
Landvogt. Herr Bernhard Ochslin, Professor,
 von Schaffhausen 1792.
· · · · · Hs. Caspar Schweizer, von
 Zürich, auf 1794.
Landschrbr. Herr Franz Xav. Ant. Leod. von
 Keller, von Luzern.
Mendris.
Landvogt. Herr Hs. Casp. Binzegger, des R.
 von Aegeri Canton Zug, 1792.
Landschrbr. · · Sebast. Peregrin, von Be-
 roldingen, von Ury.
Mayuthal.
Landvogt. Herr Joh. Peter v. Appenthel,
 von Freyburg, 1792.

g. Der III Ständen Ury, Schweiz und Unterwalden nid dem Wald.

Bellenz.
Landvogt. Herr Franz Aloysi Würsch, von Un-
 terwald, nid dem Wald, 1792.
· · · · · Emanuel Schmid v. Belliken,
 von Uri, auf 1794.
Landschrbr. · · Joseph Leonti Kayser, Ritter,
 aus Unterwalden.
Großweibel. · · Franz Buosiger, aus Unter-
 walden.
Riviera.
Landvogt. Herr Emanuel Schmid, v. Uri, 1792.
Bollenz.
Landvogt. Herr Ignati Wanischer, v. Unterw.
 nid dem Wald, 1792.
· · · · · Jos. Antoni Yberg, des R.
 zu Uri, auf 1794.

Schultheisse, Bürgermeistere, einiger freyen Municipalstädte und Orten der Eydgenoßschaft.

a. Unter Schutz der Stadt Zürich.

Winterthur.
Schultheisse. Herr Christoph Ziegler.
      » » Salomon Hegner.
Stadtschrbr. » » Wolfg. Dietrich Sulzer.

Stein.
Burgermeister. » » Conrad Singer.
      » » Georg Schmid.
Stadtschrbr. » » Johannes Peter.

b. Der Stadt Bern.

Arau.
Schultheisse. Herr Samuel Ernst.
      » » Joh. Ludwig Wydler.
Stadtschrbr. » » Gabriel Hurner.

Lenzburg.
Schultheisse. » » Marx Hunerwadel.
      » » Heinrich Halder.
Stadtschrbr. » » Emanuel Bertschinger.

Brugg.
Schultheisse. » » Joh. Jacob Zimmerman.
      » » Joh. Jacob Baterli.
Stadtschrbr. » » Joh. Jacob Zimmerman.

Zofingen.
Schultheisse. » » Joh. Adam Senn.
      » » Samuel Falkensen.
Stadtschrbr. » » Joh. Rudolf Ringier.

Lausanne.
Burgermeister. Herr Anton Polier von St. Germain.
Poursier. Hr. Elias Bergier b. Warrens.
Secretair. » » Johannes Boisot.

c. Der Stadt Luzern.

Sursee.
 Schultheisse. Herr Franz Ludwig Schnyder von Wartensee.
  " " Leonzi Meyer.
 Stadtschrbr. " " Heinrich Ludw. Schnyder von Wartensee.

Sempach.
 Schultheiß. " " Peter Gännert.

d. Des Stands Uri.

Urseren.
 Thalammann. Hr. Caspar Andreas Christen.

e. Der IV. Waldstädten.

Gersau.
 Landammann. Herr Caspar Kamenzint.

f. Der VIII. alten Orten.

Frauenfeld.
 Schultheisse. Herr Salomon Fehr, genant Brunner. R.
  " " Jos. Niclaus Maximin. Rogg. C.
 Stadtschrbr. " " Placidus Rogg. C.
  " " Melchior Vogler. R.

Diessenhofen.
 Schultheisse. Herr Matthias Rauch. C.
  " " Johannes Brunner, M. Doct. R.
 Stadtschrby. " " Erhard Huber. R.
  " " Benedict Vorster. C.

g. Der III. Ständen Zürich, Bern und Glarus.

Rapperschweil.
Schultheisse. Herr Franz Jos. Curti, M. D.
- - Michael Hunger, M. D.
Stadtschrbr. - - Felix Fuchs.

Baden.
Schultheisse. - - Johann Jacob Wanger.
- - Casp. Dominik Baldinger.
Stadtschrbr. - - Joseph Ludwig Dorrer.

Bremgarten.
Schultheisse. - - Franz W. Tieffenthaler.
- - Franz Syn. Weissenbach.

Mellingen.
Schultheisse. - - Carl Joseph Müller.
- - Joh. Arbogast Frey.
Stadtschrbr. - - Georg Niol. Waßmer.

Zugewandte Stände.
1. Abt zu St. Gallen.

Herr Beda Angehrn v. Hagenweil. Erw. 1767.

Geistliche Beamte.

Decanus. Herr Cölestin Schieß, von Stauffen, Präsident des Pfalzraths.
Subprior. - - Jos. Bloch, v. Ober-Buchsiten.
Senior. - - Hieronym. König, v. Fuessen.
Official. - - Placidus Stadelmann, von Morschweil.
Lehen-Probst. Hr. Joh. Andrers v. Awangen.
Kornherr. Herr Marianus Eerlet v. Elve.
Bibliothekar. Herr Joh. v. Nepomuk Hauntinger, von Straubenzell.

Kuchimſtr. Hr. Maurus ab Hoſpittal, v. Arth.
Kellerherr und Burſarius. Hr. Deicola Cuſtor,
v. Rapperſchweil.
Statthaltere, zu St. Gallen. Hr. Beat Schumacher, von Luzern, Pfalz-
raths Vice-Präſident.

Wyl.   Herr Magnus Hungerbüler, v.
       Sommeri.
Rorſchach.   • • Yſo Walſer, v. Feldkirch.
Neu St. Johañ. • • Gallus Metzler, v. Roſchach
Ebringen.   • • Ger. Brandenberg, v. Zug.

Pröbſte, zu
Alt St. Johañ. • • Gerald Halter, v. Rebſtein.
St. Peterzell. • • Franz v. Saleſius Linde-
mann, v. Goldach.

Geheimde Räthe.

Herr Franz Joſeph von Müller, von Fried-
berg, Ritter.
• • Joh. Rudolph Rothfuchs, Hof-Canzler.
• • Johann Nepomucen Reichsfreyherr von
Saylern.
• • Joſ. Ignat. Zweifel.
• • Joſeph Pancraz. Gruebler.

*   *   *

Landshauptmann der vier Schirmorten, Zürich,
Luzern, Schweitz und Glarus, zu Wyl.
Herr Joſ. Anton Edler von Hedlinger, von
Schweitz.
• • Glarner, von Glarus, auf 1794.
Fürſtlich Landshauptmañ. Hr. Laur. Se.wert.

Hochwürdiges Consistorium.

Präses. Herr Placidus Stadelmann, official. in spiritual. gener.

Räthe und Beysitzere.

Herr Subprior Bloch.
- - Deikola Custor, Vice-Officialis.
- - Heinrich Müller, von Friedberg.
- - Aemilianus Haffner.
- - Landshofmstr. von Müller, v. Friedberg.
- - Hofkanzler Rothfuchs.
- - Dr. Burkhe.
- - Joh. Jacob Germann, Notar. Publ. Apost. Fiscal. und Secretar.

Weltliche Officianten.

Landshofmeister. Herr Franz Joseph Freyhr. v. Müller, von Friedberg.
Hofcanzler. Herr Joh. Rudolf Rothfuchs.
Hof- und Stifts-
    Medicus. Herr Niclaus Burkhe, M. D.
Fiscal. Herr Joh. Jacob Zollikofer, v. Altenklingen.
Lehenvogt. - - Joseph Zweifel.
Raths-Secretar. Hr. Anton Pancraz Bossart.
  Obervögte, zu
Roschach. Herr Jos. Ignati Zweifel.
Oberberg. - - Joh. Baptista Angehrn.
Romishorn. - - Carl Joseph Sartori, von Rabenstein.
Rosenberg. - - Cölest. Gugger v. Staudach.
Blatten. - - Joh. Nep. Reichsfreyherr von Sailern.

Neu-Ravenspurg. Herr Jost Nicl. Ehrat.
   Zu Wyl.
Reichsvogt und
   Kanzley-Director. Hr. Jos. Panc. Grübler.
Hofammann. Herr Gallus Niclaus Grübler.
Gerichtsverwalter. Hr. Jos. Matthias Rütti.
Lehenvogt und Rathschrbr. Hr. Othmar Pan-
                                craz. Gresser.
   Im Toggenburg.
Landvogt. Herr Carl Freyherr v. Müller,
                von Friedberg.
Landschr. - - Andreas Giezendanner.
Landweibel. Hr. Franz Anton Wirth, auch
                Amtmann im Nekerthal.
   Obervögte, zu
Schwarzenbach. Herr Joh. Anton Dudle.
Yberg. Herr Franz Jos. Wurth.
Amtmann zu Peterzell. Herr Jos. Carl Falk.
Landraths-Obmäner. Herr Marinus Wurth.
             - - Elias Stadler. R.

2. Stadt St. Gallen.
Der Kleine Rath.
Die Herren Bürgermeistere.
Herr Paul Züblin, Amts-Bürgermeister.
 - - Julius Hieronym. Zollikofer, von und
       zu Altenklingen, alt Bürgermeister,
       Erw. 1783. alt 81 Jahr.
 - - Joh. Joachim Bernet, Reichsvogt. Er-
       wehlt 1785.
Die Rathsherren.
Herr Anton Wegelin, Schafner der St. Catha-
       rina Güter im Rheinthal.

Herr Sylvester Cuntz.
- - Joachim Scheitlin, Bauherr.
- - Bernhard Wild, Stockamtsverwalter.
- - Daniel Girtanner, Stadt-Cassier.
- - Georg Leonhard Stähelin, Presten-Amtsverwalter.
- - Ulrich Vonwiller, Leinwands-Cassadirect.
- - Heinrich Stauder.
- - Hans Caspar Steinlin, Steuerherr und Kirchenpfleger.

Stillstehende.

Herr Caspar Bernet, Seckelmeister.
- - Christoph Vonwiller, Schafner der St. Catharina Güter im Thurgau.
- - Dr. Bernh. Wartmann, 2ter Stadtarzt und Salzdirector.

Die Herren Zunftmeistere.

1. Die neue.

Herr Abraham Tanner, Amts-Unter-Bürgermeister.
- - Hans de Frid. Ehrenzeller.
- - Conrad Locher, Seel-Amtsverwalter.
- - Adrian Wegelin, M. D. 3ter Stadtarzt.
- - Johannes Fehr.
- - Michael Alther, Linsebühl-Pfleger.

2. Die alte.

Herr Joh. Jacob de Georg Meyer, alt Unter-Bürgermeister.
- - Joh. Ulrich Stähelin, Spendamtsverwalt.
- - Heinrich Schlumpf.
- - Johann Ulrich Steinmann, Umgeldner.
- - Joh. Ulrich Halder.
- - Daniel Glintz, Zinser.

3. Die stillstehende.

Herr Hector Locher, Unterburgermeister.
 ‐ ‐ Ulrich Schlatter.
 ‐ ‐ Georg Leonhard Reich.
 ‐ ‐ Joh. Jacob Scheitlin.
 ‐ ‐ Joh. Heinrich Wild, Kornherr.
 ‐ ‐ Othmar Rietmann.

Canzley.

Stadtschreiber. Herr Joh. Rudolf Zollikofer
 von Altenklingen.
Gerichtschrbr. Herr Lanr. Zollikofer v. Altenkl.
Rathsubstitut. ‐ ‐ Georg Caspar Hildbrand.
Canzley- ⎤ Herr Joh. Melchior Zyli.
Substituten. ⎦ ‐ ‐ Bartholome Wegelin.
 ‐ ‐ Jul. Hieronym. Zolliko‐
 fer, von Altenklingen.

Der Kriegsrath.

Die 3. Herren Burgermeister.
Die 3. Herren Unter-Burgermeister.
Die Herren Seckelmeister und Stadtcassirer.
Herr Rathsherr Schafner Wegelin
 ‐ ‐ Rathsherr Christoph von Willer.
 ‐ ‐ Raths‐ und Bauherr Scheitlin.
 ‐ ‐ Zunftmeister Locher, Zeugherr.
 ‐ ‐ Zunftmstr. Ulr. Schlatter, Zugegebener.
Die Herren Stadt-Gericht-und Rathschreibers.
Herr Leonhard Tobler, Stadthauptmann.
 ‐ ‐ Georg Leonhard Zollkofer, von Alten‐
 klingen, Stadtlieutenant.
Secret. Herr Rathschreiber Hildbrand.

Sanitätrath.

Die Herren Burgermeister.
Herr Amts-Unterburgermeister.
Die Herren Seckelmeister und Stadtcassirer.

Herr Rathsherr Schaffner Vonwiller.
- - Rathsherr Dr. Stadtarzt Wartmann.
- - Jacob Fehr, M. D. Stadtarzt.
 Secr. Herr Gerichtschreiber Zollikofer.

Commercienrath.

Herr Felix Züblin, älter, Präses.
- - Caspar Girtanner, Banquier, alt Präses.

Assessores perpetui.

Herr Statthalter Christoph Mittelholzer.
- - David Gonzenbach am Berg.

Directores.

Herr Peter Wegelin.
- - Statthalter Daniel Schlumpf.
- - alt Unterbürgermeister Meyer.
- - Georg Joachim Züblin, Stadtrichter.
- - Gerichtherr Daniel Friedrich Wegelin, Postamts-Verwalter.

Director im Stillstand.

Herr Rittmeister Peter Fehr.
 Secret. Herr Rathschreiber Hildbrand.
Spitalmeister. Herr Caspar Tobias Zollikofer von Altenklingen.
Spitalschrbr. Hr. Paul de Paul Bartholome Schlumpf.
Obervogt zu Bürglen. Hr. Joh. Georg Zollikofer, v. Altenklingen, J. U. L.
Amtschreibr. Herr David Kunkler.
Stadtammann
 am Stadtgericht. Herr Caspar Schlatter.
Statthaltere. Herr Daniel Schlumpf.
- - Christoph Mittelholzer.

3. Republik der III Bündten in hohen Rhätien.

a. Der obere oder graue Bund.

Landrichter.   Herr Christian Ulrich v. Mont.
Statthalter.
Oberster.   Ludwig von Capretz.
Schreiber.   Christoph v. Toggenburg.
Bundsweibel.   Christian Schmid.

b. Der Gotthaus-Bund.

Bundspräsident. Herr Joh. Luzi von Cadenat.
Bundsobrister.   Andreas von Salis.
Schreiber.   Joh. Simeon Rascher.
Weibel.   Gregori Morizi.

c. Der X. Gerichten-Bund.

Bunds-Landamann. Hr. Georg Gengel.
Oberist.   Herr Andreas Enderlin, von
                 Monzwick.
Schreiber.   Christian Moer.
Weibel.   Johann Senti.

Beamte in den Unterthanen Landen.

Im Veltlin.
  Landshptmann. Herr Ambrosi Planta.
  Vicarius.   Herr Joh. Ulrich von Jenatsch.
  Podesta zu
Meyenfeld.   Johann Weerli.
Tiran.   Thomas Giuliani.
Morbegno.   Caspar Nai.
Trahona.   Johannes Walser.
Teglio.   Clemens a Marca.
Plurs.   Antoni Lipes.
Worms.   Christoph Piccioli.

Commissarius zu Cleve. Hr. Simeon Conrad.

Der Kleine Rath der Stadt Chur.

Herr Rudolf von Salis, Amts - Bürgermeister. Erw. 1792.
* * Johann Luzi Beli von Belfort, alt Bürgermeister. Erw. 1786.
* * Joh. Bapt. Tscharner, Amts-Stadtvogt. Vacat alt Stadtvogt.
* * Johann Luzi Troll, Stadtrichter.
* * Johannes Laurer, Profectrichter.
* * Anton v. Salis, Amts-Oberstzunftmeister.
* * Joh. Luzi von Cadenat, Stadtammann.

Uebrige Rathsherren.

* * Andreas von Salis, alt Bundspräsident, Landsoberst.
* * Otto von Pestaluz.
* * Peter Walser.
* * Joh. Simeon Willy.
* * Joh. Jacob Bavier.
* * Joh. Baptista de Christian Dalp.
* * Alexander Heim.
* * Benedict Fischer.
* * Hieronymus von Salis.

Amts = Ober = Zunftmeistere.

Herr Anton von Salis, Amts-Oberstzunftmstr.
* * Joh. Baptista Bavier.
* * Joh. Jacob Dalp.
* * Bernhard Matthys.
* * Paulus Reisch.

Alt = Ober = Zunftmeistere.

Herr Hercules v. Pestaluz, Oberst-Zunftm.
* * Joh. Simeon Rascher, Bundsschreiber.

Herr Matheus Bauer.
- - Daniel von Salis.
- - Christian Beener.

Aus diesen 5. wird auf Andreas-Tag der Amts-Oberst-Zunftmeister erwählt.

Stadtschreiber.   Herr Simeon Schwarz.
Gerichtschreiber.   Ragett Christ.

Kriegsrath von allen drey Bündten.

Bestehet aus den drey regierenden Herren Standeshäuptern und den drey Herren Lands- und Bundesobersten.

Sanitäts-Räthe von allen drey Bündten.

Ein jeweiliger Herr Bunds-Präsident als Präses.
Herr Blast Zarn, von Embs, Statthalter.
- - Menr. v. Buol zu Parpan, Bundlandam.
Secret. Herr Johann Simeon Rascher.

Criminal - Gericht.

Der jeweilige Herr Amtsstadtvogt, Präses.
Herr Anton von Schorsch, alt Landrichter.
- - Joh. Ulrich von Jenatsch, alt Bundslandammann.
Secret. Herr Joh. Simeon Rascher.

4. Republik Wallis.

Landeshäupter.

Bischof, Graf und Präfect in Wallis.
Herr Antonius von Blatter.   Erw. 1790.
- - Jacob Valentin Sigristen, v. Gombs, Landshauptmann.

Herr Anton Theodulus v Torrente, von Sitten, Landshauptmanns-Statthalter.
 " " Hildebrand Roten, von Raron, Staatsschreiber.
 " " Caspar Ignati v. Stokalper, Baron de la Tour und Duini, von Brieg, Obrist ob der Morsee.
 " " Peter Hyacinth von Riedmatten, Obrist unter der Morsee.
 " " Joh. Joseph Julier von Badenthal, von Leuk, Lands-Seckelmeister.

Landshäupter der VII. Zehenden.

Sitten.
  Großcastlan. Herr Joh. Joseph Wolf.
  Pannerherr. " " Emanuel Barberin.
  Zehend-Hptm. " " A. Theodul. v. Torrente.
  Burgermeister. " " Paul Kuntschen.

Siders.
  Großcastlan. " " Adrian Bonvini.
  Pannerherr. " " Joseph Augustin Preux.
  Zehend-Hptm. " " Pet. Ant. v. Preux.

Leuk.
  Zehendrichter. " " Hyacinth Morenci.
  Pannerhr. " " Antoni Roten.
  Zehend-Hptm. " " Joh. Jul. v. Badenthal.

Raron.
  Meyer. " " Aloysius Roten.
  Pannerherr. " " Staatsschreiber Roten.
  Zehend-Hptm. " " Leopold de Sepibus.

Visp.
  Zehendrichter. " " Ignatius Lang.
  Pannerherr. " " Antoni Burgener.
  Zehend-Hptm. " " Franz Jos. an der Matten

Brüg.
  Richter.   Herr Casimir de Sepibus.
  Pannerherr.   ‒ ‒ Oberst. ob der Morsee
                      von Stokalper.
  Zehend-Hptm.   ‒ ‒ Mauriz Fab. Weginer,
                      alt Landshauptmann.
Gombs.
  Meyer.   ‒ ‒ Joh. Joseph Jost.
  Pannerherr.   ‒ ‒ Landshptm. Sigristen.
  Zehend-Hptm.   ‒ ‒ Peter Hyac. v. Riedt-
                      matten, Oberist.

Beamte in Unter-Wallis.
  Landvögte, zu
St. Maurizen.   Herr Joseph von Schaffoney.
Montay.   ‒ ‒ Antoni Roten.
  Grostcastlan zu
Martinach.   Hr. Jac. Val. v. Sigristen.
  Großmeyere.
Nenda.   Herr Joh. Jos. Loretan.
Ardon.   ‒ ‒ Niclaus Roten.
  Castlan in
Boveret.   Herr Peter an der Matten.

5. Stadt Müllhausen.
Der Kleine Rath.
Burgermeister.
Herr Joh. Heinrich Dollfuß, M.D. Erw. 1778.
 ‒ ‒ Johannes Dollfuß. Erw. 1781.
 ‒ ‒ Paulus Blech, Stadthauptmann.
 ‒ ‒ Johann Michael Spörlin, resignirter
     Syndicus und Stadtschreiber.
Herr Josua Hofer, J. U. L.
Die Rathsherren.
Herr Peter Kißler, M. D. resign. Seckelmstr.

69

Herr Jeremias Hofer, Seckelmstr. u. Stadtlieut.
- - Matthias Heilmann, Seckelmeister.
- - Joh. Jac. Brukner, Kornmeister.
- - Walther Zündel, Baumeister.
- - Hans Jacob Schlumberger, Obervogt zu Jlzach und Teuchmeister.
- - Johann Jacob Blech, älter.
- - Lucas Kohler, Beysitzer.
- - Friedrich Reber, Wegmeister.

Die Zunftmeistere.

Herr Nicolaus Heilmann, Keller und Forstmeister.
- - Johannes Züricher.
- - Gottfried Engelmann.
- - Johannes Hofer.
- - Joh. Georg Thierry, Korn- und Teuchmeister, Scheidmeyer.
- - Joh. Jacob Kielmann, Wegmeister.
- - Isaac Ehrsam.
- - Joh. Jacob Blech, jünger. Forstmeister.
- - Martin Hirth.
- - Mattheus Mieg.
- - Samuel Schlumberger.
- - Joh. Jacob Rißler, M. D.

Unter-Schultheiß. Herr Johannes Gabriel.

Directorium der Kauffmannschaft.

Herr Zunftmst Gottfried Engelmann, Präses.
- - Mattheus Mieg. J. L. U.
- - Anton Sporlin.
- - Gottfried Heilmann.
- - Peter de Peter Thiery.
- - Joh. Heinrich Graf.

Herr Paulus Hügenin, jünger.
- - Joh. Michael Hartmann, Postmeister.
- - Joh. Heinrich Mansbendel, Wagmeistr.

6. Stadt Biel.
Der Kleine Rath.
Herr Alexander Wildermeth, Bischöfl. Baselischer Meyer. Erw. 1782.
- - Abrah. Alexander Moser, Bürgermstr. Erw. 1792.
- - Jacob Haas, Venner.
- - Joh. Rudolf Thouvenin, alt Seckelmstr.
- - Samuel Haas, Salzdirector.
- - Peter Alex. Hermann, alt Seckelmeister.
- - Melchior Wsard, alt Spittalvogt.
- - Samuel Laubscher, alt Kirchenvogt.
- - Johann Rudolf Neuhaus, Umgeltner.
- - Peter Iselin.
- - J. Ant. Breitner, Kellermstr. u. Bussenvogt.
- - Franz Ludwig Watt, M. D. Stadtarzt, und Seckelmeister.
- - Joh. Pet. Schaltenbrand, alt Spitalvogt.
- - Theodorus Thellung von Courtelary.
- - Peter Perot, Kornschaffner.
- - Johann Benedict Blösch.
- - Jacob Dachselhofer, Spittalvogt.
- - Joh. Jacob Schneider.
- - Samuel Dachselhofer.
- - Niclaus Rengger, Forstherr.
- - Jacob Conrad Moser.
- - Peter Iselin, Umgeltner.
- - Franz Alexander Neuhaus, Stadtschrbr.
- - Friedrich Haas, Großweibel.

Der Kriegs-Rath.
Herr Meyer Wildermeth, Präses.

Herr Burgermeister Moser.
- - Venner Haas.
- - alt Seckelmeister Thouvenin.
- - alt Seckelmeister Haas.
- - alt Seckelmeister Hermann.
- - Johann Peter Schaltenbrand.
- - Franz Ludwig Watt, Seckelmeister.
- - Martin Emanuel Scholl, Commendant.
- - Emanuel Watt, Commendant.
- - Heinr. Wildermeth, Maj. u. Oberinspect.
- - Abraham Samuel Darelhofer, Major.
- -   Lomm, Major.
- -   Schneider, Major.
- - Jos. Alexand. Wildermeth, Artill. Hptm.
Secret. Emanuel Moser, Hauptmann.

7. Fürstenthum Neuburg.
Souverainer Fürst und Herr.
Friedrich Wilhelm II. König in Preußen, Churfürst zu Brandenburg.

Der Königl. Staats-Rath.
Herr Ludwig Gottlieb von Beville, Königl. General-Lieut. der Infant. Oberst eines Infant. Regiments, Gouverneur und Lieutenant-General der Fürstenthümer Neuburg und Vallangin.
- - Daniel Baron v. Chambrier, Maire zu Boudevillers.
- - Samuel von Marval.
- - Abraham von Sandol-Roi.
- - David Baron v. Pury, Maire zu la Cote.
- - Carol. Wilhelm. d'Yvernois, General-Schatzmeister.
- - Abraham von Pury, Obrist-Lieutenant.
- - Hieronymus Emanuel v. Bovve, Canzler.

Herr Ludwig von Montmollin, Procureur v.
    Valangin.
 • • Ludw. v. Marval, Castellan v. Landeron.
 • • Johann Jacob von Sandoz, v. Travers,
    Castellan von Thielle.
 • • Johann Friedrich de Pierre, General-
    Procurator.
 • • Johann Friedrich von Montmollin, Mai-
    re von Vallengin.
 • • Abel Carolus Bosset.
 • • Ludw. v. Rougem., Maire v. Collombier.
 • • Carl Gottfr. von Tribolet, adj. Canzler.
 • • Samuel von Meuron.
 • • Georg von Rougemont, General-Com-
    missarius und Maire zu Travers.
 • • Franz v. Perrot, Königl. geheim. Rath.
 • • Carl August v. Perrot, Castlan v. Boudry.
 • • Carl von Sandoz.
 • • Carl Ludw. de Pierre, Maire zu Neuburg.
 • • Friedrich Baron von Chambrier.
   Staats-Secret. Herr A. v. Sandoz Rollin.

Castellans und Maires dieser Fürstenthümer,
    so nicht Staatsräthe sind.

Castellan zu Walltravers. Hr. Sam. v. Mouvert.

   Maires, zu
Rochefort.   Herr Friedrich von Pierre.
Bevaix.   • • Rudolf Heinrich Henry.
Cortaillods.   • • Franz von Sandoz von
                    Travers.
Verriers.   • • Heinrich v. Sandol-Roi
La Brevine.   • • Sam. Ludw. Montandon.
Lignieres.   • • Carl v. Tribolet, Hardy.
Locle.   • • Joh. Heinr. Buagneur.
La Sagne.   • • Abraham Huguennin.

les Brenets.   Herr David Dubois.
La chaux de Fond. - - Jonas Petrus Robert.
   Castellane, zu
Vaux Marcus.   Herr Abr. Franz Cousandier.
Travers.   Herr Joh. Friedr. v. Osterwald.
St. Aubin.   Hr. Sim. Gab. Baron v. Andrie.

8. Der Bischof von Basel.

Franz Jos. Sigism. v. Roggenbach. Erw. 1782.

Das Dom=Capitul.

Franz. Christianus, Freyherr von Eberstein,
   Dom=Probst.
Franz Ignat. Mainrad. Xaver. von Rosed,
   von Multenberg, Dom=Decanus.
Franz Sigmund Blaarer v. Wartensee, Dom=
   Cantor.
Joh. Baptista Joseph Gobel, S. Th. D. Bi-
   schof zu Lydden, Dom=Scholast.
Franz Anton Jacob, Freyherr von Reinach,
   von Steinabronn, Dom=Custos.
Joh. Heinrich Herm. v. Ligeriz, Archidiacon.
Narcissus Ignatius Mantelin, S. Th. D.
   Dom=Cellarius.
Joseph Wilhelm, Freyherr von Neven.
Joh. Wilhelm Fidelis Rink von Valdenstein.
Philipp. Valentin von Reibelt, S. Th. D.
Carol. Francisc. Elzearius, Freyherr von
   Wangen zu Hohengeroldsegk.
Joseph. Augustus Freyherr von Andlau.
Franz Xaveri von Maller, S. Th. D.
Joseph Augustin von und zu Andlau.
Friedrich Heinrich von und zu Andlau.

Wilhelm Lotharius Freyherr v. Rottberg.
Franz Xaveri Freyherr von Neveu.
Franz Salesi Conrad Fidelis Rink von Bal-
   denstein.
Johann Nepomuk von Wessenberg, Freyherr
   von Ampringen.

* * *

Provicar. und Officialis.   Herr Joseph Didner,
                              St. Th. Doct.
Procurator Fiscalis.
Präsident des Fürstl. Hofraths, Ignatius, Frey-
   herr von Schönau.
Hof=Canzler.   Vacat.
   Die Herren Landvögte der Ober=Aemtern.
Bruntrut.   Obiger Hr. Präsident v. Schönau.
Elsgäu.   Hr. Franz Conr. v. Grandvillers.
Dellsperg.   ∙ ∙ Luzi Xaveri Christoph, Frey-
                   herr Rink v. Baldenstein.
Freybergen.   ∙ ∙ Jacob Octav, Freyhr. Kempf
                   von Angreth.
Zwingen, u. ⎤
Pfeffingen. ⎦ ∙ ∙ Blaarer von Wartensee.
Birseck.   ∙ ∙ Franc. Carol. Freyherr von
                   Andlau.
Schliengen.   ∙ ∙ Carol. Joseph. Freyherr von
                   Rothberg.
Erguel.   ∙ ∙ David Immer.
Neuenstadt.   ∙ ∙ Du Fresne.
Ilfingen und ⎤
Desfenberg. ⎦ ∙ ∙ Meyer Wildermeth zu Biel.

II. Kirchen-Etat.
Das Kirchen-Regiment.
1. Zürich.
Die Prediger in der Stadt.

Grosse Münster.
Herr Joh. Rudolf Ulrich, oberster Pfarrer, Antistes und Chorherr der Stifft zum Grossen Münster. Erw. 1769.
Archidiaconi. Herr Johannes Tobler, Chorherr.
- - - - - Rudolf Kramer, Chorherr.

St. Peter.
Pfarrer.   Herr Joh. Caspar Lavater.

Frau-Münster.
Pfarrer.   Herr Georg Oeri.

Predigern.
Pfarrer.   Herr Heinrich Vögeli, Chorherr.
Französ. Pfarrer. Hr. Christoph Zimmermann.

Die Professores am Gymnasio.
Im obern Collegio.

Der Philosophie.   Herr Caspar Heß, Chorherr und Verwalter der Stifft.
Der Theologie.   Hr. Casp. Meyer, Chorhr.
- - -   Hr. Felix Nüscheler, Chorhr.
Der Griech. Sprach. Hr. Jacob Steinbrüchel, Chorherr.
Der Physic u. Mathematic. Hr. Heinrich Rahn M. D. Chorherr.

Der Hebräis. Sprache.   Hr. Heinrich Schinz.
Der Wohlredenheit und
 Profan-Historie.   Hr. Johañes Schultheß.
Der vaterländis. Historie. Hr. Heinrich Heß.
Der Religion.   - - Caspar von Orell.
Der Sittenlehr und Völ-
 kerrecht.   - - Heinrich Hirzel.
Der Kirchengeschichte. - - Frid. Sal. Ulrich.

Im Untern Collegio.

Der Griechisch- und La-
 teinischen Sprache.   Herr Jacob Hottinger.
Der Logik u. Rhetorik. - - Christoph Tobler
Der Catechetik.   - - Casp. von Orell.
Der hebräischen Sprache. - - Heinrich Schinz.

 *   *   *

Inspector Alumnorum. Herr Salom. von Birch.
Ludimoderator.   - - Georg Denzler,
                         auch Chorherr.

Professores an der Kunstschul.

Der Zeichnung. Hr. Jacob Meyer.
Der Mathematik. Hr. David Breitinger.
Der Hist. und Sittenlehre. Hr. Hs. Casp. Fäsi.
Der Catechetik. Hr. Jacob Däniker.

Decani auf der Landschaft.

1. Capitul am Zürich-See. Herr Conrad Nü-
                            scheler, Pfarrer zu
                            Rüschlikon.
2. - - im Frey-Amt.   Herr Jacob Meyer,
                            Pfarrer zu Cappel.
3. - - von Stein   Hr. Jacob Körner,
                            Pfarrer zu Benken.
4. - - von Winterthur.   Hr. Joh. Eßlinger,
                            Pfr. zu Embrach.

5. Capitul von Elgg.   Herr
6. ‒ ‒ von Wezikon. Hr. Jacob Nägeli,
            Pfarrer zu Wezikon.
7. ‒ ‒ von Kyburg. Herr Heinrich Escher,
            Pfarrer zu Pfäffikon.
8. ‒ ‒ von Regensperg. Hr. Ulrich Brennwald, Pfarrer zu Kloten.
9. ‒ ‒ von Eglisau. Herr Andreas Wegmann, Pfarrer zu Zurzach.
10. ‒ ‒ von Frauenfeld. Herr Felix Hofmeister, Pfr. zu Aawangen.
11. ‒ ‒ von Steckboren. Hr. Heinrich Kilchsperger, Pfarrer zu Wigoldingen.
12. ‒ ‒ im Obern Thurgäu. Herr Heinrich Breitinger, Pfarrer zu Arbon.
13. ‒ ‒ im Rheinthal. Hr. Heinrich Grob, Pfarrer zu Altstätten.
14. ‒ ‒ der jüngern Geistlichkeit. Hr. Salom. von Birch, Inspector Alumn.

2. Canton Bern.

Prediger in der Stadt.

Im Münster und zu Predigern.
Herr Johannes Wyttenbach, oberster Pfarrer und Decanus. Erw. 1778.
‒ ‒ Daniel Stapfer, 2ter Pfarrer.
‒ ‒ Abraham Rengger, 3ter Pfarrer.
        Zum Heil. Geist.
Herr Sam. Wyttenbach, Pfarrer.

Auf Nydeck.
Herr Jacob Stapfer, Pfarrer.
Französische Kirch.
Herr Franz Real, Pfarrer.

Die Professores.

Der Theologie. Herr Joh. Stapfer.
- - griech. Sprach
u. Sittenlehr. - - Gottlieb Risold.
- - latein. Sprach
und Historie. - - Ludwig Rudolf, Rect.
- - Theologie und
hebr. Sprach. - - Rudolf Schärer.
- - Theologie. - - Daniel Ludw. Studer.
- - Rechten. - - Carl Ludwig Tscharner.
- - Philosophie. - - Johannes Ith.
- - Mathematisch.
Wissenschaften. - - Joh. Georg Tralles.

* * *

Gymnasiarcha. - Hr. Mich. v. Wagner.
Director der Kunstschul. - - Rudolf Sprüngli.
Prof. der Zeichnung. Hr. Valent. Sonnenschein.

Collegium der Herren Decanen.

1. Classe von Bern. Herr oberster Pfarrer Wyttenbach.
2. - - - Thun. - - Heinrich Stähli, Pfarrer zu Thun.
3. - - - Burgdorf. Hr. Joh. Jacob Kohler, Pfarrer zu Sumiswald.

4. Classe von Nydau. Herr Jac. Gerwer, Pfr.
zu Binelz, und Inspect. der
Münsterthaler Kirchen.
5. • • • Büren. Hr. Dan. Ant. Stettler,
Pfarrer zu Aarberg.
6. • • • Langenthal. Herr Sam. Mäus=
lin, Pfarrer zu Huttwyl.
7. • • • Arau. Herr Joh. Heinr. Frey,
Pfarrer zu Entfelden.
8. • • • Brugg u. Lenzburg. Hr. Emanuel
Schmutziger, Pfr. zu Schinznach.

Französische Geistlichkeit.
Collegium der Herren Decanen.

1. Classe von Morsee. Hr. Peter Abrah. Cha-
telanat, erst. Pfr.
zu Gingins.
2. • • • Lausanne. Herr Joh. Franz Du-
four, Pfr. zu Olon.
3. • • • Yverdon. Hr. Ludwig Richard,
Pfr. zu Espendes.
4. • • • Petterlingen. Hr. S. G. Metral,
Diac. zu Peterlingen.
5. • • • Orbe und Grandson. Hr. Jacob
Correvon, 1. Pfarrer zu Orbe.

Akademie zu Lausanne.

Herr Pfarrer   Emanuel Louis Chavanne.
•   •   •   •   Samuel Secretan.
• • Archidiacon. Joh. Friedrich Bugnion.
Professor der Griech. Sprach) Herr Friedrich
u. Sittenlehre.) Conod.
• • • Hebräis. Sprach) Herr Johann
und Catechetik.) Salchli.

H

Profeſſ. der Philoſ. Hr. Ludw. v. Treittorens.
. . . Theologie 1. Herr Friedrich Ludwig v. Bons.
. . . Medicin. . . Auguſtin. Tiſſot, Honoraire.
. . . Theologie 2. . . Alexander Cesar Chavanne.
. . der Rechten. . . Chriſt. Dapples.
. . . Eloquenz. . . Marc. Philipp. du Toit, Rector.
. . . Mathem. u. Experimental=Phyſik. Hr. Samuel Rudolf Francois.
. . . Kirchenhiſtorie . . F. J. Durand.
Secretar. Herr Franz Benj. Dapples.

3. Luzern.

1. Das Collegiat=Stift St. Leodegari.

Herr Nicolaus Balthaſar, infulirter Probſt. Erw. 1792.

Die Chorherren.

Herr Franz Xaveri Schumacher, Cammerer und Senior.
. . Leodegari Balthaſar, Herr zu Tanenfels, Bauherr.
. . Balthaſar Gloggner, S. Th. D. Cuſtos, auch Secretar. Capitul.
. . Ignat. zur Gilgen, Schulherr.
. . Ludwig Goldlin.
. . Carolus Crauer, S. T. D., Chordirect.
. . Laurenz Schiffmann, Präsenzer.
. . Friedrich Gilli, Ceremoniarius.
. . Leodegari Goldlin, von Tieffenau.
. . Joſephus Corraggione d'Orello.
. . Melchior Mohr.

81

2. Bischöfl. Commissarius im Canton.

Herr Aloys. v. Keller, S. Th. D. Leutpriester und Superior des Hauses St. Franc. Xav. auch Probst zu Bischofzell.

3. Die Professores bey St. Franc. Xav.

Der Theologie 1. Hr. Car. Crauer, S.T.D. Chorherr u. Vice-Superior.
     2. Hr. Philipp Forster, Pfr.
- - Moral. - - Franz Xaveri Sidler.
- - Physik. - - Franz Ser. Büelmann.
- - Logik. - - Heinrich Walser.
- - Rhetoric 1. - - Joseph Zimmermann.
- - Grammat. - - Aloys. Zimmermann.
- - Syntax. - - Thadde Müller.
- - Rhetoric 2. - - Franz Regis Crauer.
- - Rudim. - - Cornelius Bossart.
- - Operar. - - Chrysost. Einberger.
- - Instruk.Music.- - Constantin. Reindl.
Missionaren. - - Joseph Herzog.
      - - Prosper Herzog.

4. Collegiat-Stift zu Beron-Münster.

Probst und Herr.
Herr Joseph Kruß. Erwählt 1783.
Die Chorherren.
Herr Ludwig Meyer von Schauensee, Custos.
- - Car. Meyer, Pfleger z. U. L. Frauen, Sen.
- - Irene zur Gilgen.
- - Xaver. Pfyffer von Altishofen.
- - Anton zur Gilgen, Großspeicherherr u. Quotidionarius.
- - Aloysi Pfyffer von Altishofen.
- - Joseph Balthasar, Ceremoniarius.
- - Xaveri Dub, Secr. Cap.
- - Anton Dürler, Bau- und Bachherr.

Herr Leodegari von Lauffen, Gerichtsherr zu
  Pfeffiken und Ermensee, Stubenherr.
 - - Stephan Studer, Holzherr.
 - - Xav. Stalder, Präsenzer u. Schulherr.
 - - Felix Schnyder, von Wartensee, ausser
  Ehrschatz- und Capellherr.
 - - Aurelian zur Gilgen.
 - - Christoph Fleischlin, Punctator.
 - - Anton Meyer.
 - - Ludwig Mohr.
 - - Bernhard Goldlin, von Tieffenau.
 - - Franz Xaveri Meyer von Baldegg.
 - - Carl Pfyffer von Altishofen.

Dann noch 12. Wartner oder Expectanten.

5. Collegium der Herren Decanen.

1. Dechant des Hochdorfer-Capituls.

Herr Ludwig Leonti Schmidli, Pfarrer zu
  Ballweil.

2. Dechant des Sursee-Capituls.

Herr Casp. Jos. Mattmann, Rector zu Büren.

3. Dechant des Willisauer-Capitels.

Herr Theoringus von Keller, Pfarrer zu Zell.

Commenthur des Maltheser-Ordens zu Hohenrein und Reyden.

Herr Johann Jacob Freyherr von Pfürdt,
  zu Florimond.

St. Urban, Cistercienser-Ordens.

Abbt. Herr Ambrosius Glutz von Solothurn.
  E r w. 1787

Cistercienser-Abtey Rathhausen.

Aebtißin. M. Josepha Lucia Ignatia Rütimann, von Luzern. 1769.

Cistercienser-Abtey Ober-Eschenbach.

Aebtißin. M. Bernarda Schnyder von Wartensee, von Luzern. 1758.

---

4. Uri.

Bischöflicher Commissarius und Fleckenpfarrer.
Herr Carl Joseph Ringold.

Provinzial des Capuciner-Ordens Schwei-
zerischer Provinz.
P. Antonius Müller, von Urseren. Erw. 1792.

Benedictiner-Abtey zu Seedorf.

Aebtißin. Fr. Maria Salesia Reding von Biberegg, von Schweitz. Erw. 1782.

---

5. Schweitz.

Fürstliche Abtey Einsiedlen.

Fürstl. Abbt. Herr Beatus Küttel, von Gersau.
Erwählt 1780.

Dechant des vier Waldstätter Capitels.
Herr Sebast. Ant. Tanner, Pfr. zu Muttenthal.

Bischöfl. Commissarius im Canton Schweiz.
Herr Joseph Zeno Stedelin, Pfarrer zu Arth.

Flecken-Pfarrer zu Schweitz.
Herr Joseph Antoni Strübi.

Dominikaner-Abtey zu Schweitz.

Priorin. M. Angela Tischler, v. Constanz.

Franziscaner-Abtey im Muothathal.
Priorin. Maria Barbara Bürgin, von Art.

6. Unterwalden.

Flecken-Pfarrer.
Herr Joseph Ignat Desiderius zum Stein, Pfarrer zu Sarnen.
– – Franz Remigi Durer, Pfarrer zu Stanz.

Benedictiner-Abtey Engelberg.
Prälat. Herr Leodegari Salzmann von Luzern. Erw. 1769.

Benedictiner-Abtey zu St. Andreas zu Sarnen.
Aebtißin. Cunigunda Nikolaa von Flüe, von Sarnen. Erw. 1785.

7. Zug.
Dechant des Rural-Capitels, u. Stadt-Pfarrer.
Herr Johann Conrad Bossart.

Cistercienser-Closter in Frauenthal.
Aebtißin. Fr. Maria Agatha Herzog, von Münster. Erw. 1771.

8. Glarus.
a. Reformierter Religion.
Dechant des Glarner-Capitels.
Decan. Herr Joh. Heinr. Zweifel, Pfr. zu Bettschwanden, auch Chorhr.
Camerer. Hr. Fridol. Schuler, Diac. zu Mollis.
Chorherr. Herr Jacob Streif, Pfr. zu Bilten.

b. **Catholischer Religion.**

Flecken-Pfarrer.
Vacat.

---

9. Basel.
Hauptprediger in der Stadt.

Münster.
Pfarrer. Herr Emanuel Merian, Antistes. Erw. 1766.
Oberster Helfer. - - Carl Ulr. Stuckelberger.
St. Peter.
Pfarrer. Herr Johann Rudolf Burkhardt.
St. Leonhard.
Pfarrer. Herr Hieronymus Falkeisen.
St. Theodoren.
Pfarrer. Herr Joh. Heinrich Eglinger.
Französische Kirche.
Pfarrer. Herr Philipp Syrvin Bridel.
 - - Joh. Peter Ludwig Ricou.

Die Universität.

Derzeitige Rector.
Herr Johann Wernhard Herzog, S. Theol. D. und Professor.

Die Professores.

1. In der Theologie.
Herr Joh. Wernhard Herzog, D.
 - - Joh. Jac. Meyer, D.
 - - Joh. Rudolf Buxtorf, D. Decanus.

2. In der Rechtsgelehrtheit.
Herr Joh. Heinrich Falkner, D. in den Institutionen, auch Stadt-Consulent. Dec.

Herr Joh. Heinrich David, D. der Pandecten, Decan.
- - Joh. Jacob d'Annone D. im Lehenrecht, auch Stadt-Consulent.

3. In der Arzneykunst.

Herr Joh. Rud. Stähelin, D. in der Theoretic.
- - Werner de la Chenal, D. in der Theorie und Botanik. Decanus.
- - Achilles Mieg, Doctor in der Practik.

4. In der Weltweisheit.

- - Jacob Baßler, der Hebräischen Sprach,
- - Joh. Heinrich Ryhiner, M. D. der Sittenlehre und natürlichen Rechten, Decanus.
- - Lucas Legrand, J. U. D. der Vernunft und Ausforschungs-Kunst.
- - Christoph le Grand, J. U. D. der griechischen Sprach. Decan.
- - Daniel Wolleb, M. D. der Oratorie.
- - Joh. Jac. Thurneysen, M. D. der Physic.
- - Emanuel Linder, der Geschichten.
- - Daniel Huber, der Mathematik.
- - Emanuel Merian, der Rhetor.
- - Jacob Christoph Ramspeck, M. D. Rector des Gymnasii.

Collegium der Decanen.

Liechtstaller Capitel.

Herr Franz Dietrich, Pfarrer zu Bänken.

Farnspurger Capitel.

Vacat.

Waldenburger Capitel.

Herr Joh. Franz Bleyenstein, Pfarrer zu Leufelfingen.

10. Freyburg.

1. Der Bischoff von Lausanne.

Bernhard von Lenzburg, Abbt zu Altenryff. Erw. 1782.

2. Das Collegiat-Stift St. Nicolai.

Probst. Herr Ludwig von Müller. Erw. 1788.

Die Chorherren.

Herr J. Eman. Seydour, Stadtpfarrer u. Dec.
- - Aloysius Fontaine, Cantor Archidiacon. und Secret.
- - Tobias Nicol. Joseph v. Ammann, Senior
- - Peter Stutz.
- - Pet. Jos. Walther v. Schaller, Principal des Collegiums.
- - Joseph Laurenz Bruno Loffin.
- - Peter Joseph Zillweger,
- - Niclaus von Fywaz.
- - Jos. Edmund von Odet, von Orsonnens.
- - Joh. Peter Balthasar von Ufleger.
- - Joseph von Lenzburg.
- - Niklaus Fortunat Helfer.
- - Franz Anton Gevre.

3. Collegiat-Stift zu U. L. Frauen.

Herr Joseph Peter von Appenthel, Rector.
- - Claudius Gendre, Procurator.
- - Jost Ignatius Müller.
- - Ludw. August Bouillard.

4. Professores am Colleg. zu St. Michael.

Principal. Herr Peter Joseph Walther von Schaller, Chorherr.

Professores.

Herr Ludwig von Techtermann, Senior.

Herr Mich. Moret, 1. Prof. Th. u. Prediger.
- - Josephus Michaud, der Sittenlehre.
- - Peter Lud. Eßeyva, der Mathematik und Prediger.
- - Jos. Jacottet, 2. Prof. d. Theol. u. Pred.
- - Johann Grand, der Canon und Prediger.
- - Joseph Spycher, der Physik.
- - Ludw. Brasey, 1. Prof. der Wohlredenh.
- - Josephus Genoud, der Logik.
- - Joseph zur Kinden, 2. Prof. der Wohlred. und Prediger.
- - Ludwig Gottofrey, der Syntax.
- - Tobias Barra, J.U.D. des weltl. Rechts.
- - Dyonisius Genoud, der Grammatik.
- - Claud. Joseph Gaudard, der Rudimenten.
- - Joh. Franz zur Kinden, Moderat. Pädag.

5. Collegium der Herren Decanen.

1. Claſſe von Stäffis.

Herr Heinrich Demiere, Pfarrer zu Stäffis

2. Claß von Gruyere.

Hr. Franc. Jos. Rochebaud, Pfarrer zu Gryers.

3. Claß von Romont.

Herr Claud. Jos. Vuilleret, Pfr. zu Romont.

4. Claß von Bulle.

Herr Jos. Andreas Castella, Pfarrer zu Bulle.

5. Deutsche Claß.

Herr Franz Jos. Soller, Pfarrer zu Ueberstorff.

6. Claß vom H. Kreuz.

Herr Jacob Joseph Maillard, Pfarrer zu Creßier bey Murten.

7. Claß vom Heil. Thal.

Herr Joh. Jos. Cugniet, Pfarrer zu Cresu.

8. Claß von Avanche.

Herr Jos. Protas Ignat. Marilly, Pfarrer zu Torny-Pitet.

9. Claß von St. Prothais.
Herr Joseph Liaudat, Pfarrer zu Favernacht.
10. Claß von St. Maire.
Herr Jacob Bruno Helfer, Pfr. zu Praromann.
11. Claß von St. Henri.
Herr Johann Baptista Nicolaus de la Tena
   Pfarrer zu Promasens.
12. Claß von St. Amade.
Herr Claudius Curtat, Pfarrer zu Echallens
   und Villars, le Terroir.

Abtey Alten-Ryff, Cistercienser-Ordens.

Abbt. Herr Bernh. v. Lenzburg, v. Freyburg,
  auch Bischoff v. Lausanne. Erw. 1761.

Abtey Magerau, Cistercienser-Ordens.

Aebtißin. Maria Barbara Techtermann, von
   Freyburg. Erw. 1767.

Abtey Romont, Cistercienser-Ordens

Aebtißin, oder Fille-Dieu. Genevieva von Vi-
     vis. Erw. 1780.

II. Solothurn.

1. **Das Königl. Collegiat-Stift St. Ursi.**

Probst. Herr Urs Franz Joseph Glutz, auch
  Bischöflich-Lausannischer Vicar.
  General. Erw. 1786.

 Chorherren.
Herr Franz Heinrich Ludwig Fidelis Vigier,
  von Steinbrugg, Senior.
• • Urs Vict. Ant. Glutz, S. Th. und J. U.
  D. Custos und Choral-Director.
• • Urs Mauritz Franz Xaveri Gugger,
  Thesaurarius.

Herr Urs Vict. Anton Romuald Wirz, Secret.
- - Franz Peter Joseph Gerwer, Bauherr
und Symosiarcha.
- - Franz Jos. Gugger, Eccles. Direct. Chori.
- - Georg Ludw. Gluz. v Blozheim, Punctat.
- - Urs Nicol. Ludwig Joseph Schwaller.
- - Urs. Jacob V. vis.
- - Balthafer Joseph Gritz.

*   *

Stadtpfarrer.   Herr Phil. Rud. Pflueger. -
Stiftsprediger.   Herr P. Eustach. Juweiler,
min. Conv. SS. Th. D.
- - - - - Beat Guutner, Professor im Collegio.
- - - - - P. Gaudentius Schultheiß v. Schweiz, ord. Cap.

2. Professores im Collegio.

Principal. Herr Sebastian Contamin, auch
Professor der Theologie.
Herr Joseph Müller, Operar. Prof. der Logik, Metaphysik und Mathematik.]
- - Franz Farine, Professor der Theologie.
- - Xaveri Volk, der Physik.
- - Josephus Wirz, der 1ten Rhetorik.
- - Jacob Tschann, der 2ten Rhetorik.
- - Beat Günther, der 2ten Claß u. Stiftsprediger.
- - Bernhard Blattmann, der 3ten Claß.
- - Anton de Weya, Prof. der 1ten Claß.
- - Niklaus Eggenschweiler, neuerwehlt.
- - Joseph Schmid, Ludimoderator.

3. Das Collegiat-Stift zu Schönenwerdt.

Probst.   Herr Philipp Jacob Gluz, Erw. 1781.

Chorherren.
Herr Franz Jacob Gerber, Bauhr. u. Camer.
 • • Joseph Xaveri Schwaller, Custos u. Cant.
 • • Balthasar Joseph Matthias Würz.
 • • Urs Joseph Blasius Aeby, Secret. Ceremoniar. und Punctator.
 • • Niklaus Joseph Peter.

4. **Bischöflich-Baselischer Commissarius.**
Herr Franz Jacob Kieffer, Pfarrer zu Egerkingen und Dekanus.

5. **Benedictiner-Abtey Maria-Stein.**
Abbt. Herr Hieronymus Brunner, von Ballstall. Erw. 1765.

6. **Des Burgauer Rural-Capitels.**
Decanus. Herr Franz Jacob Kieffer, Pfarrer zu Egerkingen, und Bischofl. Commissar.

12. Schaffhausen.

Vornehmste Prediger in der Stadt.

1. St. Johannis-Kirch.
Herr Joh. Heinrich Oschwald, Antistes und Decanus. Erw. 1767.

2. Münster.
Pfarrer u. Triumvir. Hr. Joh. Rauschenbach.

3. Spittal-Kirch.
Pfarrer u. Triumvir. Hr. Joh. Georg Schwarz.

4. Französischer Prediger.
Herr Johannes Maurer.

Professores am Collegio Humanitatis.
Der Theologie, Sittenlehr u. Weltweish. Herr Joh. Jac. Altorfer, Rector.

Der Griechis.Sprach. Herr Johannes Müller.
 • • Historie.   • • Joh. Jac. Mezger.
 • • Mathematik.   • • J. Melch. Hurter.
 • • Physik.   • • Joh. Conrad Stoker,
                          v. Nußforn, M. D.
 • • Hebräis.Sprach. • • Daniel Maurer.
 • • Rhetorik.   • • Joh. Jac. Altorfer.

13. Appenzell.

Der Catholische Theil von diesem Canton steht unter dem Bistum Constanz; er hat nicht mehr als 4. Pfarreyen, deren Vorsteher dem St. Gallischen Rural-Capitul einverleibet sind.

Pfarrer zu Appenzell. Herr Joh. Baptista Gschwend.

Die Häupter der Evangel. Geistlichkeit.

Dechant.   Herr Sebastian Schieß, Pfarrer zu Herisau.
Cammerer.   Herr Johannes Schläpfer, Pfr. in der Waldstadt.

Thurgäu.

Die Dechanten der reformierten Geistlichkeit sind bey dem Canton Zürich vorgekommen.

Dechant des vereinigten Catholischen Frauenfelder und Steckborer Rural-Capitels.
Herr Balthasar Joseph Noser, Pfarr. zu Aadorf.

2. Collegiat-Stift St. Pelagii zu Bischofzell.

Probst. Herr Aloys v. Killer, S. Th.D. Leutpriester u. B s. Com. zu Luzern. Erw. 1793.
Herr Franz Joseph Jauch von Uri, Custos.

Herr Caspar Clemens Utiger, von Zug, Stadt-
          Pfarrer.
» » Carl Franz Hauser, von Glarus.
» » Victor Remigi Stulz, von Stanz.
» » Johann Wolfgang von Flue, von Sarlen.
» » Fridolin Joseph Müller, von Glarus.
» » Anton Meyer von Schauensee, v. Luzern.
» » Marynard Niklaus Baron v. Hundbiß.
» » Joseph Püntiner, von Ury.

Commenthur des Maltheser-Ordens.
Tobel.
Carolus Josephus, Fürst von Hohenlohe
     Waldenburg zu Schillingsfürst.

Abteyen Benedictiner-Ordens.
Rheinau.
Abbt und Herr. Herr Bernhardus Meyer,
          von Luzern. Erw. 1789.
Fischingen.
Abbt. Herr Augustinus Bloch, von Solothurn.
          Erw. 1776.
Münsterlingen.
Aebtißin. Maria Agnes Mühlgrabe, v. Kirch-
          heim. Erw. 1775.

Cistercienser-Ordens.
Däniken.
Aebtißin. Maria Catharina Weiß, von Zug.
          Erw. 1773.
Feldbach.
Aebtißin. Maria Petronella Uttiger v. Baar.
          Erw. 1785.
Kalcherein.
Aebtißin. Maria Anna Francisca von Rettich,
     von Ober-Marchthal. Erw. 1772.

Clarissen=Ordens.
Paradies.
Maria Theresia Franziska, Gräfinn von Rost. Erw. 1765.

Probst Canonic. Regular. St. Augustini zu Creutzlingen. Herr Antonius Lutz, von Hüfingen. Erw. 1779.

Prior Cartheuser=Ordens zu Ittingen.
Herr Antonius von Sailleren, von Roschach. Erw. 1760.

Rheinthal.
Der Dechant der Evangelischen Pfarre ist bey dem Canton Zurich anzutreffen. Die Catholische Pfarrer gehören in das St. Galler=Capitel.

Sargans.
Die Pfarreyen gehören in das Lanquarter=Capitel.

Bischöffl. Churischer Commissarius.
Herr Severinus Klein, Decan und Pfarrer zu Mels.

Fürstl. Benedictiner=Abtey Pfefers.
Abbt. Herr Benedict Bochsler, von Utznach. Erw. 1769.

Utznach, Gaster und Rapperschweil.
Decanus des Rapperschweiler=Capitels.
Herr Matth. Diethelm, Pfr zu Galgenen.
Decanus des Lanquarter=Capitels.
Herr Severinus Klein, Pfarrer zu Flums.

Bischöfl. Constanz. Comissarius in Rapperschweil,
Uznach und ein Theil von Gaster.
Herr Joh. Bapt. Steinach, Pfr. zu Eschenbach.
Bischöfl. Churischer Comissarius im Gaster.
Herr Heßy, Pfarrer zu Wesen.

Fürstl. Stift Schännis.

Aebtißin. Maria Anna Freyin von Eptingen.
Erw. 1763.

Cistercienser-Abtey Wurmspach.

Aebtißin. M. Rosa Romana Schleiniger, von
Klingnau. Erw. 1788.

Prämonstratenser-Closter auf dem Berg Sion ob Utznacht.

Priorin. Maria Aloysia Utiger.

Baden.

Bischöfl. Constanz. Commissarius im Aergau der
Grafschaft Baden u. der Freyen Aemter.
Herr Joseph Ignati Spengler, Pfarrer zu
Erendingen.
Dechant des sogenanten Regensperger-Capituls.
Herr Joseph Fridolin Stamm, Pfarrer zu
Birmistorf.

2. Das Collegiat-Stift St. Verena zu Zurzach.

Probst. Herr Urs Victor Nicolaus Schwembüel, von Lachen. Erw. 1772.
Chorherren.
Herr Joseph Ignati ab Aha, von Sarlen,
Dechant und Pfarrer.
 * * Joh. Dietrich Gubler, von Baden, Custos.
 * * Joseph Leopold Ignat. Freyherr von
Deuring zu Guntmading.

Herr Franz Carl Johann Nepomuc Hauser,
    von Glarus, Cantor u. Succent.
 ‒ ‒ Joh. Bernhard Billieux, von Bruntrut.
 ‒ ‒ Franz Jos. Leopold, Freyhr. v. Beck, zu
    Willnadingen, Oberv. zu Kadelburg.
 ‒ ‒ Joseph Weissenbach, von Bremgarten,
    Präsentiar.
 ‒ ‒ Franz Xaveri Bossart, von Baar, The-
    saurar. und Punctator.
 ‒ ‒ Jonas Paul Schwembüol, von Lachen.
 ‒ ‒ Franz Michael Bluntschi, von Zug.

3. Das Collegiat-Stift zu Baden.

Probst. Herr Casp.Ant.Jos.Dorrer.Erw.1771.
Chorherren.
Herr Seb. Heinrich v. Schnorf, Stadtpfarrer.
 ‒ ‒ Joseph Leodegari Wanger, Bibliothekar.
 ‒ ‒ Carl Baldinger, Custos.
 ‒ ‒ Joseph Ludwig Anton Baldinger, Se-
    cret. und Punctator.
 ‒ ‒ Joseph Udalrich Füegeisen, Cantor.
 ‒ ‒ Franz Conrad Thadde.Gubler,-S.Th.D.
 ‒ ‒ Franz Xav. Surlaulin.

4. Cistercienser-Abtey Wettingen.

Abbt. Herr Sebastianus Steinegger von La-
    chen. Erw. 1768.

5. Benedictiner-Abtey im Fahr.

Priorin. M. Gertrudis Schernberger, von
    Frik. Erw. 1768.

6. Comthur des Maltheser-Orden
    zu Leutgeren.

Herr Ignati Balthasar Wilibald Freyherr v.
    Rink, von Baldenstein.

7. Probstey Klingnau und Sionen Benedictiner=Ordens.

Probst. P. Casimir Christen, Conv. zu St. Bläsi.

8. Probst zu Wislikhofen Bened. Ord.

Probst. Herr Sebast. Fuler, Conv. zu St. Bläsi.

9. Probst im Fahr. Benedict. Ordens.

Probst. P. Franz Salesi Schädler v. Einsiedlen, Convent. zu Einsiedlen.

Frey=Aemter.

Dechanten der Rural=Capitel v. Bremgarten.
Herr Jos. Antoni Ganginer, Pfr. zu Beinweil.

Von Mellingen.
Herr Joseph Anton Widerkehr, Pfarrer zu Mellingen.

Comthur des deutschen Ordens zu Hitzkirch.
Herr Franz Fidelis Anton Thomas Graf, Erbtruchseß von Waldburg zu Wurzach.

Fürstl. Benedictiner=Abtey Mury.
Abbt. Herr Geroldus 2. Meyer von Luzern. Erw. 1776.

Benedictiner=Closter Hermetschweil.
Aebtißin. Maria Francisca Hortensia Segesser v. Bruneg, von Luzern. Erw. 1763.

Cistercienser=Kloster Gnadenthal.
Priorin. Maria Jos. Bucher, v. Bremgarten.

* * *

Zugewandte Oerter.
1. Stift St. Gallen.

Dechanten der Rural=Capitel.
St. Galler Capitel. Herr Joh. Balthasar Bürkhe, Pfarrer zu Nieder=Büren.
Wyler Capitel. Herr Joh. v. Nepom. Präger, Pfr. zu Kirchberg.
Dechant der Reform. Geistl. im Toggenburg. Herr Valentin Bösch, Pfarrer auf dem Ebnit.

Frauen=Klöster Benedictiner=Ordens.
St. Wiborada bey St. Georgen, Priorin. Maria Bernharda Hofmann, von Roschach.
Glatburg, Priorin. M. Gertrud Wiellerin, von Volmatingen.

Cistercienser=Ordens.
Magdenau im Toggenb. Aebtißin. Maria Verena Müller, von Zug.

Dominikaner=Ordens.
St. Catharina zu Wyl, Priorin. Maria Rosa Germann, aus dem Toggenb.

Franciscaner=Ordens.
St. Maria der Englen im Toggenburg, Mutter. M. Francisca Staader, aus Reichenau.
Notkersegg bey St. Gallen, Mutter. M. Elisabetha Ledergerwin, von Andwyl.
Maria Hilf in Altstetten, Mutter. M. Margaretha Hindenlang, von Wertach.
St. Scholastica zu Roschach, M. Dominica Pierlinger, aus Bayern.

2. Stadt St. Gallen.

Die fünf vorderste Pfarrer.

Herr David Fels, Decanus.
- - Daniel Wegelin, Camerarius.
- - Johann Jacob Hartmann.
- - David Anton Stähelin.
- - Christoph Zollikofer.

Professoren.

Der Theologie und orientalischen Sprachen.
Herr Pfarrer Peter Stähelin.

Der Philosophie u. latein. Sprach. Hr. Pfr.
Georg Wetter.
Rector. Herr Christian Huber.
Lehrer der Mathem. Herr Joachim Girtanner.
- - - Zeichnungskunst. Hr. L. Hildbrand.

3. Graubündten.

Reformierte Geistliche.

Dechant im Obern Bunde und Präses ob
dem Wald.
Herr J. Jacob Brunetus, Pfr. zu Waltenspurg.
Präses unter dem Wald.
Herr Georgius Nica, Pfarrer zu Donat.
Dechant im Gotteshaus-Bund.
Herr Paulus Kind, Pfr. und Prof. zu Chur.
Präses im Obern-Engadin.
Herr Jacob Pernis, Pfarrer in Samaden.
Präses im Bergell.
Herr Pet. Rosius v. Porta, Pfr. zu Castasegna.
Präses im Bergün.
Herr Leonhard Juvalta, Pfarrer zu Bergün.
Präses im Untern-Engadin.
Herr Jacob del Noni, Pfarrer in Zernez.

Dechant und Präses vom 10.
  Gerichten = Bund.
Herr Johannes Leonhard, Pfarrer zu Peist.

Professores des philos. Collegii zu Chur.
Herr Paulus Kind, Antistes bey St. Martin.
  Ausserordentliche.
Herr Bartholome Graß, von Lavin.
- - Peter Salutz, Rector.

Catholische Geistlichkeit.
Der Bischoff von Chur.
Herr Franciscus Dionysius, Reichsgraf von
  Rost, zu Aufhofen. Erw. 1777.
Die residierende Domherren.
Probst. Hr. Christian Jacob v. Fliri, S. Th. D.
Dechant. Herr Luzius Anton. von Scarpatet,
  zu Unterwegen.
Scholasticus. Herr Joh. Ant. Battaglia, S.T.D.
Cantor. Herr Carol. Rudolph, Freyherr von
  Buol, zu Schauenstein.
Custos. - - Franc. Xaverius, Freyherr von
  Rüplin zu Kefiken.
Sextarius. Herr Anton Freyherr von Buol.
Domherren extra-residentiales.
Herr Joh. Franc. Xaver. Anton von Meris,
  von Hausen.
- - S. Ant. Hofmann, Freyhr v. Leuchtenberg.
- - Bartholomeus Joh. Nepomuk, Graf von
  Witha zu Withaburg.
- - Peter von Täscher.
- - Johann Jacob von Cabalzar.
- - Mar. Bernh. Aloys. Graf v. Wolkenstein.
- - Joh. Antonius Orsi, von Reichenberg.
- - Francisc. Xaver. von Frevvis, S.Th.D.
- - Peter Pannier, S. Th. D.

Herr Joseph. Anton. Mayer / S. Th. D.
 - - Rudolf Ludwig Victor / von Blumenthal.
 - - Franciscus / Graf von Mohr.
 - - Joh. Baptista Orsi / von Reichenberg.
 - - Jacob Balletta.
 - - Lucius Leonhard.
 - - Joh. Anton Scarpa'et / v. Unterwegen.
 - - Franz Niklaus Toschini.
 - - Franz Joseph Huonder.

Bischöfl. Hofmarschall. Vacant.
 - - Canzler. Herr Georg Schlechtleutner / S. Th. D.
 - - Hofrath. - - Casp. Rudolf Good / von Greplang.
 - - - - - - Adrian Häußler / von Rosenhaus.
 - - - - - - Ernst von Bresler v. Sternau / k. k. Hofagent zu Wien.
 - - Leibmedic. - - Abundi.Hosang / M.D.
 - - Dompred. - - P. L. Franc. Steiner v. Freyenbach / ord. C.
 - - Hof=Caplan. Herr Xaver Adogeld.
 - - Hof=Registr. Hr. Joh. Jos. Ant. Buol.

Decani der Cathol. Rural=Capitel.

1. Capitel von Disentis.
Herr Jacob Anton Gonda von Tavetsch / Camer. u. Vorsteher / Caplan zu Sedrun.

2. Capitel in der Gruob.
Herr Christian Camenisch / Caplan zu Ober-Saxen.

3. Capitel von Lungnetz.
Herr Christian Wenzin von Tavetsch / Secret. und Vorsteher / Pfarrer zu Ternaus.

4. Unter-Halbstein.
Herr Joh. Baptista Jorg von Ems, Pfarrer zu Razuns.

5. Ober-Halbstein.
Herr Joseph Fidelis Capigilli von Seth, Camerar. und Vorsteher, Pfr. zu Lenz.

Fürstl. Closter Dissentis, Ordens St. Benedicti.

Abbt. Herr Laurenz Cathomen, von Brigels. Erw. 1785.

Prämonstratenser-Closter St. Luci ob Chur.

Abbt. Herr Maria Nicolaus Gyr, von Einsiedlen, Erw. 1782.

Dominicaner-Closter zu Cazis.
Priorin. Maria Carolina von Gonda.

Adelich Frauenstift zu Münster.
Aebtißin. Maria Bernarda von Tisseni.

Wallis.

Der Bischof zu Sitten.
Herr Antonius von Blatter. Erw. 1790.

Das Dom-Capitel.
Großdecan. Herr Peter Joseph Im Seng.
Decan von Valery. Herr Stephan Oggier.
Herr Joh. Felix Peter Wyß, Cantor und General-Vicar. Senior.
• • Franz Joseph Xaveri v. Preux, Groß-Sacristan.
• • Franz Xaveri Gottsponner, S. Th. D. Stadtpfarrer und Poenitentiarius.

Herr Emanuel von Kalbermatten.
- - Joseph Ignati Zurkirchen, Theologal.
- - Alphonsus Pigniat, Professor Theolog.
- - Anton Ludwig Joris, Procur. General.
- - Peter Joseph Andres.
- - Theodulus Bay.
   Vacat.

Titular-Domherren.

Herr Peter Ludwig Schinner.
- - Nicolas du Tour de Biona, Domherr zu Königsgrätz und Probst zu St. Niclausburg in Mähren.
- - Friedrich von Werra.
- - Stephan Julier, Pfarrer zu Leuck.
- - Antoni Arnold, Pfarrer zu Siders.
- - Dominicus Jean, Pfarrer zu Ayent.
- - Franz von Riedtmatten, Rect. S. Trinit.
- - Ludwig am Herd, Pfarrer zu Grengiols.
- - Augustinus Zen Ruffinen.
  2 Vacat.

Die Dechanten oder Supervigilantes der Zehnden.

In Zehnden.

Siders.	Herr Antoni Arnold, Pfr. zu Siders.
Leuck.	- - Stephan Julier, Pfarrer zu Leuk.
Raron.	- - Johann Zenhäuseren, Pfarrer zu Raron.
Visp.	- - Peter zur Briggen, Pfarrer zu Saas.
Brüg.	- - Franz Joseph Theiler, Pfarrer zu Glyß.

Goms.   Herr Joh. Georg Carlen, Pfarrer
         zu Aernen.
In Unter-Wallis. Herr Peter Joseph Udry,
         Pfarrer zu St. Severin.
   • • •   Herr Mauriz Bryttin, Pfar-
         rer zu Troistorrens.
   • • •   Herr Jos. Laurenz Murith,
         Prior zu Martinach.

Collegiat-Stift und Canonic. Regul. St. Augustini.

1. Zu St. Maurizen.
Abbt. Herr Joh. Georg Schiner, von Aer-
         nen. Erw. 1764.
2. Auf dem grossen St. Bernhards-Berg.
Probst. Herr Ludw. Antoni Luder. Erw. 1775.

Müllhausen.

Stadt-Pfarrer. Herr Matthias Kielmann,
         Senior.
   • • • • •   Jacob Räber.
   • • • • •   Johannes Spörlin.
   • • • • •   Peter Reichard.
Französischer Pfarrer. Herr Peter Rißler.

Biel.

Stadt-Pfarrer. Herr Nicol. Emanuel Wezel,
         von Brugg.
   • • • • •   Joh. Georg Holzach,
         von Basel.
Französischer Pfarrer. Hr. Carl Vict. Gibolet.
Erster Helfer. Hr. Jakob Holzhalb, von Zürich.
Zweyter Helfer. Hr. Samuel Roth.

Neuburg.

Dechant der Geistlichen. Herr David Dardel,
          Pfr. zu Neuenburg.
Vice-Dechant. Herr Sam. David Bonhote,
          Pfarrer zu Boudry.

Hauptpfarrer in der Stadt.
Herr David Dardel.
 • • Jacob Ferdinand Gallot.
 • • Heinrich David Chaillet.

Decan der Catholischen Geistlichen.
Herr Joh. Jos. Varnier, Pfarrer zu Cresier.

Bistum Basel.

Den Bischof und das Domstift siehe p. 55.

1. Collegiat-Stift Münst. in Granfelden.

Herr Joh. Baptista von Buchenberg, Probst.
 • • Joh. Baptist. Joseph Gobel, Bischof zu
          Lidden, Frey-Prebendarius.
 • • Franz Ignat. Rose v. Multenberg, Custos.
 • • Johann Jacob Gobel, Archidiacon.
 • • Johann Augustus von Andlau.
 • • Germanus Fidelis Bayol.
 • • Conrad Rink von Baldenstein.
 • • Franz Joseph Konig.
 • • Xaverius du Berger.

2. Das Collegiat-Stifft zu St. Ursitz.

Herr Joh. Jacob Keller, Probst.
 • • Leopold Berger, Archidiacon.
 • • Bernh. Joseph Parat, Pfarr. zu St. Ursitz.
 • • Franz Joseph Prickler, Custos.

Herr Joseph Antonius Beurret.
 ‒ ‒ Joseph Didner, Promotor Fiscalis und
　　　Freyprebendar.
 ‒ ‒ Aloysius Billieux.

3. Die Herren Decanen der Feld-Capitel.

Salzgäu.　　Herr Johann Georg Bloque,
　　　　　　　Pfarrer zu Dellsperg.
Elsgäu.　　 ‒ ‒ Theobald Danzer, Pfarrer
　　　　　　　zu Durlinstorf.
Leimenthal.　‒ ‒ Georg Floribert Froidevaux,
　　　　　　　Pfarrer zu Arlesheim.

4. Fürstl. Seminarium zu Bruntrut.

Superior.　Herr Jos. Aloysi Baur, Pfarrer zu
　　　　　　Merveiller.
Director u.　] Herr Marcellus Helg.
Haushalter.
Zweyt. Direct. Herr Thomas Habermacher.

5. Das Gymnasium zu Bruntrut.

Herr Franz Salesius Ryß, Principal und
　　　Professor P. Canonum.
Professores der　　Herr Argobast Buol, Sub-
　Theologie.　　　Principal.
 ‒ ‒ ‒ ‒ ‒　　 ‒ ‒ Joh. Bapt. Vogelweyd.
 ‒ ‒ der Sittenlehre ‒ ‒ Johann Baptista Fal-
　u. Canonum.　　　cino.
Prof. der Philo-　Herr Joseph Gouvie.
　sophie.　　　 ‒ ‒ Jos. Cuencin, auch der
　　　　　　　　　Mathematik.
 ‒ ‒ der Rhetor. 1. ‒ ‒ Antonius Vautier.
 ‒ ‒ ‒ ‒ ‒ 　　 2. ‒ ‒ Humbert. Voisard.
 ‒ ‒ der Rudiment. ‒ ‒ Joseph Berberat.
 ‒ ‒ der Gramatik. ‒ ‒ J. Germ. Val. Hennet.
 ‒ ‒ der Syntax.　 ‒ ‒ Joh. Baptista Richard.

Präfect.Gymnaſ. Herr Joh. Bapt. Blanchard.
Bibliothecar.   - - Franz Saleſius Ryß.

6. Prämonſtratenſer=Abtey Bellelay.

Abbt. Herr Ambroſius Monin. Erw. 1785.

7. Der Reformirten Gemeinden
im Erguel Decanus.

Herr Franz Gibolet, Pfarrer zu Orvin.
 Münſterthal. Inſpector.
Herr Jacob Gerwer, Pfarrer zu Vinelz.

III. Kriegs-Etat.

I. In Königl. Spanischen Diensten.

Brigadiers.

1780. Herr F. Th. v. Bettschardt, v. Schweiz.
– – – – Joseph Fidelis, Graf von Thurn und Valssasina, von St. Gallen.
1786. – – Joh. Franz Schmid von Bellikon, von Uri, königl. Lieutenant und Commandant zu Peniscola.
1791. – – Franz Jos. Schwaller, v. Soloth.

Staabs-Officiers der Spanischen Schweitzer-Regimenter.

1. Regiment Schwaller. 1734.

Obrist.   Herr Franz Jos. Schwaller, v. Sol.
Obrist-Lieut. – – Vacat.
Major.   – – v. Brocco, von Schweitz.

2. Regiment Rüttimann. 1743.

Obrist.   Herr v. Rüttimann, von Lucern.
Obrist-Lieut. – – v. Grandmarin, v. Bruntrut.
Major.   – – v. Sartori, aus dem St. Gall.

3. Regiment Reding. 1743.

Obrist.   Herr Theodor v. Reding, v. Biberegg, von Schweitz.
Obrist-Lieut. – – Balthas. Reding v. Biberegg, von Schweitz.
Major.   – – Franz Rusconi.

4. Regiment Bettschardt. 1743.

Obrist.	Herr v. Bettschardt, von Schweiz.
Obrist-Lieut.	- - W. Baron von Waldner, von Müllhausen.
Major.	- - Jos. Dominik v. Bettschardt.

II. In Königl. Sardinischen Diensten.

General der Infanterie.

1786. Herr v. Tscharner, von Bern.

General-Lieutenants.

1774. Herr v. Schindler, von Glarus.
1786. - - Commenthur von Courten.
1790. - - v. Thellung v. Courtlary, v. Biel.
1791. - - v. Rochmondet, von Nyon.

Mareschall de Camp.

1783. Herr von Niederer, von Appenzell.

Die Brigadiers.

1783. - - Ritter ab Jberg, von Schweiz.
- - - - von Donatz aus Bündten.

Staabs-Officier der Sardinischen Schweitzer-Regimenter.

Comp. der 100. Schweizer, Königl. Leibwacht.
Errichtet 1597.

1. Regiment von Courten. 1694.

Obrist.	Herr v. Courten, aus Walkis, Generallieutenant.
Oberst-Com.	- - Yberg, von Schweiz, Brigad.

Obrist-Lt.   - - Charriere, aus der Waat.
  - -   - - von Fatio von Genf.
  - -   - - von Bueler, von Schweitz.
Major.   - - Streng v. Arenaberg, v. Coſt.

2. Regiment Rochmondet. 1739.

Obriſt.   Herr v. Rochmondet, von Nyon.
Obriſt-Lt.   - - v. Tſchiffeli, von Bern.
  - -   - - v. Stettler, von Bern.
Major.   - - v. Tſchiffeli, von Bern.
Bataill. Majors.   Herr Bucher, v. Bern.
  - -   - - Hr. v. Zehender, von Bern.

3. Regiment Chriſt.
Aus Bündten. 1742.

Obriſt.   Herr Graf Chriſt, von Sanz.
Obriſt-Lt.   - - Graf v. Planta, von Zuz und
                   Fürſtenau.
  - -   - - v. Oettiker, von Männedorf.
Regim. Major. Herr v. Caſtelberg, v. Diſentis
Bataill. Major.   - - v. Togniola.

4. Regiment von Zimmermann.
Von Luzern. 1793.

Obriſt.   Herr v. Zimmermann, von Luzern.
Obriſt-Lt.   - - Ludwig Pfyffer von Wyer,
                   von Luzern.
Majors.   - - Peyer, von Luzern.
  - -   - - v. Reding, von Schweitz.

5. Regiment von Bachmann.
Von Glarus und Fürſt St. Gallen. 1793.

Obriſt.   Herr v. Bachmann, von Näfels.
Obriſt-Lt.   - - v. Barthes, v. Marmorieres,
                   aus dem St. Galliſchen.
Major.   - - v. Sartori, aus dem St. Gall.

III. In Päbstl. Diensten.

Comp. der Schweizer Leibwachen. 1505.
Schweizer-Garde-Hauptmann.

Zu Rom. Herr v. Pfyffer v. Altishofen, von Luzern, Obrist.
Bologna. ·· Schmid, von Uri.
Ferrara. ·· v. Brandenberg, von Zug.
Ravenna. ·· v. Arnold v. Spiringen, v. Uri.
Pesaro. ·· v. Meyer v. Baldegg, v. Luz.

IV. In Königl. Sicilianischen Diensten.

General-Lieutenants.

1787. Herr v. Salis Marschlins, a. Bündten.
1789. ·· Baron v. Tschudi, Ritter, v. Glar.

Mareschall de Camp.

Herr von Wirtz, von Rudenz, von Unterwalden.
1789. Herr Graf Rudolf v. Salis Zizers.

Die Brigadiers.

1776. Herr Jac. Joseph Tanner, von Uri.
·· ·· Graf Simeon v. Salis, v. Zizers.
1784. ·· Franz Joseph von Hofmann, von Leuchtenstern, von Roschach.
·· ·· Dominik. v. Wäber, v. Schweiz.

V. In Diensten der General-Staaten.

Die General-Lieutenants.

1789. Herr v. Steiger, von Bern.
·· ·· v. Schmid, aus Bündten.
·· ·· v. May, von Bern.

1789. Herr v. Bedaux, von Neufchatel.
1790. – – Polier v. Vernand, v. Lausanne.
– – – – v. Heß, von Zürich.

Die General-Majors.

1779. Herr v. Stokar von Neuforn, von Schaffhausen.
– – – – v. Hirzel, von Zürich.
– – – – v. Loriol, aus dem Pays-de-vaud.
1789. – – v. Matthey von Lausanne.
1789. – – v. Salis von Chur.
– – – – v. Salis von Meyenfeld.
– – – – v. May von Bern.
1790. – – v. Planta, aus Bündten.

Staabs-Officiers.
1. Garde-Regiment. 1750.

Obrist.   Herr v. Heß, von Zürich, General-Lieutenant.
Obrist-Lt. – – Graf v. Saloffin, aus dem Pays-de-Vaud.
– –   – – Benedict v. Salis, aus Bündt.
Majors.   – – v. May, von Bern.
– –   – – v. Planta, aus Bündten.

2. Regiment Gümoens.
Aus Bern 1693.

Obrist.   Herr v. Gümoens, von Bern.
Obrist-Lt. – – v. Steiger, von Bern.
– –   – – v. Müller, von Bern.
Major.   – – v. Sturler, von Bern.
– –   – – v. Graviset, von Bern.

3. Regiment May.
Aus Bern. 1696.

Obrist.   Herr v. May, von Bern, General-Lieutenant.

Obrist-Comend.   Herr Sigm. Steiger/ v. Bern.
Obrist-Lt.   Herr v. Burnand/ von Milden.
  ‚ ‚   ‚ ‚ v. Groß/ von Bern.
Majors.   ‚ ‚ v. Tschiffeli/ von Bern.
  ‚ ‚   ‚ ‚ v. Tscharner/ von Bern.

4. Regiment Schmid.
Aus Bündten. 1695.

Obrist.   Herr v. Schmid von Malans/ General-Lieutenant.
Obrist-Command.   Herr v. Schwarz/ v. Chur.
Obrist-Lt.   Herr v. Couzet/ von Grüsch.
  ‚ ‚   ‚ ‚ Walser/ von Seevis.
Majors.   ‚ ‚ Schmid/ von Malans.
  ‚ ‚   ‚ ‚ v. Perini/ von Skauf.

5. Regiment Hirzel.
Aus Zürich.

Obrist.   Herr Ludw. Hirzel/ General-Major.
Obrist-Command.   Herr Gerold Lochmann.
Obrist-Lt.   Herr Philipp Heinrich Schmid.
  ‚ ‚   ‚ ‚ Jacob Meyer.
Majors.   ‚ ‚ Heinrich Hofmeister.
  ‚ ‚   ‚ ‚ Salomon von Muralt.

6. Regiment Stokar.
Aus Glarus, K. Schaffhausen, und Appenzell, K. 1748.

Obrist.   Herr Stokar v. Neuforn/ v. Schaffhausen/ General-Major.
Obrist-Command.   Herr Pfister/ v. Schaffhaus.
Obristlieutenant.   ‚ ‚ v. Schmid/ v. Glarus.
Majors.   ‚ ‚ Im Thurm/ v. Schaffh.
  ‚ ‚   ‚ ‚ Schoch/ von Herisau.

IV. Litterar- und Kunst-Etat.
Zürich.

Oeffentliche Gesellschaften u. Bibliotheken.

Bürger- oder Wasserkirch-Bibliothek, deren Besorgung einer Gesellschaft Herren und Bürger aus beyden Ständen anvertrauet ist. Sie enthält nicht nur eine an seltenen Handschriften und gedruckten Büchern ansehnliche Sammlung; sondern sie besitzt auch ein beträchtliches Münz-Cabinet.

Präsident, Jkr. Rthshr. Blaarer v. Wartensee.
Bibliothekar, Herr D. Scheuchzer.
Secretar. - - D. Hirzel, Sohn.
Subst. Secret. - - Martin Usteri.

Stifts- oder Chorherren-Bibliothek, die dem Stift zum Grossen Münster eigenthümlich zugehört, und nicht sowol an Menge gedruckter Bücher, als an alten und neuen Handschriften und für Zürich wichtigen Dokumenten aus den mittlern Zeiten reich ist.

Bibliothekar. Herr Canonicus und Verwalter Heß.

Physikalische Gesellschaft, ökonomische Commission, und militärisch-mathematische Societät, besitzen eine zu ihren Absichten dienliche Büchersammlung, Naturalien-Cabinet, Herbarium, botanischen Garten, und einen Vorrath von Instrumenten und Plans. Die physikalische Gesellschaft versammelt sich jeden Montag. Die oeconomische Commißion jeden Samstag, und die militärisch - mathematische Gesellschaft jeden Freytag Abends.

Präsident der Physik. Gesellschaft.   Herr Dr. und Rathsherr Hirzel.

Vice-Präsident.   Herr Dr. u. Chorhr. Rahn
Bibliothekar.   Herr Dr. Christ. Sal. Schinz.
Secretar.   Herr Landschrbr. von Orell.
Präsident der ökonom. Comißion. Hr. Rathshr. D. und Stadtarzt Hirzel.
Secretar. Herr Com. Nüscheler, d. gr. Raths.
Präsident der militär. mathemat. Gesellschaft. Jkr. Constafelherr Ludw. Meiß.
Secretar.   Herr Hs. Caspar Hirzel, d. gr. Raths und Zunftpfleger.

Zürich hat noch verschiedene zahlreiche und merkwürdige Privatbibliothecken. Die vorzüglichsten sind: Herr Zunftmeister Heideggers, und Herr Canonicus Steinbruchels.

Anatomisches Theater, auf welchem verschiedene Präparata und sonderheitlich eine merkwürdige Sammlung kranker Knochen und Mißgeburten aufbewahrt sind.

Präsident. Herr Rathshr. u. Archiat. Hirzel.
Secretar.   - - Sal. Dänzler, Chirurgus.
Demonstrator. Herr Heinrich Burkhard.

Musik-Saal.

Versammelt sich jeden Dienstag Abends.
Präsident. Hr. Zunftmeister Ulrich.
Secretar. Hr. Daniel Nüscheler.

Kunst=Saal.

Besitzt eine Sammlung von Abgüssen, antiq. Statüen und Büsten, und von Handrissen.

Privat=Cabinetter.

Naturalien=Cab.   Herr Rathsherr D. Dieth=
                  Lavater.
 . . . . D. Scheuchzer.
Gemählde=Cabinet⎫ Herr Rathshr. Schinz.
u. Kupfer=Samm= ⎬ . . Herr Schultheß,
lungen.   ⎭ vom rothen Thurn.
 . . . . Rathshr. Usteri sel.
                  Erben.

Sammlung von Handzeichnungen   Herr Zunft=
und Gemählden.   meister Heidegger.
Mahler=Portraits.   Herr Rathsherr Füßli,
                    zum Feuermörser.

Münz=Cabinetter.

Oeffentliche Bibliotheck zu Zürich.
Oeffentliche Bibliotheck zu Winterthur.
Herr Rathshr. Leu, sel. Erben.
 . . Herr Schultheß, vom rothen Thurn.
 . . Pestalutz beym Steinbock.
 . . Rathsherr Schinz.
 . . Direkter Schultheß.
 . . Stehtrichter Hirzel.
 . . Landolt vom Burghof.

Buchhändler.

Herr Orell, Geßner, Füßli und Comp.
– – Leonhard Ziegler und Söhne.
– – Heinr. Steiner u. Comp. zu Winterthur.

Lese-Bibliotheken.

Herr C. W. Heitz, Buchbinder.
– – Johannes Hofmeister, Buchbinder.
– – Joh. Meisters sel. Wittwe.

Schriftgiesserey. Herr Orell, Geßner, Füßli und Comp.

Kupfer-Verlag. Herr C. W. Heitz, Buchbdr.

Bern.
Oeffentliche Gesellschaften und Bibliothecken.

Bürger- und öffentliche Bücher-Sammlung, enthält nebst einer zahlreichen Bibliotheck, über 1200. wichtige Handschriften, Alterthümer, Vasen, Münzen und Naturalien. Sint einigen Jahren sind noch zwey merkwürdige Basreliefs, von denen das einte beynahe das ganze Bernerische Oberland mit den daselbst befindlichen Gletscheren und Eisbergen von Thun bis an die Grenzen von Entlibuch, Unterwalden, Uri und Wallis. Das andere die gebürgige Gegend im Gouvernement Aelen, an deren Fuß die berühmte Salzquellen entspringen, vorstellet.

K 4

Ober=Bibliothekar. Hr. Nicl. Em. Tscharner,
    von Trachselwald.
Unter=Bibliothekar. Hr. Abraham Vogtli,
    Provisor.

Die Bibliothek wird wochentlich dreymal, Dienstags, Donstags und Samstags Vormittag von 11 bis 12 Uhr und Nachmittag von 2 bis 4 Uhr geoffnet.

Privat = Bibliothecken.

Herr Hauptm. Freudenreich, in Schweitzer-Geschichten.
Herr Gottl.eb Walther, gew. Prof. der vaterländischen Geschichte und Helvetischen Staatsrechts.

Oekonomische Gesellschaft.

Präsident. Herr Deutsch-Sekelmst. Tscharner.
Secret. - - Haller von Neus.

Privat=Cabinetter.

Mineralien = Cab.

Herr Obrist von Erlach, Baron zu Spiez.
 - - General-Commissarius von Manuel.
 - - Hauptmann von Müllineu.
 - - Kriegsrathschreiber Haller.
 - - Dr. und Apotheker Hopfner.

Naturalien = Cabinet.

Herr Sprüngli, gew. Pfarrer zu Stettlen.
 - - Hptm. de Treytorens, zu Yverdun.
 - - Pfarrer Wyttenbach.
 - - Dr. Levade zu Vivis.
Inländisch. Conchyl. Samml. Herr Studer,
    Pfr. zu Büren.

119

Insekten-Sammlung. Hr. Landv. v. Bonstet-
          ten, von News.
Herbarium.   Herr Dechant de Coppet,
                    zu Aigle.
. . .   . . Ricoud, Chir. zu Ber.
. . .   . . Spittalverw. Tribolet.
. . .   . . Apotheker Morell.
. . .   . . Professor Risold.
Physische Instrumente. Herr Espinasse, Na-
                    turforscher zu News.
Münz-Cab. Herr Haller, Hofschrbr. zu Ko-
                    nigsfelden.
. . .   . . Ith, alt Landv. zu Trach-
                    selwald.
. . .   Stadt Zofingen.
Medaillen-Cab. Herr Mörikofer, Graveur.
. . . .   . . alt Pfr. Sprüngli v.
                    Stettlen.
Kupfer-Samml. . . Müller von Basel, zu
                    Zofingen.
Samml. von Landkarten. Herr Venner von
                    Ryhiner.
Verl. v. Schweitzer-Landsch. Hr. Maler Rieter.
. . . .   Bauern-Scenen. Hr. Maler
                    Freudenberger.
Gemählde- und Kunst-Cab. Hr. Professor Son-
                    nenschein.
Mahlerey u. Kupferstich- Hr. Sam. Gab.
    Handlung.   Furer.
Marmor-Verlag. Hr. Funk, in Bern.
Pastell-Fabrik. . . Hellmold, in Lausanne.
Apparat von physikalisch. Die offentliche Akade-
    Instrumenten.   mie der Hauptstadt.
. . . . .   Herr Espinasse, Natur-
                    forscher zu News.

K 1

Naturalien - Händler.   Herr Wisard.
Buchhändler.   Herr Eman. Haller, in Bern.
· · ·   Die neue Typographische Ge-
              sellschaft in Bern.
· · ·   · · Grasset und Comp. in
              Lausanne.
· · ·   · · J. H. Pott und Comp.
              in Lausanne.
· · ·   · · J.P.Heubach und Comp.
              in Lausanne.
· · ·   Die typographische Gesell-
              schaft in Lausanne.
Antiquarius.   Herr Joh. Ant. Ochs, Buchdr.
Lese - Läden.   · · Buchdr. Haller.
· · ·   · · Buchdrucker. Hortin.
· · ·   · · Buchb. oder Kuenz.
· · ·   · · Buchbinder Sprünglin.
· · ·   Die Töchtern Scheurer.

Luzern.
Oeffentliche Bibliothecken und Ge-
sellschaften.
Bibliothec der Lesegesellschaft.
· · ·   der Herren Conventuaten, besitzt
        einige Handschriften.
· · ·   der Herren Ex - Jesuiten.
· · ·   der P. P. Kapuziner, ist stark in
        gesammelten Werken der römischen
        Theologen und der Kirchenväter;
        sie zeichnet sich auch durch die voll-

ständige Sammlung der Acta Sanctorum in 44. Folio=Bänden und einige alte Handschriften aus.

Bibliothek der Abtey St. Urban, vereinigt mit einem Münz= u. Natural. Cabin.

Privat = Cabinetter und Bibliothecken.

Bibliothek Jkr. Seckelmeister v. Balthasars, enthält einen grossen Vorrath von Schweizeris. Schriftstellern, Handschriften und gedruckten Büchern. Sein Sohn vermehrte diese ansehnliche Sammlung, mit Englischen und Ital. Schriftstellern, aus dem Histor. Philos. und Litteralischen Fache. Danne mit vielen Kupferstichen, die er sich in Italien gesammelt.

Naturalien=Cab. Herr Caplan Kopp bey St. Leodegar im Hof, ist sehr schenswürdig wegen den verschiedenen Kunststücken, die er selbst mit eigner Hand verfertiget hat, und noch allzeit vermehrt.

Lucerner Portraits=Sammlung. Jkr. Seckelmeister v. Balthasar.

Sammlung von Schweizer = Prospekten. Herr Pfarrer Fleischlin in Kriens.

Kunst = Cabinet. Herr General-Lieut. Pffer.

Buchhandlung. — Jos. Aloysi Salzmann.

Uri.
Oeffentliche Bibliothecken.

Priester-Bibliotheck, deren Curatoren die beyden verordneten Schutzherren dasiger Pfarrkirche sind.

Crystallen-Verlag. Herr Landshptm. Schmid, am Stäg.

. . . . Statthalter Jost Anton Nager, in Urseren.

Schweitz.

Bibliotheck der Abtey Einsiedlen, ist dreyfach, und enthält eine reiche Sammlung von alten Büchern und Handschriften, wie auch einen Anfang zu einem Naturalien-Cabinet.

Münz-Cab. ist sehenswerth wegen seiner bequemen Einrichtung. Jede Münze ist in ein gedrechseltes halb Zoll dikes Cylinderchen eingelassen, und auf der übrigen Oberfläche dieses Scheibgen die Aufschrift der Münz mit Erklärungen, samt dem Revers. Der reichste Theil derselben, die alten römischen Münzen, ligen in chronologischer Ordnung, und sind etwa 900.

Medaillen-Cab. Herr Landamm. Hedlinger sel. enthält die Sammlung von sil-

bernen und goldenen Schaumünzen
des seligen Ritter Hedlingers, der
annoch eine reiche Sammlung alter
Münzen, Schaupfenninge, histo-
rische Denkmünzen, nebst einer dahin einschlagenden zahlreichen Bibliotheck, Handrisse- und Kupfer-
Sammlung beygefügt ist.

Unterwalden.

Bibliothek der Abtey Engelberg, ist merkwürdig wegen den copirten Handschriften von den noch ungedrukten Schriften des Aegidius Tschudi.

Zug.

Bibliothek der Stadt oder des Gymnasiums.
- - - der P. P. Capuciner.
Bibliothek. Herr Baron von Zur Lauben, die
besonders für die Schweizer-Französische
und deutsche Geschichte beträchtlich und
merkwürdig ist. In derselben befinden sich
wenigstens 450. Fol. Bände Handschriften,
die größtentheils die für die Schweizer-
geschichte wichtigsten Piecen enthalten, unter andern die Fortsetzung der berühmten
Tschudischen, Schadelerischen u. s. w. Chro-
niken. - - 3. Fol. Bände Helvetis. Charten vom 7. Jahrhundert an bis 1555.
10. Fol. Bände, Schweizerische Histori-
sche Miscellanien.   9. Fol. Bände Hel-
vetisch- Zugische Monumente. - - 4. Fol.
Bände Helvetische Stammtafeln. Und wa-

endlich diese Sammlung um so viel schätzbarer macht, sind die vom Herrn Besitzer eigenhändigen, zahlreichen Anmerkungen, Auszüge und Fortsetzungen, die beynahe alles Merkwürdige der geistlichen und weltlichen Schweitzer-Geschichte, und ihrer Adelichen und Patricier-Geschlechter, der bereits verloschenen sowohl als der annoch lebenden in sich fassen.

Buchhändler. Hr. Joh. Mich. Aloysi Blunschli.

Glarus.

Bibliothek des Evangel. Standes zu Glarus, ist auf dem Schulhaus daselbst angelegt.

Bibliothekar. Herr Rudolf Steinmüller.

Münz-Cab. Herr Bibliothekar. Steinmüller.

Naturalien-Cab. Herr Candidat Joh. Rud. Steinmüller.

Basel.

Stadt-Bibliothek, enthält nebst einer kostbaren Sammlung alter und neuer Bücher, und wichtiger Handschriften, ein Naturalien-Gemählde- (hauptsächlich von Holbein) und Münz-Cabinet, Hagenbachs Herbarium und eine Collection von Charten, Prospecten aus der Schweiz, seltenen Kupferstichen und Handrissen.

Bibliothekar. Herr Prof. J. Bernhard Herzog.
. . . . . . Prof. Ryhiner.

Bibliothek des Frey- und Grynäischen Instituts, zu Beförderung des theologischen Studium.

Bibliothekar u. Lector.   Herr Prof. Joh.
   R. Burtorf.

Societas Physico-Medica.
Präsident.   Herr J. Rud. Stähelin, M. D. und Professor.
Sekretair.   ·· Daniel Bernoulli, M. D.

Gesellschaft zur Beförderung des Guten und Gemeinnützigen.
Präsident.   Herr Rathsherr Schorndorf.
Sekret.   ·· Abel Merian.

Botanischer Garten. Auf Antrag Herrn Prof. und Doct. de la Chenal hat sich der Magistrat bewegen lassen, den botanischen Garten gemeinnützlicher zu machen, und mit einer Bewohnung für den jeweiligen Professor in der Botanik zu versehen. Zu Unterstützung dieses Instituts hat Hr. de la Chenal sein ganzes Herbarium, worunter das berühmte Bauhinische ist, und eine vollständige botanische Bibliothek verehrt und dem gemeinen Beßten gewiedmet.

Privat-Cabinetter.

Naturalien-Cab.   Herr Prof. d'Annone.
·   ·   ·   ·· Hier. de Nic. Bernoulli.
·   ·   ·   ·· Stiftschafner Dienast.
·   ·   ·   ·· Oberstlieutenant Frey.
·   ·   ·   ·· Joh. de Pet. Sarasin.

Münzen-Cab.   Herr Prof. d'Annone.
  ·   ·   ·   · · Remigius Fäsch.
  ·   ·   ·   · · Pfarrer Falkeisen.
  ·   ·   ·   · · Nicolaus von Reinhard
                     Harscher.
Medaillen-Cab.   Herr Rathsherr Daniel
                     Schorndorf.

   Gemählde- und Kupfer-Cabinet.
Herr Martin Bachofen.
 · · Bürgermeister P. Burkhard.
 · · Ehingers Wittib.
 · · Rathsherr Faesch.
 · · Rechnungsrath Frey.
 · · Pfr. Grynäus.
 · · Rathsherr Heußlers Erben.
 · · Gerichtsherr Hoffmann.
 · · Rathsherr Christian von Mechel.
 · · Emanuel Ryhiner.
 · · Achilles Ryhiner.
 · · Rathsherr Vischer.
 · · J. H. Zäßlin.
Physische Instrumente.   Herr Johann Fürsten-
                               berger.
  ·   ·   ·   ·   ·   · · Doctor Socin.
Kupfer-Verlag.   Herr Rathsherr v. Mechel.
  ·   ·   ·   Jungfer Schmidt.
Schriftgießerey.   Herr Wilhelm Haas.
Medal.u.Graveur. · · Ulrich Samson.
   ·   ·   ·   · · Friedrich Huber.

Buchhändler.　　・・Joh. Jacob Flick.
・・・　　　　・・Joh. Schweighauser.
・・・　　　　・・Carl August Serini
　　　　　　　　　Wittib.
・・・　　　　・・Emanuel Thurneisen.

Freyburg.

Bibliothek der Herren Er-Jesuiten.
・・・　der Abtey Alten-Ryff.

Solothurn.

Oeffentliche Bibliotheck des hohen Standes auf dem Rathhaus.
Präsident. Herr Schultheiß Wallier.
Secretar. ・・Johann Georg Kulli.
Bibliothekar. ・Joseph Schmid.
Der Collegiat-Stift ist mit einer Sammlung von Alterthümern begleitet.
Die Bibliotheck der Väter Convent. S. Francisci besitzet besonders die ältern Ausgaben der Väter, und eine reiche Sammlung der besten Redner.
Die Bibliotheck des Collegii.
Naturalien- und Münz-Cab. Herr Jungrath Wallier von Wendelstorf.
Die grosse Gesellschaft hoher Standesherren und Stiftsgeistlichen auf der Zunft zur Schützen.
Präsident. Hr. Chorhr. Fr. Phil. Gugger.

Schaffhausen.

Bibliothek der Bürger, enthält eine ansehnliche Sammlung gedruckter Bücher.
Bibliothekar. Jkr. Joh. Ludwig Peyer, Statthalter.
— — — Hr. Joh. Christoph Harder, Zunftmeister.

Bibliothek der Herren Geistlichen, in der Hauptkirche zu St. Johann, enthält schäzbare Handschriften der Kirchenväter. Die gedruckten werden izo durch eine Privat-Gesellschaft vermehrt.
Bibliothekar. Hr. Joh. Jacob Altdorfer, jgr. Prof. der Beredsamkeit.

Lese-Bibliothek, von einer Gesellschaft Litteratur-Liebhaber seit wenig Jahren errichtet.
Bibliothekar. Jkr. ImThurn von Girsperg, Vogtrichter.

Gemählde- und Kupferstich-Cab. Hr. Heinr. Ammann.
Herbarium. Hr. D. Joh. Georg Stokar.

Appenzell ausser Rhoden.

Lese-Bibliothek zu Herisau, von einer Gesellschaft Bücher-Liebhabern seit wenig Jahren errichtet.
Präsident.
Bibliothekar. — — Feldprediger Walser.
Secretair. — — Capitain Merz.
Dieser besizet auch ein schönes Cabinet von Gemählden und optischen Maschinen.

Bibliothek über die Natur-Geschichte und eine Sammlung von physikalis. Instrumenten, bey Herrn Landsstatthalter Zellweger von Trogen.

Buchdrucker. Herr Matthias Sturzenegger, Mathematicus und Calenderschreiber von Trogen.

St. Gallen.

Bibliothek der Stift zum Kloster zu St. Gallen, besitzt nebst vielen seltenen Manuscripten und kostbaren Büchern auch ein ansehnliches Münz- und Naturalien-Cabinet.

Burger-Bibliothek der Stadt St. Gallen, besitzt nebst vielen kostbaren Büchern, auch eine schöne Sammlung inländischer Versteinerungen u. Conchylien, u. eine Nachahmung der Stiftshütte.

Inspectores der Bibliothek sind:

Die drey Herren Burgermeister.

Herr Decan Fels.

- - Rathshr. und Seckelmstr. Vernet.

Bibliothekar. Herr Rathsherr Dr. u. Stadtarzt Wartmann.

Adjunct. Bibliothek. Herr Pfarrer Camerár. Wegelin.

Secret. Herr Pfarrer Zollikofer.

Gemählde- und Kupfer-Cab. Jkr. Gonzenbach am Berg.

Buchhändler. Herren Huber u. Comp.
Buchdrucker.   - - Joh. de Aler. Zollikofer.
Herr geheimder Rath und Reichsvogt Gruebler
 in Weil besitzt nebst einem schönen Ge-
 mählde- u. Kupferstich-Cab. eine Samm-
 lung von optischen u. phys. Instrumenten.
Reform. moralische Gesellschaft zu Lichtensteig
 im Toggenburg; daselbst ist auch eine
Lese-Gesellschaft und Bibliothek.
Bibliothekar. Hr. Landschreib. Giezendanner.

Bündten.

Seit 3. Jahren ist in Bündten eine ökonomi-
 sche Gesellschaft errichtet, die jährlich zwey-
 mal zu Chur eine allgem. Versamlung hält.
Director. Herr D. am Stein, in Zizers.
Sekretair. - - Pfarrer Aliesch, in Igis.
Raths-Bibliothek zu Chur, deren Vorsteher ist
 Hr. Ober-Zunftmstr. v. Tscharner.
Münz-Cabin. Hr. Zunftmstr. Peter v. Salis.
  - - -   - - Minister Ulysses v. Salis,
           von Marschlins.
Buchhändler. - - Bernhard Otto, zu Chur.
  - - -   - - Johannes Pfeffer.

Wallis.

Bibliothecken. Die Kloster-Bibliothek zu St. Maurizen besitzet viele interessante Manuscripte.

Herr von Vauteri, General-Capitain im Gouvernement von Montey, besitzet in seiner zahlreichen Bibliotheck viele alte, auf Kalbs-Pergament geschriebene Bücher und Editionen aus dem 15ten Seculo, auch sehr viele Manuscripte.

Müllhausen.

Naturalien-Cab.   Herr D. Hofer.
Münz-Cabinet. - - Bürgerm. Dollfuß.
Handlungs-Institut. Ein sowohl in der Einrichtung als Ausführung, vortrefliche Pflanzschule künftiger Handelsleuthe, in welcher sich würklich gegen 30. Zöglinge befinden.
   Vorstehere davon sind:
Herr Johannes Köchlin.
 - - Nicolaus Thierry, J. U. L.

Biel.

Bibliotheck der Bürger, zu Biel.
 -   -   - der Familie Wildermeth.
Natural- und Gemählde-Cab. Vacat.

Neuenburg.

Bibliotheck (eine ansehnliche) besitzet die Classe von Neuburg in dasiger Stadt.

Seminaria Hr. Profeſſ. Meuron, hat ein Koſt-Seminarium von jungen Leuthen die unter ſeiner Aufſicht ihre erſte Studien und die Humanitäten vollenden können.

Herr Berthoud, hat eine Penſion, um junge Leuthe zur Kaufmannſchaft zu bilden.

Sammlung von Kunſtſtücken in der Mechanik.
   Herr Jacob Droz, zu Chaur de Fonds.

Künſtler in den Gebürgen giebt es ſehr viele welche ſich durch mechaniſche Erfindungen merkwürdig zu machen ſuchen, als Z. E. der Herr Jaquet Droz, zu Lachaur de Fond, und die Herren Perlet, und Jeanneret zu Locle.

Buchhändler. Typograph. Geſellſchaft.
   Herr Fauche.
   - - Girordet zu Locle.

Bistum Baſel.

Bibliothek im Fürſtl. Collegio zu Bruntrut enthält einige raare Bücher.
   In der Abtey Bellelay enthält viele Editionen aus dem 1ſten Seculo, und hat unter itziger Regierung ſehr zugenommen.

Sammlung von Mineralien und Pflanzen.
Herr Gagnebein, M.D. zu Ferriere im Erguel.

Fürſtl. Abtey Muri.

Beſitzt eine anſehnliche Bibliothek aus verſchiedenen Seltenheiten, vorzüglich aber ein Münz-Cabinet.

Gesellschaft: die sogenannte Helvetische zu Olten.

Sie hat ihre Entstehung den berühmten Männern Hrn. Professor Bodmer zu Zürich, Hrn. Franz Urs Balthasar zu Luzern, und Hrn. Doct. Laurenz Zellweger zu Trogen zu danken, die den Entwurf davon gemacht. 1762. kam dieselbe vollends zu Stand, und nahm den Namen der Helvetischen Gesellschaft an. Sie bestehet aus Mitgliedern aus allen Eydgnößischen Cantonen, etwa auch fremden Ehrenmitgliedern; und versammelten sich alljährlich in der Woche vor dem H. Pfingstfest erstlich zu Schinznach, sint 1780. aber zu Olten. Von den Einrichtungen derselben und ihren Verrichtungen wird alljährlich eine Abhandlung geliefert. Der Präsident wird alljährlich von den anwesenden Mitgliedern erwehlt, und ist es dermalen bis in May 1794. Herr Appellationsherr Jacob Sarasin zu Basel, und Secretarius

Militarische Helvetische Gesellschaft zu Arau.

Diese wurde den 22ten May 1779. auch erstlich zu Schinznach errichtet, darauf nach Olten, dann nach Sursee, hernach nach Arau verlegt. Sie bestehet aus Mitgliedern von vornehmen Staabsofficieren und andern Liebhabern des Militärstandes aus der Eydgenoßschaft, und beschäftigen sich vornemlich um das Militäre. Ihre Versammlungen werden jährlich in Junio gehalten. Der Präsident wird alljährlich neu erwehlt oder bestätiget. Dermalen ist es sint 1792.

Herr Landammann und Pannerherr Trachsler, aus Unterwalden nid dem Wald.
    Und Secretarius

I. Kunde

# I.

Kunde für Reisende in das Thal Chamouni.

In Briefen an die Frauen von L**.

(Von Bourrit.)

Erster Brief.

Meine Damen!

Nie werden Sie Ihrer gefühlvollen Spaziergänge auf unsern benachbarten Landgütern müde; die dasigen Aussichten setzen Sie in Entzücken, und der Anblick der hohen Alpen macht in Ihnen das Verlangen rege, dieselben in der Nähe zu betrachten. Sie wünschen sich eine Anweisung, mit der Sie diesen Weg machen könnten, und welche Ihnen Ihre Tagreisen vorzeichnete... Ich wage den Versuch Ihnen eine solche zu geben und nehme mir vor, eine Erzählung von den verschiednen Umständen meiner neusten Reisen auf den Montblanc, und von meinem Durchgang in Piemont über das Eismeer damit zu verbinden *). Chamouni ist, wie Sie wissen, achtzehn Stunden von Genf entfernt; man macht den Weg bis nach Salenche, der 11. Stunden beträgt, mit Fuhrwerk; die Strasse ist gut und die Gegend reich an schönen Ansichten. Sie verreisen am frühen Morgen, und geniessen sogleich einige zierliche Aussichten zwischen den Dörfern Annemaße und Nangi, drittehalb Stunden von Genf. Hier ist der Horizont sehr ausgedehnt; die Berge erscheinen in bestimmter Zeichnung, und nehmen einen sehr majestätischen Charakter an.

Da wird Ihnen Bonneville in der Entfernung von 5. Stunden erscheinen, der

---

*) S. diese von dem Ganzen der gegenwärtigen Anweisung unabhängige Erzählung im Almanach vom J. 1791.

heissesten Sonne ausgesetzt, und Sie werden es bedauern keine Bäume daselbst zu erblicken, welche diese Stadt zugleich verschönern und die grosse Hitze mäßigen würden. --- So leblos sie indessen scheint, so ist sie doch der Sitz des Intendenten von der Provinz; man findet dort Gerichtsbediente, Notarien, Advokaten und ein Gefängniß.... Theurer Howard! Ein Gefängniß! und dieser Ort des Jammers für die Unglücklichen, welche da eingekerkert sind, entgieng deinen Nachforschungen.... Doch ich eile, meine Damen, Ihrem Geiste mehr Vergnügen zu machen, indem ich Sie in das Thal von Cluse einführe.

Man kömmt zwischen zween Bergen in dasselbe; zu Rechten ist der Brezon, 755. Klafter über den Genfer-See erhaben; er besteht aus Kalkfelsen, hat eine schöne Form, und ist mit untermengten zierlich grünen Plätzen bekleidet; sein steiler Gipfel schaut in einen furchtbaren Abgrund hinab. Der Mole, welcher zur Linken steht, ist 760. Klafter hoch; man sieht ihn von Genf aus wie ein Zuckerbrodt gestaltet; und so von Bäumen entblößt, steht seine Naktheit mit seinem Nebenbuhler in starkem Contraste. Der hinterste Theil des Thals schließt sich mit dem Gipfel des Mortine oder Büet, welcher von ewigem Schnee bedeckt wird; seine Höhe beträgt 1538. Klafter über dem Meere; von diesem hab' ich einen Weg auf die Seite des Veltlins entdeckt.

Nach zweyen Stunden gelangt man an das Ende des Thals, welches von allen Seiten eingeschlossen zu seyn scheint. Hier in diesem Hintergrunde liegt die Stadt Cluse; ihre Lage ist mahlerisch, und der Schlund, durch welchen sich die reissende Arve herauswand, hat Schönheiten von hervorstechend wildem Tone.

Ehe wir Cluse verlassen, muß ich Ihnen noch von einem etwas entferntern Thale sprechen, dessen Zugang man sieht ehe man noch auf Cluse kömmt; ich meyne das Thal der Karthause Revosoir. Es liegt in einem Busen schöner Berge, welches das geübteste Auge sonst nicht bemerken würde. Der Weg dahin nimmt seinen Anfang gleich beym Dorfe Sougy, durch einen wilden sich mehrmals krümmenden Schlund; nach anderthalb Stunden aber öffnet sich dem erstaunten Auge das fruchtbarste Thal. Zierliche Wiesen, hie und da hingestreute Hügel, schöne Wälder, ein fischreicher Fluß, Wäidplätze die unter steilen Felsen liegen, und endlich die wohlgebaute Karthause selbst, in der angenehmsten Lage, kurz alles entzückt hier den Reisenden; und die gastfreye Aufnahme der dort wohnenden friedlichen Menschen erhöht noch die süssen Empfindungen, welche dieser Ort erweckt. — Wir wenden uns wieder nach Cluse.

Ich eile schnell durch diese Stadt hin, um in das Thal Maglan zu kommen, das Ihnen in der Mannigfaltigkeit seiner Ansichten neu seyn wird.

Bey dem Dorfe Balme sieht man in einer Höhe von 150. Klaftern den Eingang einer Höhle, die man zwar auch besucht, wohin Sie aber zu gehen nicht in Versuchung kommen dürfen; dagegen werden Sie sich nicht enthalten können die kleinen Wälder zu sehen, welche ganz nahe bey Maglan liegen. Mit Lust werden Sie da die entzückenden, prachtvollen Lagen, die reizenden Wiesen, die niedlichen Bäche, die lieblichen Einsamkeiten durchwandern, und Sie werden da noch die Spuhren der Schönheiten antreffen, die Ihnen vorangegangen sind; auf den Rinden der Bäume werden Sie die Namen derselben lesen und Ihre eigenen selbst, welche die Dankbarkeit und Freundschaft hier eingrub.

Weiter hin von Maglan kommen Sie am Fuße des Nant d'Arpennas, ein schöner Wasserfall besonders zur Regenzeit, vorbey; und nach dreyen Viertelstunden steht Ihnen nun der Mont-Blanc vor dem Gesichte, der Thron eines ewigen Winters, aber ein so majestätisches Theater, daß die Seele davon erschüttert und die Einbildungskraft bestürzt wird. Unter dem Anschaun dieses erstaunenden Gebirgs gehen Sie über die Arve und kommen zu Salenche an.

In dieser Stadt nehmen Sie sich den Baron vom runden Stein zum Führer. Er hat eine sokratische Physiognomie, und läßt sich keine Mühe reuen, Ihnen die schönsten Plätze zu weisen. Er erhielt seinen Titel Baron als er beynahe vom Gipfel des Gletscher Grias herunterstürzte. Er war nämlich aufrecht stehend entschlafen, weniger aus Müdigkeit als wegen der dünnen Luft, welche auf den Höhen so leicht einschlummern macht. Ein Beweis jedoch, meine Damen, daß die Mühen und Gefahren, welche man hier besteht, nicht unbelohnt bleiben! — Seine Baronie liegt nun freylich in einer Höhe von 1550. Klaftern, unter der Spitze des Goute, der 2000. Klafter hoch ist, und enthält nichts als einen Schutt Eis, nebst Haufen von Felstrümmern, welche allenthalben das Bild der Verwüstung darstellen, und erfüllt mit Schrecken und Entsetzen.

Der Gasthof zu Salenche ist gut; allein der Wirth, ein thätiger, verständiger Mann, ist gesonnen denselben nach St. Martin

nahe an die Brücke über die Arve, an
einen angenehmern und bequemern Ort zu
verlegen. Der Beruf eines Gastwirths ist
hier sehr beschwerlich, weil ein solcher auch
die Pferde und Char a Banes, die man
nach Chamouni hinauf benöthigt ist, halten muß. Auch ist es sehr kostspielig, da er
die Pferde sieben bis acht Monathe den Winter hindurch futtern muß, ohne daß sie ihm
das geringste einbringen.

Von Salenche aus sieht man den Mont-
Blanc nicht in seiner ganzen Größe; der
Dome du Goute zeigt sich hier am be-
stimmtesten. Die Berge, welche über diese
Stadt emporstehen, sind sehr schön. Der
Mont-Varens bey St. Martin ist
von oben an bis unten so mannigfaltig aus-
gearbeitet, daß er allein Stoff zu mehrern schönen Gemählden geben könnte. Der
Mont-Dorens, der dem Thale von Re-
posoir gegen über steht, schließt eine weite
Waide und einen Wohnplatz für den Sommer ein, der gleich einer Stadt in Gassen
abgetheilt ist. Dieser Ort, den ich in der
spätern Jahrzeit besuchte, erinnerte mich an
eine arabische Stadt, die man dem Feind
überließ. Wir fanden die Häuser offen,
und in mehrern einiges Geräthe, das man
der allgemeinen Ehrlichkeit anvertraut hatte.

Noch ist die Höle Fraße bemerkenswerth,
wo man sich am Ende der Welt glaubt, und
erstaunt, wie ein so kleiner Raum so mannigfaltige Lagen enthalten kann. Endlich
genießt man vom Mont-Roßet, der
ganz nahe an der Stadt liegt, ebenfalls schöne Aussichten.

Zweyter Brief.
Zweyte Tagreise.

Meine Damen!

Auch von hier begeben Sie sich in großer Frühe des Tages auf den Weg nach Chamouni, der 7. Stunden erfordert.

Eine halbe Stunde von Salenche kömmt man über den Nant-Sauvage. Dieser Strom wird gefährlich wenn es in die Gebirge regnet, und hätte den Fürsten Gallitzin beynahe das Leben gekostet. Er kam auf einen Abend von Chamouni zurück, ritt ein sehr schönes Pferd, es machte üble Witterung, und war schon Nacht, als ich ihn, ohne ihn zu kennen, von der Gefahr dieser Stelle unterrichtete. Allein er wollte seinen Weg fortsetzen, und kam dadurch in die größte Verlegenheit. Er warf sich in tiefe Rünse hinein, wo sein Pferd ohne zu stürzen keinen Schritt weiter thun konnte. Ich komme nach, höre sein Rufen, werfe mich in den Strom, suche ihn; und, als ich ihn erreiche, ziehe ich das Pferd nach mir, von welchem er schon herunter war; endlich half mir das Leuchten des Blitzes ihn retten. --- Allein nun sollten wir uns von Neuem hineinwagen um nach Salenche zu kommen; unsere Furcht war also noch nicht zu Ende, und schon waren wir entschlossen die Nacht bey einem Bauern zu bleiben, als uns der Wirth von Salenche auf einem Pferd und mit einer Laterne zu Hilfe kam. Erst da vernahm ich den Namen des Reisenden und er den meinen. --- Dieß Erkennen war uns sehr angenehm, und wir kamen um halb eilf Uhr in der Nacht nach Salenche.

Nachdem Sie den Strom zurückgelegt haben, so richten Sie Ihre Blicke über die Arve hin auf den Schlund an welchem das Dorf St. Gervais liegt, und durch den man in Tarentaise oder Piemont hinüber geht; der Weg ist aber nur im Sommer offen. Zu Ihrer Linken betrachten Sie die prächtig bekleideten Hügel von Paßi, und genießen den schönen Anblick des Mont-Varens. Endlich werden Sie bemerken, daß die Ebne durch welche Sie reisen in ältern Zeiten ein See war, der einige Aehnlichkeit mit dem Thuner-See gehabt haben muß, den Sie kennen; auch werden Sie sich nicht wundern, daß dieses gebirgigte Land in Zeiten der Unruhen ein Zufluchtsort für Römische Familien war.

Ehe Sie die Anhöhe bey Chede besteigen, sehen Sie einen Wasserfall, welcher, ohne eben von großer Höhe hinabzufallen, sehr schön ist. Auf den See bey Chede müssen Sie Achtung geben, welcher an seinem äussersten Ende eine herrliche Lage hat: ich entdeckte denselben, indem ich einen Wolf verfolgte, der sich auf meinem Wege blicken ließ.

Zu Servoz bemerken Sie die großen Gebäude, welche zu den Bergwerken dienen, die hier beworben werden. Darauf kommen Sie an die Brücke Pelißier, welche in einer großen Manier über die Arve gesprengt ist. Sodann, wenn Sie den in Felsen gehauenen Weg auf Montets erstiegen haben, wo es nicht weniger schön ist, treten Sie in das Chamouni-Thal, das an Mannigfaltigkeiten so reich ist. Der Anblick desselben ist ganz theatralisch; alles darinne überrascht durch seine

Neuheit. Welch ein prächtiger Abstand zwischen dem zarten Grün womit das Thal bekleidet ist, und den vom Eise versilberten Bergen, welche so kühn gestaltet und so majestätisch erhaben sind. Ob es von der Reinheit der Luft oder von ihrer Kälte herrühre, so wird Ihr Auge immer von der Schönheit der Wiesen, welche von dem Dunkelgrün der Tannen noch mehr erhöht wird, gerührt und entzückt werden.

Wären Sie Botanisten oder Mineralogisten, so würden Sie gleich bey Ihrem Eintritt in das Thal Pflanzen bemerken, welche unsern Ebnen fremd sind; Sie würden die Natur der Berge beobachten, ihre Uebergänge von einer Art in die andre, und die neuen Gestalten, in welchen sie sich darstellen. Denn die Berge, zu welchen Sie bis nach Servoz gekommen sind, bestehen aus Kalk- oder Schieferstein; diejenigen hingegen, welche Ihnen jezt vorkommen werden, sind Hornfelsen in mehr und weniger horizontal liegenden Schichten, glasartig, und hiernächst auch Granite. Die ganze Kette des Mont-Blanc, und alle die großen Nadeln, sind von diesem leztern Gestein, und haben senkrechte Lagen.

Hernach kommen Sie an das Waldwasser Nallien, welches durch seine Ueberschwemmungen schon mehrmal großen Jammer angerichtet hat. — Der Curial Paccard, ein ehrwürdiger Greis, verlor sein Leben in demselben, da er eines Tags dem Intendenten entgegengieng. Ich war gerade damals zu Chamouni. Auf die erste Nachricht von diesem Unglück macht' ich mich auf den Weg, und kam endlich, nachdem ich den Strom nicht ohne eigne Lebensgefahr zurückgelegt hatte, durch viele Umwege an die Stelle, wo schon viele Leuthe beysammen waren. Ich eilte aufs neue ins Wasser, zog den gesunkenen Körper heraus, trug ihn in ein benachbartes Haus, und vermuthete noch Leben in ihm, wie es denn auch wirklich war. Ich versuchte deßwegen alles mögliche, was man in diesen Fällen vornimmt, und ich habe Ursache zu glauben, daß er wäre gerettet worden, wenn man ihn früher aus dem Wasser gezogen hätte. Das Thal beweinte seinen Verlust mit Recht, denn er hatte demselben große Dienste geleistet.

Der Strom Grias, welcher jetzt folgt, wird Sie an jenen gräßlichen Sturz meines Cabriolet und meines Pferdes erinnern. *) --- Auch ein drittes Gewässer, das eben so gefährlich wird, hält zuweilen die Reisenden auf ihrem Weg auf. Ich sah daßelbe bey starken Gewittern Holzstämme und Felsbrocken von erstaunender Größe mit sich fortreißen, und seine Ufer in langen Strecken hin verwüsten. Endlich kommen Sie zu der Kapelle Moncuart; und wenn Sie da viele Menschen, und Führer mit ihren eisenbeschlagenen Stöcken bewafnet und im Begriff Fremde auf den Gletscher Boßons zu bringen, antreffen, so halten Sie es ja nicht für eine gerichtliche Ausführung, wie jene Reisende, welche diese Führer für Häscher, einen dabey zu Pferde für eine Gerichtsperson, und die Fremden die sich führen ließen für Missethäter ansahen, die man hinrichten wollte. Ich gestehe, dieser Aufzug hat von Ferne viel ähnliches damit, und erinnert mich oft genug an jenen lustigen Irrthum.

---

*) S. Bourrits größeres Werk über die Savoischen Eisgebirge.

Von hier aus besteigen Sie nun den Gletscher Boßons, bewundern da die Thürme und Pyramiden von Eis und ihren blendenden Glanz, und erstaunen über die Höhe dieser Thürme und Obelisken, welche oft über 100. Fuß beträgt. Kaum werden Sie begreifen, wie sie sich bilden, und wie sie in dem lachenden Thale, so nahe an den Wohnungen und Saatfeldern, bestehen können. --- Vor der Entdeckung dieser Schönheiten, welche ich vor achtzehn Jahren machte, gieng man unter dem Gletscher hin, ohne jene nur zu muthmaaßen. --- Auch werden da ungeheure Granitblöcke Ihre Bewunderung auf sich ziehen, die Sie auf dem Wege durch den Wald hinab antreffen werden. Diese haben sich von der Spitze Midi unter entsetzlichem Getöse und Dampf abgelöst.

Von dem Gletscher Boßons ist der Fleken Chamouni, der den Namen Prieure trägt, nur drey Viertelstunden entfernt. Sie nehmen Ihre Einkehr in dem Gasthofe der Madame Couteran. Sie finden da niedliche Zimmer und rechtschaffne Leuthe. Der andre Gasthof ist indessen nicht weniger gut. Zwey Gasthöfe an einem Orte, welcher so viele Fremde herbeyzieht, sind nicht zu viel. --- Gleich bey Ihrer Ankunft werden Sie von einer Menge von Führern umlagert werden. Allein da mehrere darunter erst sint kurzer Zeit sich diesem Geschäfte wiedmeten, so will ich Ihnen die nennen, denen Sie sich ganz anvertrauen dürfen.

Michel Paccard, Doyen. --- Franz Paccard. --- Peter Balmat. --- Lombard, mit dem Zuname der große Joraße. --- Jaques Balmat, der Mont-Blanc, weil er der erste war der diesen Berg bestieg. --- Jaques Balmat, genannt des Dames, Direktor des Couteranschen Gasthofes. --- Johann Michel Cachat, genannt der Riese. --- Marie Coutet. --- Tournier, genannt der Vogel. --- Carl Charlet, genannt der Merkur. --- Jaques Paccard. --- Nikolaus Paccard. --- Peter Cachat des Pras, genannt l'Aiguille. --- Jaques Coutet, ein Zimmermann --- Nikolaus Balmat. --- Carrier, genannt Bouquet. --- Johann Ludwig Devuassou, der Professor und Baron von Montanvert. ---

Und wenn Sie wissen wollen, meine Damen, welches die Führer sind, denen ich mich auf meinen Bergreisen bediene, so sind es folgende:

Der große Jorasse. --- Cachat, der Riese. --- Tournier, der Vogel. --- Balmat, der Montblanc. --- Balmat, des Dames. --- Charlet, der Merkur. ---

Die weniger bekannten Führer werden Sie mit Erzählungen von Personen die sie geführt hätten, zu gewinnen suchen; der eine wird ihnen eine Herzogin, ein andrer eine Milady nennen, und Sie werden dieselben mit Ihrer gewöhnlichen Güte anhören. --- Gerne lassen Sie sich hier auch folgendes erzählen: Der Erzbischof von Toulouse kam einst mit großem Train und zahlreicher Bedientschaft hier an, hingegen der Fürst Poniatoski, Neffe des Königs von Pohlen, zu Fuß und fragend, ob man ihn aufnehmen wollte? --- Freylich, sagte Madame Couteran, es thäte mir sehr leid, wenn Sie glauben könnten nun würde einen Reisenden zu Fuß und ohne Gefolge weniger gut aufnehmen als einen zu

Pferd. — Diese Antwort nämlich gab die gute Frau, ehe sie den Namen des vornehmen Reisenden wußte.

Dritter Brief.

Meine Damen!

Der grosse Jorasse, oder jeder meiner bekannten sechs Führer, wird Ihnen bey dem Vorhof der Kirche den Gipfel des Mont-Blancs zeigen und die grossen Nadeln benennen.

Wenn Sie indessen, wie ich leicht denken kann, den Mont-Blanc nicht erklimmen wollen, so gehen Sie doch auf den Montanvert, und steigen über das Eismeer herunter, eine Parthie, wozu Sie einen Tag gebrauchen, wenn Sie wieder auf den Arveron hinabsteigen. — Sie fangen ihren Weg auf Maulthieren an, auf welchen Sie ungefehr die Hälfte zurücklegen können. Die anscheinenden Gefahren der Strasse sollen Sie nicht abschrecken; überlassen Sie nur das Thier sich selbst. Sie werden seinen sichern Gang, seine Vorsichtigkeit und Gewandtheit, ohne die mindeste Gefahr, bewundern. Der Weg geht durch die Wälder; oft ist er steil und mit Felsstücken besäet, welche die Schneelauen hieher geschleudert haben. Der Berg ist mit Tannen und Lerchenbäumen besetzt, und Sie werden solche antreffen, welche die heftigen Winde niedergeworfen oder abgebrochen haben. Nach einem Marsche von zwey Stunden geniessen Sie den Anblick der Nadel Drü, ein prächtiger Obelisk, 1422. Klafter hoch über das Thal erhaben; und auf der Höhe des Montanvert wird Sie das größte Erstaunen ergreifen, wenn Sie nun ein Eismeer von vier Stunden lang und über drey Viertelstunden breit vor Augen haben; und Sie werden bemerken, daß sich dieses Thal in der Ferne, hinter zween Bergen, die Ihnen zur Seite sind, in zween verschiedene Zweige verbreitet. --- Welch eine prachtvolle Szene bilden die Berghöhen, die dieses Thal einschliessen; zur Rechten die Charmos, zur Linken der Drü, gegen über der grosse Jorasse und der Riese, die mit ihrem Fusse in Italien stehen.

Majestätischere Gestalten als diese Gebirge haben, giebt es nicht; sie sind ihrem Wesen nach von Granit. Nirgend ist hier die Hand des Menschen eingedrückt; alles Natur in ihrer ersten Urgestalt, eine Denkmünze vom ältesten Gepräge, oder, wenn Sie lieber wollen, es ist das Bild des Chaos und der ersten Vorzeit. Alles wird Ihnen umgeworfen vorkommen; Sie werden sagen: Hier ist abgelebte, aussterbende Natur!

Allein bald werden Sie, meine Damen, erkennen, welche eine grosse Rolle diese Gegenstände auf sich haben; Sie werden sehen unter welch weisen Gesetzen sie stehen, und welch grossen Nutzen sie für die Welt haben. Sie bemerken, daß die Wolken sich auf diesen rohen Berggipfeln niederlassen, dann immer dichter werden, alsdann in Schnee oder Regen herabfallen und so unsern Strömen beständigen Zufluß verschaffen. Sie sehen, daß alles in Bewegung ist; daß das alte Eis dem neuen Platz macht, und daß die schwersten Felsstücke, welche sich von den Bergen abgelöst haben, beständig weiter vorrücken, und so gleichsam eine Schiffarth auf dem Eise machen.

Ich muß Ihnen aber noch von einer merkwürdigen Erscheinung reden, welche Ihrer Aufmerksamkeit gewiß nicht unwerth ist. Sie werden es wohl als etwas sehr Lächerliches ansehen, wenn Ihnen Ihre Führer sagen, daß das Eismeer keine Felsen auf seiner Fläche duldet, und Ihnen gewaltige Brocken weisen werden, die daßelbe über seinen Rand hinausgewälzt hat. Wie ist es möglich, werden Sie denken, daß ein Fels, der in eine tiefe Eisspalte fällt, je wieder ans Tageslicht komme? Sie sollen es näher sehen!

Allervörderst ist es ausgemacht: Die Riße der Eisberge sind Spuhren von dem Fortschritte jedes ihrer Theile; wenn nun ein Felsblock hineinfällt, so muß derselbe entweder wieder daraus hervorkommen oder darinne vergraben bleiben. Geschähe das letztere, so müßte das Eis seiner Natur nach weich seyn, wie etwa die Lava, und die Blöcke würden dann drinne bekleiben, und einsinken durch ihre eigene Last. Allein da das Eis ein fester Körper ist, und seine getrennten Theile sich immer wieder zu vereinigen suchen, so kann diese Annäherung nirgends stärker wirken als in der Tiefe, wo die Trennung am geringsten ist; daher erheben sich die Felsstücke so wie die Spalten sich schließen, und gehen endlich wieder ganz hervor, wenn sich zwey Eisränder wieder vereinigen. Darinn besteht nun dieses ganze Phänomen. Gewiß ist auch, wenn das Eis weich wäre, so blieben die Maßen drinne liegen; allein da daßelbe harter Natur ist so müssen die Felsbrocken, welche von unten auf immer kräftiger gepreßt werden, vermöge dieses Drucks sich immer wieder erheben, und gegen die Höhe angetrieben werden.

Der Schutt welcher sich über dem Gletscher selbst erhebt, wurde ohne Zweifel dahin geworfen und angehäuft, weil der Gletscher in seiner Mitte tiefer ist als an seinen Rändern, oder auch weil er ehedem höher war als nunmehr.

Sie gehen alsdann über das Eis herunter, um hier die seltsamen Höhen und Vertiefungen desselben zu bewundern. --- Doch wir wenden uns noch einmal auf den Gipfel zurück, um von da das Thal zu überschauen.

Nach einer alten Sage führte von einem Ende dieses Thals ein Weg nach Cormayeur, einem Piemontesischen Flecken, herüber. Sint mehr als einem Jahrhundert aber war dieser Paß durch das immer höher werdende Eis gesperrt, bis ihn der Muth des Führers Michel Cachat, dem der Titel des Riesen bleibt, sintdem er die Nadel dieses Namens besiegte, wieder öfnete. Ich will Sie mit der Geschichte dieser Reise unterhalten, unterdessen Sie die vor Ihnen liegenden Gegenstände betrachten.

Ich gieng eine Nacht auf den Montanvert, mit meinem jungen Sohne, Michel Cachat und drey andern Führern. Wir hatten Lebensmittel für zween Tage und eine Leiter von 13. ein halben Fuß lang bey uns, um über die Spalten wegzukommen. --- Morgens darauf kamen wir anderthalb Stunden vor Tag an das Eismeer, und um sieben Uhr erreichten wir den Fuß des Tacul; dieser Theil des Thals war ganz neu beschneyt, und das Wasser in den Rizen gefroren. Um neun Uhr fiengen wir an sehr stark und mühsam über das Eismeer hinzuwandern und über seine Risse wegzuspringen; wir kamen an Tiefen und Eistrümmer, welche Labyrinthen, von Abgründen umgeben, glichen. Kahle Bergrücken, die über unsern Häuptern schwebten, waren die einzigen Auswege, die wir vor uns sahen, und um diesen beyzukommen mußten wir uns Treppen einhauen, die Leiter anstellen und uns an Stricken heraufwinden. Nach ungefehr einer Stunde hatten wir eine Höhe von 300. Fuß erreicht, und befanden uns auf Felswänden die dieser Höhe gleich waren.

Unmöglich könnte ich Ihnen alles Schreckliche dieses Weges, und alle Gefahren schildern, welche wir dabey bestuhnden. Wir konnten unsern Augen kaum trauen: und wenn ich mir dieselben zum voraus hätte vorstellen können, so hätte ich diese Unternehmung gewiß nie gewagt, wenigstens einen jungen vierzehnjährigen Menschen nicht mitgenommen. Nun aber einmal in diese furchtbaren Regionen verirrt, stuhnd es nicht mehr in unserer Willkür den Rückweg zu nehmen; nur durch die Höhen konnten wir uns retten. Wir mußten also die unsäglichste Anstrengung anwenden; jeder Schritt drohte uns den Tod. Wir mußten über Gewölbe und Brücken hinan, welche nur auf zerbrüchliche Fundamente gelehnt in der Luft hiengen, bey deren Anblicke wir zitterten. In manchen Krümmungen und hohlen Wegen hatten wir die größte Mühe unsere Leiter hinzubringen; bald war sie zu kurz und bald zu lang, und doch war sie für uns das einige Rettungsmittel aus diesen grauenvollen Gegenden. Sie war uns so unentbehrlich um die Spitzen und Eiswände zu ersteigen, daß wir uns ihrer in weniger als drey Stunden 38. Male bedienten.

Nach so vieler Arbeit erreichten wir endlich einige Platten zwischen Eisspalten, in deren Tiefe wir nicht ganz hinabsehen konnten. Ihr Anblick setzte uns abermal in Furcht, besonders da sie durch die ganze

Breite des Gletschers wohl eine Stunde
ang hingiengen. Andre dergleichen, die unter Lagen von Schnee verborgen waren, kamen uns auf unserm Wege vor; die Gefahr
in diese hineinzufallen nöthigte uns, einer
an den andern uns fest zu binden. Allein,
auch ungeachtet der klügsten Vorsicht, fiel
Charlat hinein, wie in einen Fallstrick;
er hieng an der Leiter die er trug über einen
400. Fuß tiefen Spalt in der Luft, den
Kopf durch die Stufen empor, so daß er
aussah, wie ein Gefangener in einer Falle.

Gegen ein Uhr erschienen an den Gipfeln
und in den Schlünden des Mont-Blanc
Nebel, durch welche wir hin mußten, und
die immerhin unsre Blicke auf sich zogen.
Diese Wolken machten uns Furcht; denn
ein starker Wind brachte stets mehrere; bald
war der ganze Himmel in Bewegung, und
die Wolken stürzten so schnell über uns her,
daß wir um 2. Uhr den Mont-Blanc
und andre Gipfel ganz aus dem Gesichte verloren. --- Jetzt schien das Eismeer ganz grän-
zenlos, und wurde zum furchtbarsten und
zugleich erhabensten Anblick. Wir glaubten
uns auf den Eismeeren am Nordpol, und
die vom Winde noch mehr erhöhte Kälte
vollendete die Täuschung.

Um 3. Uhr war unsre Lage ganz fürch-
terlich. Als wir keine Gipfel mehr sahen,
so wußten wir nicht, ob wir auf dem rechten Wege wären, da wir keinen Kompaß
bey uns hatten. --- Auch machte uns der
Schnee immer mehr Schwierigkeit, und von
Kälte erstarrten unsere Glieder so, daß wir
nur langsam fortschreiten konnten. Und dennoch sollten wir uns herausziehen. Die Kälte, bey welcher der Thermometer 7. Grade
unter 0. fiel, wurde vollends unerträglich,
und mein Sohn, an dessen Schleyer schon

Eiszapfen eines halben Zolles lang hiengen, fühlte seine Füsse nicht mehr. In dieser äussersten Verlegenheit wendeten sich unsre Führer, welche nicht wußten wohin, bald auf die bald auf-diese Seite, während dem ich, ruhig bey der Leiter stehend, überdachte, wie wir hier die Nacht zubringen könnten, ungeachtet wir 1763. Klafter Höhe hatten. Allein dieß war ein ganz unausführbares Vorhaben, und unsre Führer liefen immer umher um irgend eine Höhe zu erreichen, und zu sehen, wie wir uns aus dieser trostlosen Lage retten könnten, möchte es auch kosten, was es wollte.

Indessen hofft' ich immer noch, der Himmel würde etwa wieder aus den Dünsten, die ihn uns verbargen, hervorgehen; es schien bisweilen, als wollte es heller werden, und dann wurden unsere Augen ganz vom Schnee geblendet; in andern Augenblicken führte der Nebel beynahe vollkommene Nacht herbey. Endlich kam ein Windstoß, verjagte die Wolken, und ließ uns einige Berghöhen sehen. Jetzt gaben uns unsere Führer ein sonderbares Schauspiel; sie rannten wie unsinnig umher, riefen sich zu, und jeder wendete sich gegen den Gipfel, der ihm der nächste schien, und zwar beynahe in gegenseitiger Richtung. Jetzt glaubt' ich mich gänzlich verlassen; einen Augenblick nachher aber erheiterte sich der Himmel; sehr hell gewordene Felsgipfel vereinigten unsre Führer wieder und wir sahen sie dieselben ersteigen, wie man Schiffbrüchige endlich nach langem Umherirren unter grossem Freudengeschrey das Ufer erreichen sieht. — Wir folgten ihnen nach, erklimmten nun alle mit einander diese Gipfel, denen wir jetzt den Namen Rettungs-Felsen gaben, und hatten in diesem Augenblick die unbeschreibliche Freude, Piemont unter dem klarsten Himmel, und den Flecken Cormayeur zu unsern Füssen zu sehn. Alles war vom reinsten Sonnenglanze erheitert; auf einer Seite die Spitzen des St. Bernhard, auf der andern die von Tarentaise, und viele mit Eis bedeckte Gipfel warfen die hellsten Strahlen zurück. So waren wir aus dem traurigsten Zustande mit einmal auf die Höhe von Cormayeur hingekommen. Wir beglückwünschten uns wechselweise, und mein Sohn, der seinen Muth nie fallen ließ, und alle Mühe und Gefahren mit den Führern getheilt hatte, ohne in unnütze Klagen dabey auszubrechen, erhielt die schmeichelhaftesten Lobsprüche. Cachat der Riese verdiente eben so die meinen, für seinen grossen Muth, Standhaftigkeit und Kraft die er hier bewiesen hatte. Dieser eben so gefühlvolle als herzhafte Mann setzte meinen Sohn auf seine Kniee, und übergoß ihn mit den zärtlichsten Liebkosungen.

Hier liessen wir nun unsere Leiter liegen. Hätten die Nebel auf unserm Wege länger angehalten, so hätten wir wahrscheinlichst irgendwo herabstürzen müssen; denn in unsern Irrgängen waren wir an eine Eistafel gekommen, welche über einen entsetzlichen Abgrund hervorsteht und denselben verdeckt. Wir trafen keine Gemsen auf unserm Weg an, obgleich wir in dem Schnee Fußtapfen von solchen bemerkten; und ungeachtet unsrer gefährlichen Lage konnten wir doch nicht umhin, die Gegenstände zu beobachten, die wir da antrafen. Sie erschüttern die Einbildungskraft so heftig, daß sie alle Mühseligkeit, mit der man dahin kömmt, reichlich ersetzen, und ihr Bild bleibt der Seele auf immer eingedrückt. Wir haben auf dem

Eise 13. und über den Berg Fruitier herab fünf und eine halbe Stunde gegangen; es war zehn Uhr Abends als wir in Cormayeur ankamen. Unsern Rückweg nahmen wir über Cité und den St. Bernhard.

Dieß, meine Damen! sind die Abentheuer dieses Tages. Sie sehen einen kleinen Theil dieses Weges am Montanvert; die Spitze des Geant, den Sie über den Charmoz hin erkennen werden, weist Jhnen die Gegend wo wir aus dem Eismeere heraus kamen; denn wir giengen hart am Geant vorüber. — So wurde dieser Paß wieder geöffnet, der in Kriegszeiten wichtig werden kann; denn vermittelst desselben wird es leicht seyn, in einer weit kürzern Zeit als durch irgend einen andern Weg, Briefe nach Turin zu senden und von da wieder zu bekommen. Die Führer haben wirklich auch denselben weniger mühsam gemacht, indem sie ihre Richtung über den Fuß des la Noire hin nehmen, wobey sie die Gefährlichkeiten des Tacul ausweichen konnten. Unlängst haben sie den Vicomte von Serrant diesen Weg geführt. Ein Brief, welchen ich von diesem unerschütterlichen Reisenden erhalten habe, war mir sehr wichtig; ich will Jhnen das Wichtigste daraus mittheilen. — Jch hatte ihn bis auf den Montanvert begleitet, wo wir ihn Herr und Meister von diesen Oertern ließen, und wo er über Nacht bleiben sollte. Wir sendeten ihm Führer mit Lebensmitteln, welche erst gegen Mitternacht zu ihm kamen, und bey Anbruch des Tages betrat er das Eis. Der Weg über la Noire hatte freylich auch große Schwierigkeit; allein die gewandten, starken, tapfern Männer halfen ihm aus jeder Gefahr. — " So wie meine Einbil-

„dungskraft", schreibt er mir, „durch die
„ Gegenstände von solcher Neuheit und von
„ so erhabener Schönheit betroffen war, so
„ neu waren mir meine eigenen in dieser
„ Atmosphäre weit feiner gewordenen Ge-
„ fühle. Wandt' ich dann meine Aufmerk-
„ samkeit von mir selbst ab, so fiel sie na-
„ türlich auf die Menschen, welche um mich
„ waren; ich fand an ihnen nicht das schmei-
„ chelhafte und kriechende Wesen, welches
„ bezahlte Leuthe sonst gewöhnlich an sich
„ nehmen, und von den Reichen mit so viel
„ Stolz gefordert wird, sondern die größte
„ Offenheit, Herzlichkeit und Entschlossen-
„ heit, ihr Leben für die Erhaltung des
„ meinen zu wagen; und ich, hier an einem
„ so verlassenen Orte der Natur wieder nä-
„ her gekommen, sagte mir: Was hülfe
„ mir mein Geld, wenn diese Leuthe mich
„ mir selbst überlassen würden? Ohne Sie
„ ferner mit Beobachtungen aufzuhalten,
„ welche mir die Umstände und der Ort an
„ die Hand gaben, will ich Ihnen nur sa-
„ gen, daß wir uns nach einigen Augenbli-
„ cken Ruhe in Glieder stellten, und so hin-
„ ter einander giengen. Die vier ersten wa-
„ ren an demselben Stricke mit einander
„ verbunden, um den Eisspalten zu entge-
„ hen, welche unter frischem Schnee ver-
„ deckt lagen, und immer öfter vorkamen.
„ Ich selbst schloß die Truppe zwischen Mi-
„ chel Cachat und Marie Coutet,
„ welche besonders für meine Person Sorge
„ zu tragen hatten. Sie kennen diese Män-
„ ner und wissen was sie an mir thaten;
„ alle zehn Schritte einmal hatt' ich ihnen
„ das Leben zu danken. Unterdessen fieng
„ die Sonne an ihre Strahlen senkrecht auf
„ den Schnee zu schießen, und ihr Wieder-
„ prellen verbrannte uns Gesicht und Hände;

„ meine Augen entzündeten sich, ungeachtet
„ ich mich mit einem Schleyer verwahrt hatte,
„ daß ich beynahe nichts mehr sehen konnte;
„ die dünne Luft griff mir die Brust an, so
„ daß ich oft stillstehen mußte Athem zu
„ schöpfen. Indem ich über eine Spalte hin-
„ sprang, spißt' ich meinen Hut an meinen
„ Stock; der Wind that das übrige, und
„ bald lag er in einer grossen Tiefe --- eine
„ Beute, an der sich wohl niemand vergrei-
„ fen wird. Wir kamen an den Geant,
„ und nach anderthalb Stunden erreichten
„ wir die Hütte des Herrn von Saussüre,
„ welche wir in sehr zerrüttetem Zustande,
„ und von den Winden abgedeckt fanden,
„ und wo ausser einem hölzernen elenden
„ Stuhl kein anderes Geräth war; ich sah
„ sie als einen Tempel der Liebe zu den
„ Wissenschaften geweyht an, wo ich den
„ Arbeiten solch unermüdeter Beobachter
„ huldigte, welche, wie Sie und Er, mit
„ Nichtachtung aller Gefahr, ihre Zeit und
„ Sorgen, und vielleicht selbst ihre Gesund-
„ heit aufopfern, um die Menschen über die
„ Wunder der Natur zu erleuchten. Auf
„ unserm ganzen Wege über das Eismeer
„ sahen wir keinen Vogel; sie wagen sich
„ nicht hieher, und fliehen die Kälte des
„ Winters mitten im Sommer. Nur einen
„ todten Sommervogel fanden wir auf dem
„ Eise liegend. --- Endlich stiegen wir in
„ 4. Stunden durch einen gähen und bösen
„ Weg nach Cormayeur herunter, doch
„ ohne Gefahr, Dank sey es der Sorgfalt
„ der Führer, die eben so stark als vorsich-
„ tig waren. „

Dieses sind die wichtigsten Nachrichten von
der Reise des Herrn von Serrant. Er
hatte nur eine schlechte Leiter bey sich; die
Führer aber hoffen, die wieder anzutreffen,

welche ich gehabt hatte; auch fanden sie
dieselbe wirklich auf den Felsen des la
Noire noch in gutem Zustande. — Während dem nun der Herr von Serrant
die wüsten Gegenden durchwanderte, hofft'
ich ihm vom Col de Balme aus nachsehen zu können, und der Herr Marechal
von Castres, der gleichfalls da war,
würde eben so gerne Augenzeuge von dem
Muth eines Franzosen gewesen seyn; allein
wir kamen mit unsern Beobachtungen zu
spähte; Herr von Serrant war schon
weiter als wir sehen konnten, da wir unser
Telescop nach ihm richteten.

Ehe Sie vom Montanvert heruntersteigen, werden Sie den Anfang eines Thals
bemerken, welches sich zur Linken ausdehnt;
hier waren die Gränzen unsrer Reisen vor
der Entdeckung des Weges über den Geant.
Dieser Theil des Eismeers enthält große
Schönheiten. Es werden da Krystalle und
die seltensten Pflanzen gefunden. — Uebrigens ist der Montanvert, den Sie besteigen werden, 428. Klafter über Chamouni
und 954. über dem Meer erhaben. Diese
Höhe erleichtert den Weg für die zartesten
Personen ungemein; man verwundert sich
ordentlich über die Kraft, mit welcher man
durch die Felsen herauf und heruntersteigt,
wo man auf der Ebne ohne äusserste Ermüdung nicht eine Stunde gehen konnte.

Vierter Brief.

Meine Damen!

Die meisten Reisenden, welche auf den Montanvert gehen, steigen auf einem gähen Wege über den Arveron herunter. Ich will annehmen, Sie gehen diesen Weg.

So wie Sie an den Arveron kommen und über denselben gesetzt haben, kommen Sie durch einen Lerchenwald, und haben gleich eins der schönsten Schauspiele vor Augen. Sie sehen nämlich ein grosses Gebirg von frischem Eise, mit durchsichtigen Spitzen gekrönt, welche überhangen, und auf einer langen Granitmauer ruhen, über die sich hie und da Wasserfaden hinabsenken. In der Tiefe erblicken Sie eine prächtige Höhle von Eis von blauer in etwas Meergrün fallender Färbe, aus welcher der Arveron schäumend hervorbricht. Auch wird diese Höhle noch durch mannigfaltige Spalten geziert, welche die Einbildungskraft an jene reitzenden Feengrotten, und aus Gold und Silber bestehende Götterwohnungen erinnert. Die Eis- und Felsbrocken, welche der Strom mit sich fortwälzt, verursachen ein scharfes gebrochenes Geheul, das aus dem Innersten der Höhle selbst herzukommen scheint. Alles hier ist idealisch. Sie werden diese Schönheiten näher beschauen wollen und an die Mauern hintretten, auf welchen das Gewölbe ruht; da werden Sie grosse Massen erblicken, welche in der Luft hangen, und von der geringsten Erschütterung herabzufallen bereit sind. Trümmer aller Arten liegen um Sie her, und sagen Ihnen was alle Theile dieses schönen Werkes werden müssen, welches sich jeden Sommer zerstört und jeden Winter wieder aufbaut. Allein eben unterdeß die Höhle sich bildet, zerreissen die Spalten ihren Gipfel, und dann wird dieß Schauspiel schreckenvoll. Der Moment des Sturzes ist wahrhaft gräßlich; der Strom wird dadurch gedämmt, siegt aber bald über alle Hindernisse und reißt die angehäuften Fels- und Eisbrocken mit sich fort; alles zittert und brüllt dann, alles ist in Bewegung; es ist ein wahres Bild der Verwüstung.

Ich war einmal mit einer Hofdame der Kayserin Maria Theresia dabey. Kaum standen wir vor dem Gebäude, so fiel sein oberster Theil herunter; der Strom wurde ganz verschlungen und die Höhle verschlossen. Unbeweglich und stillschweigend bewunderten wir diese Scene, als ein Getöse wie das eines Gewitters sich hören ließ, indem das Wasser sich eine Bahn brach und wir die Trümmer sich erheben, in Bewegung setzen, und über einander fortwälzen sahen. Wir hatten Eile zu flüchten; der Eisgang verfolgte uns, und bald sahen wir den Platz; wo wir gestanden, vom Strome überschwemmt und ganz bedeckt.

Hier werden Sie auch unermeßlich grosse Granitstücke sehen; sie kommen meist von den Berggipfeln, selbst von solchen die sehr weit von dem Eismeere entfernt sind, herab, und eben das Eis schiebt sie weiter fort; denn Sie erinnern sich, daß jeder Theil des Eismeers zuletzt an den Arveron gelangt, im Sommer da schmelzt, und dem folgenden Platz macht. Unter den Trümmern findet man sehr schöne Kieseln, nicht selten auch Krystallen. Endlich, meine Damen! kommen Sie auf einem angenehmen Wege nach Chamouni, und geniessen noch bey

Sonnenuntergang den herrlichen Anblick der vergoldeten Nadeln und des purpurnen Mont-Blanc.

Fünfter Brief.

Meine Damen!

Ich habe in meinen Schriften die schönen Aussichten geschildert, die man vom Chapeau her genießt, und zumal diesen Ort besonders für Personen angezeigt, die den Montanvert nicht besteigen könnten; allein da man sich auf diesen letztern auch kann tragen lassen, so fängt man an, den Chapeau weniger zu besuchen. Andere Gegenstände verdienen nun wirklich den Vorzug, und ich rathe Ihnen vielmehr die Aiguille *) zu erklimmen, wohin man auch auf Maulthieren leicht kommen kann. — Hier genießen Sie eine über alles schöne Aussicht, derjenigen ziemlich ähnlich, welche man auf dem Breven hat. Gleich vor sich haben Sie den Mont-Blanc und sehen seine volle Ausdehnung, und die ganze Strecke, welche sich vom Breven an bis an den Gipfel des Buet verbreitet. Diese

---

*) Ich werde hier nicht alle die Plätze beschreiben, welche verdienen gesehen zu werden; ich habe es in meinen übrigen Schriften gethan. Aber verwundern muß ich mich, daß die Reisenden die Gletscher nicht besuchen, welche unter den Nadeln liegen, wo ihnen die prächtigsten Lagen, Seen und Verheerungen vorkommen würden. Man sehe die neueste Ausgabe meiner Descriptions, Tom. I, p. 138.

Gegend voll Waidplätze und Felsen wird Ihnen vorkommen, wie eine andere Welt, weil sie so viel Widersprechendes vereinigt, und voll Verwirrung zu seyn scheint. Sie werden hier den hellsten ruhigsten See erblicken; und wenn Sie ein Geröse hören wollen, ungefähr gleich dem, welches ein Regiment Cavallerie verursacht, so dürfen Sie nur an die Ufer desselben herabgehen und zween Steine an einander schlagen.

Sie werden den Flecken Chamouni nicht verlassen, ohne noch in den niedlichen Wäldern am Rande der Arve spatzieren zu gehn. Sie finden da im Verborgenen die angenehmsten Wiesen; werden auch meine bescheidene Wohnung hier antreffen, und gestehen daß ihre Lage eine der seltensten ist. Hier find' ich Ruhe und Glück zum Ersatz für die Mühe die ich auf mich nahm, die Wunder dieses Landes bekannt und genießbar zu machen. Vor mir hatte Chamouni nicht das geringste Anziehende. Auf meinen ersten Reisen dahin fand ich noch keine Zimmer und mußte auf dem Heuboden schlafen; noch war nirgend kein Stuhl mit einer Rücklehne, man hatte nur hölzerne Schemel; man mußte sich noch bequemen Fastenspeisen zu essen, und lange mußt' ich um Fleischspeisen essen zu dürfen die Dispensation des Bischofs, Herrn von Biord, bey mir tragen, von welchem ich eine solche zu Gunsten der Fremden verlangte und erhielt. — Auch mußten sich die Reisenden beym Eintritt in das Land der Visitation unterwerfen; und der Weg endlich war enge und von Felsstücken übersäet, die von den Bergen herabfallen. Jetzt hat sich, wie Sie sehen werden, alles sehr geändert. Bis auf Chede ist eine fürtreffliche Strasse, der Tisch gut, die Zimmer angenehm; man unterläßt gar nichts die Reisenden zu erleichtern; auch kommen dieselben jeden Sommer in beträchtlicher Anzahl, und sie werden sich immer vermehren, so wie der Geschmack an der schönen Natur und an den Wissenschaften zunimmt. Glauben Sie wohl, meine Damen! daß Personen, welche von Jugend auf mit Engbrüstigkeit behaftet waren, hier gar nichts davon spührten, und daß kurzsichtige Augen hier beträchtliche Stärkung erhielten *). Auch die geistigen Gefühle werden da nach vielfältiger Erfahrung sanfter; Haß, der vom Partheygeist herrührt, stumpft sich hier ab und wird duldsam. Zärtlichkeit, Güte, Menschenliebe, äussern sich auch bey Characktern, welche entfernt davon scheinen; und es ist unmöglich, nicht alles dieses zu bemerken.

Wenn auch das Thal bey seinem ersten Anblick enge zu seyn scheint, so bemerkt man doch bald seine weite Ausdehnung, wenn man dagegen die Höhen umher ins Aug faßt. Wie geräumig wird es Ihnen vorkommen, wenn Sie dasselbe mit der Sehröhre durchwandern. Welche mannigfaltige Auftritte, Gegenden und Lagen? Und wenn Sie noch, mit diesen Beobachtungen der Bergphänomene, die mannigfaltige Spielung des Lichts und der Sonne und das magische Schauspiel der Wolken verbinden, so werden Sie gestehen, daß es keine ab-

---

*) Eine holländische Demoiselle, die dieser Krankheit von Jugend an unterworfen war, spührte auf dem Montanvert nichts mehr davon; und der Herr von Serrant, der nicht die besten Augen hat, erstaunte über die Veränderung, die mit seinem Gesichte auf derselben Höhe vorgieng.

wechselndere Gegenstände geben kann. Es ist
Thatsache, daß die Reise von Genf nach
Chamouni, die man oft in Einem Tage
macht, mehr Verschiedenheit hat als die
Reise von Paris nach Genf; und wenn
man in diesem Einen Tage nach Chamouni kömmt, so scheint derselbe so lange, und
der Morgen z. B. liegt des Abends dem
Gedächtnisse schon so weit zurück, daß man
alle Erinnerungskraft anwenden muß, sich
die vielfachen Eindrücke desselben zu wieder-
holen.

Sechster Brief.

Meine Damen!

Nach Ihren Wanderungen soll ich Sie nun
einladen, auch die Sitten der hiesigen Einwohner kennen zu lernen. Sie werden bey
denselben besonders viel natürlichen Verstand
antreffen, und bemerken daß sie von dem
Aberglauben frey sind, der die Landleuthe
sonst meistentheils irre führt und beunru-
higt. Sie haben viel Offenherzigkeit, Kraft-
gefühl, selbst einen gewissen Grad von Feinheit. Unter den Führern hat es, welche
Kenntnisse in der Naturgeschichte und Astro-
nomie besitzen, die sie von den Gelehrten
erhielten, mit denen sie reisten. Michel
Paccard, Peter Balmat, und der
grosse Jorasse sind darinn am weite-
sten gekommen.

Ueberhaupt sind die Leuthe gut gestaltet,
haben viel Herz, sind ganz unerschrocken auf
ihren Reisen, hochherzig, und bey Gelegen-
heiten selbst großmüthig. Michel Cachat
besonders zeichnet sich durch diese Vorzüge
aus. Jorasse und Jaques des Da-

m e s besitzen dabey eine Sanftheit und Klugheit, die ihnen ganz eigen ist.

Die Weibspersonen haben meist niedliche Gesichtsbildungen; sind sehr arbeitsam, und besitzen eine gesunde Urtheilskraft. Sie sind es meist, welche ihre Kinder bis ins zwölfte oder vierzehnte Jahr erziehen, wo dieselben schon aufhören solche zu seyn.

Beträchtlicher Reichthum findet sich da nicht; auch hat es Arme unter ihnen. Für die Verständigsten aus ihnen ist das Führer-Geschäft eine gute Erwerbs-Quelle. Allein eben dieses erweckt Eifersucht; und es ist zu befürchten, diese arge Leidenschaft breite sich aus, und erwecke immer mehr andere, die den ursprünglichen guten und edelmüthigen Charakter dieses Volks verderben müßten.

Sint zwanzig Jahren nahm die Bevölkerung des Thals um einen Drittheil zu; wodurch auch die Menge der Lebensmittel einen beträchtlichen Zuwachs bekam. Man hat Wälder ausgereutet; und da die Strassen verbessert sind, so wird der Butter-Käse- Honig- und Viehhandel dadurch erleichtert. Die Krystallen, von welchen einige Führer sich jährlich ganze Sammlungen machen, finden ebenfalls Liebhaber. Die Belohnung der Führer endlich ist bekannt. Ich beredete sie, dieselbe in gemeinsamem Rath festzusetzen, und sie verbanden sich feyerlich, ihrer dießfälligen Uebereinkunft pünktlich nachzukommen. Dieß war eine unumgänglich nothwendige Vorsicht, über welche der König von Sardinien mir wirklich sein Wohlgefallen zu bezeugen geruhte.

Der Honig von Chamouni verdient seinen ausgezeichneten Ruf; denn er ist wirklich vortreflich, gekörnt, und noch weisser als der von Narbonne. Medizinische Pflanzen giebt es hier in Menge; die welche an den erhabensten Orten wachsen, wie la Careline und les Genepis, sind bewährte Mittel in Seitenstechen. Zugvögel sind da selten; hingegen wohnen die Raben und Auerhähne zahlreich auf diesen Höhen. Die Wälder nähren Kaninchen, weiße Hasen, Füchse, Marder und Hermeline, und auf den Felsen leben Murmelthiere und Gämse.

Siebenter Brief.

Meine Damen!

Jetzt wollten wir denn einmal den Col de Balme besteigen; allein hiezu müssen Sie Maulthiere nehmen. Dieser Berg ist einer der besuchtesten, sintdem ich seine Schönheiten in meinen frühern Werken beschrieben habe. Auf dem Wege sehen Sie die schönen Gletscher Argentiere und du Tour; Sie kommen über grosse Waiden an die Quellen der Arve, die aber gegenwärtig nur kleine Bächlein sind, über welche man leicht hinschreitet.

Während dem Sie diesen Berg besteigen, erinnern Sie sich, daß eine junge Dame aus Hamburg *) im Winter 1789. vom Thal bis zum Gipfel desselben zu Fusse gieng, da ein fünf Fuß hoher Schnee lag; die Luft war hille und die Kälte erträglich, da hingegen das Thermometer in der Tiefe

---

*) Der grosse Jorasse, der ihr und des Freyherrn und Grafen von Görz, Bevollmächtigten Ministers Sr. Königl. und Kurfürstl. Hoheit von Kölln Führer war, erhielt zu seiner Belohnung eine sehr schöne goldne Medaille mit den Insignien dieses Fürsten.

8. Grade unter o. stuhnd. Sollte es vielleicht wahr seyn, daß die Luft in der Höhe gemäßigter wäre? Allein andern auf dem Mont-Blanc in demselben Monath gemachten Erfahrungen zufolge, war ein Unterschied von 12 Graden; es läßt sich also darüber nichts bestimmen.

Die Gegend, durch welche Sie jetzt kommen, ist unerschöpflich an den mannigfaltigsten und verschiedensten Gegenständen. Auf die lachendsten lieblichsten Ansichten folgen Schönheiten erhabnerer Art; und Ihre Augen, an die prächtigen Bekleidungen der Berge gewöhnt, werden erstaunen über die anscheinende Einförmigkeit des unermeßlichen Rückens vom Col de Balme. Sie werden ihn aber nicht öde finden, sondern Sie treffen viele Heerden und Sennhütten da an, wo man fürtreffliche Käse macht. So werden Sie auch mit Lust Ihnen junge Hirten entgegenlaufen sehen, deren blühende Farbe ihre Gesundheit verkündigt. Und je näher Sie dem Gipfel kommen, desto muntrer und leichter werden Sie sich fühlen, besonders wenn der Himmel hell ist. Es giebt aber auch Tage wo der Wind zu kalt ist, als daß man hier alles nach Wunsch geniessen könnte.

Dieser Berg veranlaßte auch schon, gleich dem Montanvert, die seltensten Zusammenkünfte. An dem Tage, an welchem der Marechal von Castres den berühmten Sieg bey Crevelt davon trug, ließ ihm ein damals zehnjähriges Mädchen ein Gedicht überreichen, und wurde ihm nachgehends vorgestellt. Sint' dieser Zeit hatte sie keinen Anlaß ihren Helden wieder zu sehen, und durft' es auch nicht hoffen. Als aber die Revolution in Holland ausbrach, reiste sie in die Schweitz und nach Genf, und die französische Revolution zog den Marechal dahin. Zufälliger Weise kamen sie beyde zu gleicher Zeit nach Chamouni, und auf denselben Tag, an dem der Marechal auf den Col de Balme stieg, kam auch dieses Frauenzimmer dahin, und trafen sie sich hier auf diesem Alpengipfel, in einer Höhe von 1181. Klaftern. Ich selbst war Zeuge dieses glücklichen Zufalls, und erinnerte mich dabey eines andern nicht weniger merkwürdigen. Zwey Eheleute nämlich, die sich vor langer Zeit scheiden liessen, und einander immer auswichen, trafen auf diesem Gipfel zusammen, begrüßten und sprachen sich; und eine Tochter, die erste Frucht ihrer Verbindung, hatte einmal nun in ihrem Leben das Vergnügen, die Urheber ihres Daseyns sich umarmen zu sehen. Um die ausgedehnteste Aussicht zu geniessen, steigen Sie bis an den Gränzstein zwischen Savoyen und Wallis. Hier an diesem wahrhaft prachtvollen Standpunkte haben Sie Wallis mit der da hindurch fliessenden Rhone zu ihren Füssen, und bewundern die grosse Kette von den Eisbergen des Gemmi, des Grimsel, der Furka, des St. Gotthards, die sich bis in eine Ferne von 40. Stunden hinziehen: Und wenn Sie sich gegen den Mont-Blanc wenden, so wird Sie auch hier sein majestätischer Anblick in Erstaunen setzen; seine unermeßliche Höhe wird Ihnen eben so bewundernswerth vorkommen, als die gewaltigen Betten von Eis, die er von allen Seiten gleichsam herabgießt. Betrachten Sie hiernächst die Nadeln, und lenken die Sehröhre auf den Fuß der Charmos, so bemerken Sie da Felsmassen, die ihnen vollkommen wie eine Festung mit ihren Bastionen vorkommen werden, und welche ganz in dem Winkel des Weges nach dem Tacul liegt. Es ist das Schönste, was Sie hier beobachten können, und was doch bis dahin den meisten Reisenden entgieng. Auch kommen Ihnen die senkrechten Fels-Massen vor, die sich aus dem Thal Aosta erheben; und ganz deutlich werden Sie die von jener Maße gebildeten Thäler und prächtigen Tiefen erkennen. Wenden Sie sich endlich nach Valorsine, so bitt' ich Sie, mit Aufmerksamkeit die Gipfel zu betrachten, welche über dieses Thal emporstehen. Sie sehen da zuvörderst die Spitze des Mortine, und den Weg den ich dahin entdeckt habe *); und wenn Sie dann die Kette dieser Höhe verfolgen, welche am Dent du Midi über St. Moriz in Wallis sich endigt, so sehen Sie bedeckte Wege die auf Weiden von der allerbesondersten Lage hinführen; denn jetzt bilden sie länglichte Straßen, dann geräumige Plätze und das zierlichste Grün. Hierhin flüchten sich die Gemse, wenn die Irten mit ihren Heerden davon abgetretten sind. Es sind die mahlerischsten Gegenden, die ich je in meinem Leben sah. Welche Größe und Majestät in allen diesen Gegenständen? Und wenn Sie von neuem Ihre Blicke auf den Paß zu dem Tacul hinwenden, wo alles Schreckbare sich zusammengedrängt zu haben scheint, so können Sie nicht anders als diese Gegenden wie einen Schauplatz des todten Stillschweigens und der Lebenlosigkeit ansehen. Allein, wie ich schon anderwerts gesagt habe, auch hier in diesen Gegenden des Todes, in diesen unnutzlichen Eis- und Schneelagern, herrscht

---

*) Vom Col de Balme glaub' ich diese Spitze endlich nach neun Tagen Forschens entdeckt zu haben.

eine bewundernswürdige Verbindung aller ihrer Theile mit dem Ganzen; ein so regelmäßiger, feststehender Mechanismus wie jener der Himmelskörper, unentbehrlich für alle Produkte der Natur. Denn hier gewinnen die in der grossen Athmosphäre hin zerstreuten Wolken ihre Gestalt, ziehen sich zusammen und häufen sich, um von da ihren Flug zu beginnen und den Horizont zu überziehen, und sodann in Schnee niederzufallen und diese scheußlichen Thäler zu bilden zu ewigen Vorrathskammern für unsere Quellen, Brunnen und Flüsse. Endlich wenn diese Gebirge das Gewässer des Himmels auf ihren Gipfeln angehäuft haben und von demselben nun weiß bekleidet sind, so werden sie auch noch zum Punkt, wo sich die Winde und die Gewitter versammeln, wo die schädlichen Dünste sich reinigen, die bey ihrem Durchgang durch diese Eisbehälter die Salze an sich ziehen, welche sie vor der Fäulniß bewahren.

Wollen Sie selbst, aus eigener Erfahrung, Spuhren der Weisheit des Schöpfers in der Bildung der Gebirge sehen — Sie finden auf dem Col verschiedene Vertiefungen, welche eben so viele kleine Seen ausmachen. Man setze, diese wären nun nicht da, so gäbe man sogleich das in den Berghöhen so häufig fallende Regenwasser in reissenden Strömen über unsere Thäler ausbrechen und dieselben unversehens überschwemmen. So aber fassen diese Gruben und Vertiefungen das Wasser auf, vertheilen es auf verschiedene Plätze, und werden zu gleicher Zeit eben so viele Behältnisse auf trockene Zeiten; denn es ist unzweifelhaft, daß die Flüsse, welche nie versiegen, ihr Wasser von diesen Behältern her bekommen. Diese Berghälse und ihre Kämme, die man sich freylich weniger mühsam wünschte, dienen also das Wasser auf verschiedene Länder hin zu leiten. Sehen Sie wie alle die Wasserfaden, welche vom Col herabkommen, die einen ihre Richtung gegen Wallis nehmen um sich mit der Rhone zu vereinigen, die andern gegen Chamouni um die Arve zu bilden. Sehen Sie, wie die Bäche und Ströme, welche vom St. Gotthard herabfallen, die einen nach Italien hinlenken um dem Po, die andern nach der Schweitz um dem Rhein seinen Ursprung zu geben. Welche Weisheit liegt in dieser Vertheilung, und welche Fürsorge auf die verschiedenen Jahrszeiten? So sind auch die mit ewigem Schnee bedeckten Höhen und die Eisthäler ebenfalls zu beständigen Vorrathskammern für das Wasser bestimmt. Sie haben in meiner Beschreibung der pennirischen Alpen gelesen, wozu der grosse Gletscher des Valsoret dient, aus welchem die Drance entspringt. Ist wohl in der Welt eine wunderbarere Maschine, und die zugleich in ihren Wirkungen so sicher wäre? Wie mußt' ich erstaunen und bewundern, da ich mich in die Tiefe dieses Gletschers wagte, unter Eisgewölbe die bey 100. Fuß über mein Haupt emporragten, und sah, wie dieses Gebäude einig dazu da ist, das Wasser zu sammeln und hier aufzubehalten. Bisweilen stürzen die Eistafeln, woraus der Behälter besteht, zusammen, und alsdann tretten die Wasser aus und überschwemmen die niedrigen Thäler; sintdem man aber die Ursache davon kennt, geht man den Gletscher in Augenschein zu nehmen, und macht Sicherheits-Anstalten, wenn er einen solchen Fall droht.

Obgleich der Col de Balme zu einem Paß in Wallis hinüber geworden ist, so bedienen sich dennoch nicht alle Reisende desselben, weil er für Pferde zu mühsam wird. Mehrere nehmen daher ihren Weg über Valorsine und Tete noire, welcher auf eine andre Weise schön ist. Derselbe erweckt besonders in seiner schauerlichen Pracht an Abgründen und Felsmassen die Bewunderung der Mahler und Zeichner. Es finden sich da alle möglichen Contraste, und man erstaunt, neben den alterwildesten Gegenständen bepflanzte Terrassen und Wohnungen auf Abhängen von Bergen anzutreffen, zu welchen man ohne Fußangel nicht kommen kann. Der Waldbach la Noire, welchen man mehr als 1000. Fuß unter dem Wege hinfließen sieht, hat verschiedene fürchterliche und zugleich erhabene Ansichten. Nichts desto weniger ist dieser Weg sicher, so daß ich kein Bedenken hatte, denselben zwischen 9. und 11. Uhr des Nachts zu machen. Schwarze von den Höhen herab gerollte Felsen und umgeworfene Bäume hindern selbst beladene Maulthiere nicht in ihrem Marsche bey Nacht wie bey Tage. Man kann es in der That kaum glauben, wenn man diesen rohen, gähen, über so viele Abgründe hin schwebenden Weg sieht. Er fängt bey Valorsine an, und erreicht sein Ende nach 3. Stunden nahe bey Trian.

Der Weg über den Mortine oder Buet (denn der Berg trägt beyde Namen) nimmt seinen Anfang bey Valorsine, und geht durch einen wilden Schlund, Berard genannt, hin. Sie werden denselben zwar nicht machen; indessen da die Spitze des Bergs ganz ungewöhnliche Aussichten in die Alpen so wohl als in die Ebnen darbietet, so erlauben Sie mir noch einen besondern Brief darüber.

Achter Brief.

Meine Damen!

Der mit Schnee bedeckte Theil des Berges fängt erst zwey Stunden unter dem Gipfel an *). Seine Höhe ist 1538. Klafter über dem Meere; also ein weiter Weg da hinan; indeß vergütet das prächtige Dunkelblau des Himmels, welches ein Ausdruck seiner Unermeßlichkeit ist, und eine unbeschreiblich grosse Empfindung erweckt, alle Mühe des Hinaufklimmens.

Von dem Gipfel dieses Berges verursacht der Anblick der drohenden Felsen mit ewigem Schnee bedeckt, und der furchtbaren Gletscher, Grausen; und dasselbe verstärkt sich noch durch die Gefühle, welche das Anschauen so vieler nie gesehenen, ungestalten, öden Gegenstände erregt.

Mit diesem erschütternden Schauspiel vereinigt sich denn noch der Aufgang der Sonne. Ehe sie ihre ersten Strahlen von sich giebt, scheint alles ruhig und stille; gleich hernach aber steht in einem Augenblicke eine Strecke

---

*) Von Chamouni nach Valorsine sind 3. Stunden; von Valorsine bis an den Hirtenstein in der Tiefe Berard, 2. von diesem Stein bis zu der Table au Chantre (Sängertafel) 2. und von da bis auf den Gipfel ebenfalls, noch 2. Den Namen Table au Chantre gab man gewissen Felsen, welche mitten aus dem Schnee hervorgehen; und dieß daher, weil ich auf meiner ersten Reise hier ausruhte. (Herr Bourrit ist nämlich Domsänger zu Genf.)

von Eisbergen auf 120 Stunden lang wie in einem allgemeinen Brande; jeder Gipfel ist ein Volkan, jede Tiefe dazwischen, ein Strom von Licht und Feuer; und diese Scene, die man sich nur mit dem Getöse des Einsturzes aller dieser Berge denken kann, geht in dem tiefsten Stillschweigen vor. Ein täuschenderes, majestätischeres, prachtvolleres Gemählde findet sich nicht. Welchen Begriff giebt es nicht von dem höchsten Wesen, und von den Wundern, mit welchen es seine Werke begleitet und schmückt!

Und wie verschieden davon ist dann die Aussicht in die Ebnen. Auf die finsterste Dunkelheit, auf die Vorstellung vom Nichts und vom leeren Raume, folgt nun die von einer sich immer weiter entwickelnden Schöpfung. Aus dem Schooße der Nacht gehen Bergspitzen hervor; sie erscheinen erst wie in den fernen Luftraum hingesäet; dann vergrössern sie sich, so wie die Sonne weiter emporsteigt, nähern und vereinigen sich sofort, und lassen zwischen sich Raum für kleine Thäler mit dem schönsten Grün geschmückt, und von hundert Bächen durchfurcht. Welche Abwechslung der Szenen, der Gefühle und Genüsse! Die entzückte Seele fühlt sich unter dem Uebergewichte der erhabensten Empfindungen frey von ihrer irrdischen Hülle; sie vergißt jedes Mittelwesen zwischen ihr und dem Unendlichen, das hohe blaue Himmelsgewölbe, von allen Dünsten rein, ist ein treues Bild von der Reinheit der Vorstellungen, welche sich hier in ihr bilden.

Man kömmt selten hieher ohne einige Gemsen anzutreffen. Ihre Lebensart hat viele Anmuth. Sie gehen truppweise, einige vorher um auszuspähen; andere bleiben als Schildwachen stehen. Ihre Hurtigkeit, ihre Unerschrockenheit mit der sie über Abgründe wegsetzen und die rauhsten Felswände erklimmen, erweckt Erstaunen. Alles an diesen friedlichen Thieren erweckt Theilnahme, und man kann nicht anders als sie beklagen, wenn man sie als Opfer des mörderischen Bleyes fallen sieht. In einem beynahe unzugänglichen kleinen Thale sieht man sie sich gemeinschaftlich im Laufe üben, und den kühnsten Jägern Trotz bieten.

Dieser Berg ist auch durch die Beobachtungen des Herr Professor Pictet berühmt. Ferner bestieg ihn der Herr Graf Adriani, ein berühmter Aerostat, und Herr Berenger war zum zweyten Mahle oben. Das erste Mai hatte er einen Gesellschafter bey sich, der sich nicht entschliessen konnte, seinen Fuß auf den Schnee zu wagen; und da er sich in den Wüsten zu Berard nicht sicher glaubte, so bediente er sich des Hirtensteins wie einer Festung, in der er sich aufhielt bis seine Gefährten wieder kamen. Beym zweyten Male blieb von drey brittischen Frauenzimmern, die von der Gesellschaft waren, eins bey demselben Stein, durchwanderte die dabey liegenden Gegenden empfand an diesem wilden Orte ganz einsam keine Furcht, und harrte über 7. Stunden da aus mit vollkommener Gemüthsruhe. Herr Berenger, um desto eher wieder bey ihr zu seyn, stieg vor den übrigen vom Berge herunter, verlor aber den rechten Weg, verirrte sich, und kam, indem er sich über Abgründe hin wagte, in Lebensgefahr. Er wußte sich also nicht anderst zu helfen, als daß er wieder auf den Berg stieg, wo ihn dann die Nacht überraschte, unterdessen seine Gefährten um ihn besorgt waren, und der grosse Jorasse ihn in dunkler Nacht aufsuchte. Wer diesen Berg sieht, wird sich eine furchtbare Vorstellung machen können, von der schrecklichen Arbeit, mit welcher er sich aus dieser Gefahr retten mußte: Er gieng erst mehrere Fußsteigen nach, über Lager von beweglichen Steinen, die ihn alle an schauerliche Abgründe führten; stieg dann mit aller Anstrengung an senkrechten Felsen hinauf wieder in die Höhe; keuchend, ganz vom Schweiße durchnäßt und von der Unruhe derer, die auf ihn warteten, gequält, kam er endlich wieder unten an den Berg, wo er mit zerrißnen Schuhnen und wundgeritzten Füßen durch das Thal Berard in der dichtesten Finsterniß fortgieng, und an mehrere Orten über den Bach der hier durchfließt, und über die Schutthaufen die da liegen, hinwegsetzen mußte. Seine Lage war über alles schrecklich; er vergaß sie aber sogleich, als er der Angst derer ein Ende machen konnte, welche auf ihn warteten. — Dieser Berg, auf dessen Entdeckung ich so viele Mühe wenden mußte, hatte auch ein widriges Schicksal für mich, als ich meinen Freund Saint-Ours dahin führte. Auf dem Gipfel desselben wandelte mich eine Uebelkeit an, und bald hernach eine gänzliche Ohnmacht; und von einer frühern Reise auf denselben kam ich mit drey erfrornen Fingern zurück. Solche Zufälle könnten abschreckend seyn, wenn man ihnen nunmehr durch Befolgung der Anleitung der Führer, welche durch Erfahrung belehrt sind, nicht ausweichen könnte. Der grosse Jorasse kennt diesen Weg am Besten, und seine Vorsicht ist bekannt; er führte den Grafen Adriani hieher, und dieser klagte sich keineswegs über die Mühe, die es ihn kostete, und welche ihm noch durch schönes Wetter erleichtert wurde.

Neunter Brief.

Meine Damen!

Ohne Zweifel sind auch die Alpen des grossen St Bernhard, welche so wohl durch ihre schönen Aussichten, als durch die menschenfreundliche Bewirthung der dasigen Chorherren so interessant geworden sind, ein Gegenstand Ihrer Wissensbegierde. --- Ich nehme also die Freyheit Ihnen einen Brief an den Herrn Probst mitzugeben; aber auch ohne diese Empfehlung müßten Sie gar nicht befürchten, weniger wohl aufgenommen zu werden.

Ihr Weg führt sie durch ein Gebäude, welches Ihnen durchaus die widersprechendste Abwechslung von Ueberfluß und Unfruchtbarkeit, von Entzückendem und Schauerlichem, unzählige nie sich wiederhohlende Abänderungen des reitzendsten Schönen, in der frischesten, süssesten, lachendsten Gestalt, dicht neben einer wilden, sich sträubenden, düstern, aber auch darinne prachtvollen Natur, darstellt.

Von Chamouni nach Martinach sind 9. Stunden, vier und eine halbe nämlich nach dem Col de Balme, von da bis Trian zwey, und zwey und eine halbe nach Martigni. -- Ich setze voraus, Sie machen sich auf dem Marsche über den Col die Lust Bergpflanzen zu sammeln, als die niedliche Enziane u. dgl.

Vom Col herunter haben Sie freylich einen sehr steilen Weg, den Sie nur zu Fuß werden machen können; doch dürfen Sie nicht den Muth verlieren, wenn ich Ihnen sage, daß sich selbst eine Mutter mit ihrem Säugling an der Brust nicht fürchtete hier herunter zu gehen; sie setzte sich auf den Schnee, der noch einen Theil des Weges bedeckte, demselben ihre Brust zu reichen. Treffliche Frau! Erlauben Sie mir bey dieser Gelegenheit zu sagen, wie sehr ich Sie da bewunderte, und wie Sie als liebenswürdige Gattin und zärtliche Mutter jene weichlichen Vergnügen verachten, die Ihr Geschlecht sonst entnerven und verzärteln; wie Ihre Tugenden, Ihr Muth, und die Gleichförmigkeit Ihres Charakter, Sie allen, die das Glück haben Sie zu kennen, geliebt machen. *)

Trian ist mehr ein kleiner Weiler als ein Dorf; doch ist das Wirthshaus da nicht schlecht. Das Thal ist lachend; durch hohe Gebirge, die einen mit Eis, die andern mit schwarzen Wäldern bekleidet, ist man da von aller Welt abgeschieden, und sieht keinen Ausgang.

Dieser Ort erinnert mich an eine angenehme Zusammenkunft. --- Der Gastgeb, Namens Creton, war in seiner Jugend Soldat in Frankreich. Ich kam einst mit Herrn Hauptmann Gendin dahin, unter welchem er gedient hatte; sie beyde schauten sich, ohne zu wissen warum, mit einer Art Interesse an. Endlich fragte mich mein Wirth um den Namen meines Gefährten; ich nannte ihm denselben, und sogleich fiel er seinem Offizier um den Hals, der ihn nun auch erkannte und eben so grosse Freude äusserte. Seinen Capitain zu bewirten, war für den Mann und seine Familie ein wahres Fest. --- Derselbe Mann erwies mir auch einst eine Gefälligkeit, welche ebenfalls erzählt zu werden verdient.

---

*) Madame Berenger. S. meine Description des Alpes, T. I. p. 179.

Ich kam aus Wallis her, ganz allein und zu Fuß; und ungeachtet die Nacht schon einbrach, entschloß ich mich, noch auf Chamouni zu gehen. Als er mich auf diesem Vorhaben bestehen sah, verlangte er wenigstens von mir daß ich ihm nur warten möchte bis er nach seinem Viehe gesehen hätte, und that als ob er mitgehen wollte; er war aber hingegangen, sein Pferd zu satteln, drang in mich dasselbe anzunehmen bis auf den Col, und nahm dann Abschied von mir. Diese Art gefälligen Betrugs giebt einen Begriff von der empfindsamen Gemüthsart der Alpleuthe.

Das Thal von Trian gränzt hinten an einen Eisberg der nicht schwer zu besteigen ist. Ungeachtet dessen ist derselbe nicht sehr bekannt. Es giebt auch Gemsen hier; und man will mich versichern, man hätte selbst Steinböcke gesehen, welche über die Kette des Col Ferer hieher kämen.

Ueber Trian fängt sich der eigentliche Weg nach Wallis an. --- Bereiten Sie sich hier auf die reichste, zierlichste Aussicht, die man sich denken kann. Der Weg führt durch Wälder auf die Höhe eines wilden Schlunds, der so wie man fortrückt sich erweitert und die Aussicht in das herrliche Thal von Wallis öfnet, welches die Rhone durchfließt, und in grosser Ferne von Eisbergen begränzt wird. Die starke Vertiefung dieses Gemähldes verursacht ganz eigene optische Wirkungen; man erblickt hier Abtheilungen vom zierlichsten Grün, und Büsche von Waldung, welche die Dörfer und Flecken einfassen. --- Prächtige Berghöhen bis obenan bepflanzt, durch Ströme abgetheilt und zerschnitten, wiederglänzende Lichtparthieen im Gegensatz mit finstern Massen, die Rhone endlich, welche sich von der Rechten zur Linken durch das Thal hinwendet, gewähren grosse Schönheiten.

Wie entzückend sind diese Gegenstände in Vergleichung mit dem rohen Anblick der Berge, die Ihnen noch jetzt über den Häuptern schweben! Welch ein Abstand zwischen den dunkeln Wäldern von Trian und diesem schönen Thale! Sein Anschaun wird Sie an die zauberischen Gegenden erinnern, welche die Dichter beschreiben. Ein Wohnort der Grazien und der Schönheit, wo alles aufs köstlichste vollendet ist! Die entgegengesetzte Seite hinwieder stellt Ihnen nur eine wilde, ungeformte, erst entworfene Natur dar, deren Geschöpfe eine Art von Ungeheuern seyn könnten, wie sie sich zu der Riesengestalt der stolzen Berge und ihrer gräßlichen Felsen schicken. Alle diese Vorstellungen werden Sie auf einmal überraschen; denn dieß ist der Zauber und das abwechselnde Gefühl, welches durch diese prächtigen Gegenstände erweckt wird.

Martinach liegt in der Ebne; es findet sich da ein sehr guter Gasthof. Herr Antonin, der Besitzer desselben, bedient seine Gäste mit möglichster Fertigkeit und angelegenem Eifer. Von seinem Hause werfen Sie einen Blick nach Trian zurück, und Sie werden finden, daß dieser erhaben liegende Schlund im Grossen ein Modell ist, das wir in unsere Parks und Gärten hinüber nehmen sollten. Welche überraschende Verwirrung werden Sie da bemerken, aber auch welche Uebereinstimmung in diesen grossen Zügen einer gränzenlosen Natur! Prachtvolle Unordnung, grösser, tausendmal schöner und majestätischer, als alles was die erhabenste Kunst uns darstellen kann!

Von Martinach auf den St. Bernhard sind es 9. Stunden. Der Weg ist so mahlerisch, als man sich denken kann; man steigt längst der Drance hin bis St. Branchier. Nahe bey dieser Stadt findet sich eine Bley = Mine, wo Sie, wenn Sie noch keine Bergwerke gesehen haben, sich ohne allzugrosse Ermüdung in die Gänge hineinwagen können.

St Branchier ist am Zusammenflusse zweyer Thäler; Bagne das eine, welches in das berühmte Eisthal Chermontane führt, und das andre, welches nach dem St. Bernhard hingeht. Ueber St. Branchier werden Sie das kleine Thal von Orsine bewundern, ein schlecht gebautes Städtchen, welches aber eine sehr schöne Lage hat. Hier fängt der Weg an steil zu werden bis in den Flecken Lidde, wo es der Mühe werth ist ein wenig Halte zu machen, um den Herrn Prior Muriz zu besuchen, der sich ein reiches Cabinet von Minnern und Denkmünzen auf dem St. Bernhard gesammelt hat. Ich habe Ihnen diesen Geistlichen in meinen frühern Beschreibungen bekannt gemacht. Sie sahen ihn dort unbekannte Eisthäler durchwandern; Sie folgten ihm auf dem Velan, einen bisher sonst unersteiglichen Berggipfel; Sie verehrten, bey dem Range seiner klösterlichen Würden, seine Sorgfalt für die armen Reisenden, und seine Aufmerksamkeit für Fremde, welche die Neugier hieher brachte. Nunmehr ist er Pfarrer zu Lidde, und verbindet mit seinem Amte die Beschäftigung eines fleißigen und erleuchteten Naturforschers, dessen Untersuchungen Gelehrten wichtig seyn können. Seine Münzen machen nun für die Geschichte eine beträchtliche Sammlung aus. Ich sah sie noch in ihren Anfängen, und erstaunte hernach über den Zuwachs, den sie erhielt. Zuletzt sah ich sie wieder in Gesellschaft des Herrn von Cambri, welcher hier, nach seinen grossen Kenntnissen in diesem Fache, kostbare gallische Münzen fand. *)

Von Lidde haben Sie eine Stunde nach St. Peter. Dieser Ort ist merkwürdig wegen der Felsritzen, aus welchen sich die Drance herabstürzt; die tiefen Klüfte scheinen bis ins Innerste der Erde einzudringen, und der schäumende Fluß erhöht die Schönheit dieses Schauspiels, welches viele Reisende selbst dem Rheinfalle vorziehen.

Von da führen drey Stunden bis auf den St. Bernhard durch eine sehr wilde Gegend. Sie gehen hier von der Cultur und vom Anblicke der Wälder zu einer gänzlichen Nacktheit und Wohnung des Winters über. Sie wissen schon welche Empfindungen ein so schneller Uebergang von einer Scene zur andern erweckt. Ehe Sie noch das Hospitium erreichen, haben Sie viele Felsen und manche Schneehäufen zu besteigen. Ohne eben besonders steil zu seyn, ermüdet der Weg durch seine Länge, und durch die Kälte, welche mit der Regenluft immer zunimmt. Ich möchte Ihnen das interessante Schauspiel gönnen, daß Sie, wie es mir auf meiner letztern Reise zu Theil ward, eine Reihe von Kühen über die Schneegipfel hinziehen sähen, wodurch diese erstorbene Natur ein schönes Leben gewann. Sie würden Ihnen nicht grösser vorkommen als

Schaafe

---

*) Ich sah wenige gelehrtere und beredtere Reisende als diesen Herrn von Cambri, der uns eine schöne Reisebeschreibung von England geliefert hat. Er arbeitet nunmehr an Bemerkungen über Italien.

Schaafe, und Sie würden sie mit wohlwollenden Blicken verfolgen. Endlich zeigt sich Ihnen das Hospitium, gleich der Arche Noä, auf dem Gipfel des Berges, und Sie werden das Andenken der Männer segnen, welche hier in einer Höhe von 1246. Klaftern diese Wohnung erbaut haben; sie ist unstreitig die höchste in Europa.

Und was Ihnen hier sogleich zu sehen Freude machen wird, dieß sind die sanften Gesichtszüge der Chorherren, und ihre höfliche und verbindliche Art Sie aufzunehmen. Sie werden den Vorsteher sogleich erkennen, nicht an den äussern Zeichen seiner Würde *), sondern an seiner Aufmerksamkeit und grossen Bescheidenheit. Seine Vorgänger sassen gewöhnlich zu Martinach, und besuchten das Hospitium selten; Herr Louder aber will lieber alle Arbeit mit seinen Stiftsherren theilen, und ihnen mit seinem Beyspiele vorgehen.

Könnte wohl eine lobenswürdigere Beschäftigung seyn, als armen Reisenden einen Zufluchtsort bereiten; in der Mühe und Gefahr dieses Weges ihnen Beystand leisten; ihnen Leuthe entgegensenden, und eigens abgerichtete Hunde halten, welche denselben den Weg durch den Schnee und Nebel hindurch weisen, die diese Höhen belagern. Wie viele Menschen retteten sie nicht schon vom Tode! Man wird Ihnen die Höhen weisen, von welchen die Schneelauwen herabkommen; und eine Capelle, wo die Körper der Umgekommenen hingelegt werden, wird Sie in tiefe Wehmuth versetzen. Um aber Ihre Gefühle wieder angenehmer zu stimmen, lassen Sie sich den Detail des Hau-

---

*) Dieser Geistliche trägt Bischofs-Stab und Hut.

tes weisen, und sehen Sie da die vorsichtige Sorgfalt, mit der man sich mit allen möglichen Beystandsleistungen auf unglückliche Tage vorsieht; die erstaunenden Vorräthe an Strümpfen, Schuhen, weiß Zeug, Lebensmitte'n, gebrannten Wassern, und an Holz, welches man auf Mauleseln eine Tagreise weit hieher bringt, und der besonders ein unumgänglich nothwendiger Vorrath an einem Orte ist, wo man das Thermometer im August mitten im Tage einen Grad unter dem Gefrierpunkte stehen sah. Sie selbst werden dasselbe Morgens und Abends hier um diesen Punkt antreffen, und wenn man Ihnen dann sagt, daß es im Winter auf 19. und 20. Grade herabsinkt, und in den Zimmern des Hospitiums gewöhnlich auf dem 10. und 12. steht, so werden Sie nicht anderst als den Eifer dieser Religiosen um die leidende Menschheit bewundern können. Inzwischen hat man in Schriften sogar die öffentliche Dankbarkeit für diese Anstalt zu vermindern gesucht, und ganz falsche Dinge so wohl über den Nutzen derselben als über die Anzahl der hier Durchreisenden ausgestreut; ich habe sie aber genugsam in meinen frühern Beschreibungen, und besonders in einem eigenen in das Journal von Paris eingerückten Artikel widerlegt.

Der größte Anblick, den ich Sie von diesem ausserordentlichen Ort aus zu geniessen bitte, ist die Gränze des Bergschlundes gegen Italien. Hier sehen Sie Felsen, welche eben aus dem Chaos empor zu steigen scheinen; einige sehen abgesöndert aufrecht stehenden Pfeilern ähnlich; ihre seltsame abgestumpfte Gestalt, und der Schnee, der sich in ihren Falten sammelt, geben ihnen das Ansehn des höchsten Alterthums; und wenn Sie zu äusserst an den See hingehen, so sehen Sie die Stuffenfolge der **Piemontesischen Gebirge**, und den Weg, der dahin führt. Ein andrer eben so bewundernswerther Anblick ist der **Mont-Blanc** selbst, über den **Col de la Fenetre** hin. Der Weg wird Ihre Kräfte nicht übersteigen, und Sie werden das Vergnügen haben gerade das Gegentheil von dem zu sehen, was Sie in **Chamouni** sahen.

Diese so grossen prachtvollen Gegenstände sind in manchen eben so elend ausgeführten als schlecht gezeichneten Abbildungen sehr erniedrigt worden; und wie wäre es auch anders möglich? Man kömmt des Abends an, von Frost durchdrungen, so daß man es nicht einmal aus dem Fenster zu sehen wagt, und wenn am Morgen Gewölk auf den Gipfeln liegt, so findet man es nicht bequem zu warten, bis sich dieses etwa zertheile. Da werden denn einige Parthien von dem prächtigen Berggerüste, so wie sie hie und da hervorleuchten, gezeichnet, und das Uebrige wird aus der Einbildung ergänzt. Nach dieser Methode sind meine beyden Zeichnungen nicht gemacht; ich blieb mehrere Tage hindurch im Kloster, und so oft die Arbeit an meinem Gemählde möglich war, begab ich mich auf meinen Standort, der in einer ziemlichen Ferne von dem Gebäude abstuhnd. — Ich sah auch einen Naturforscher, der bey angehender Nacht ankam, gut zu Abend speiste, wohl schlief, den andern Tag nach dem Frühstück wieder verreiste, und der doch zween Bände Reisebeschreibung herausgab, und namentlich mancherley Zeugs von dem **St. Bernhard** zu sagen wußte. So reiste wohl der Herr **von Saussüre** nicht, das darf man mir glauben, der ich oft an seinen Bergreisen Theil nahm, und dessen Geduld, Mühe, und Sorgfalt alles richtig zu sehen, und richtig zu beschreiben, ich so sehr bewunderte. --- Denn welch ungereimte Dinge sind sonst über diesen Gegenstand geschrieben worden! Selbst bis auf Herrn Robert, den ich übrigens hochachte, und gerne lese, ist keiner, der sich nicht betrog; er läßt mich gerade das Gegentheil von dem sagen, was ich vom Ursprunge der Rhone sagte, und zu beweisen suchte.

Sie wissen, meine Damen! und haben es in meinen Beschreibungen gelesen, welch Unglück die fürchterlichen Schneelauwen oft über die Reisenden bringen, und wie viele Mühe die Chorherren anwenden, diejenigen wieder zum Leben zu bringen, welche davon getroffen werden. Sie werden die schönen Hunde sehen, welche man besonders gelehrt hat, die Reisenden ausfindig zu machen, die von denselben eingehüllt sind. Ihr trutziges Aussehn darf Sie nicht erschrecken. Liebkosen Sie nur diese Thiere, welche so nützlich sind den rechten Weg anzuzeigen, wenn Nebel diese Berge bedecken. Die Chorherren fehlen oft selbst in ihren Nachforschungen; diese Thiere hingegen niemals: Ich befand mich einmal da am vollen Tage, und doch in dichter Finsterniß, und sah, wie leicht es ist, sich hier zu verirren.

Ihr Rückmarsch nach Martinach wird Ihnen einen Tag wegnehmen; zwar könnten Sie an demselben bis nach Bey kommen; allein da Sie noch in die Nacht hinein reisen müßten, so würden Sie die Schönheiten dieses Weges nur sehr unvollkommen sehen.

II.

Die wahren Reichen.

Gedichtet bey der Ansicht von Quinten, am Wallenstatter-See.

"Rauh und steil erhebt sich dort drüben das Ufer des Sees. Unersteigliche Felsenwände starren aus der Tiefe, und trotzen in die Wolken empor. Kaum sonnt sich an ihren nackten Seiten ein mageres Kraut, oder ein verschmachtender Strauch. Nur dort im einwärts gebogenen Winkel zwischen den jähen Klippen, wo der stürzende Gießbach herabgespültes Gestein und lockeres Erdreich aufgehäuft hat, nur dort klebt eine kleine Strecke Landes am Fuße des höchsten Berges, ganz von der übrigen Welt getrennt. Grasreich und buschig zieht sich ein grünes Dreyeck vom Wellengestade bis an die kahlen Wände hinauf. Heute, als die Morgensonne mit scharfem Lichte diese niedliche Einöde bestrahlte, da dünkt' es mich, ich sähe ein Hüttchen zwischen den Bäumen, und wandelnde Menschen bald unten am Wasser, bald oben am hellgrauen Felsen. Ich möchte doch wissen, wie es auf dem sonderbaren Fleckchen dort aussieht! Der Wasserfall wenigstens verspricht dem Auge Ergötzung."

So sprach Kliton, ein vornehmer Jüngling zu Eunoe, der reichen Wittwe, seiner gefälligen Gastwirthinn, als beyde, von köstlichen Speisen und Getränken übersättigt, das lange Mittagmahl verlassen hatten, und nun am hohen Fenster des prächtigen Landhauses lagen, um sich langweilend die Zähne zu stochern, und über die schöne Gegend und die ruhige, mit Glanz gestreifte Fläche des Sees hinzustaunen.

"Ein glücklicher Einfall, lieber Kliton! erwiederte Eunoe: nun hoffe ich, der Rest des Tages soll uns hinfliegen, wie Schnittern der Abend des Aerntekranzes: ich sehne mich wirklich auch, die Bewohner jener einsamen Strecke wieder einmal zu sehen. Wir schiffen hinüber."

Kliton. So ist es wirklich bewohnt, dieß armselige Plätzchen, das kaum größer ist, als ein Kressentopf am Fenster?

Eunoe. Nur von einem Paare, wie die Welt sogleich nach der Schöpfung.

Kliton. O wie glücklich muß da die Liebe machen.

Eunoe. Auf dem Schiffe will ichs erzählen, wie es uns beym ersten Besuche ergieng.

Da wurden die Schiffer gerufen, und Abends segelte eine kleine Flotte, unter Scherz und lautem Hörnergetöne, zur einsamen Landecke hinüber. Der antwortende Widerhall vermehrte die Lust.

„Vor etwa zwey Monden, sprach Eunoe zu ihrem Gast, waren auch wir so neugierig, wie du, lieber Kliton, und ruderten zu dem kleinen Erdfleck hinüber. Aber wir konnten uns gar nicht überreden, daß jemand dort wohnen möchte. Als aber unser Fahrzeug näher hinanschwebte, sieh, da erblickten wir am Gestade, wo der Bach zwischen Felsentrümmern hervorrauscht, und eine kleine Sandbank angelegt hat, einen alten Kahn auf Walzen; Ruder und lange Nachtschnüre, mit Angeln behängt, lagen darinn, und ein geräumiger Fischbehälter, aus Weiden enge geflochten, tauchte sich nahe dabey ins Wasser. Ein Deckel aus Baumrinden, nachläßig drüber gelegt, wehrte den Sonnenstrahlen den Zugang."

Kliton. Also nur Fischergeräthe? Daraus, liebe Freundinn, würde gar nicht folgen, daß Fischer beständig dort wohnen. Oft lassen sie ihre Werkzeuge an einsamen Stellen, um sie nicht so weit mitschleppen zu dürfen.

Eunor. Geduld, mein Freund! Wir fanden die Scheuer sammt dem Ruder noch naß, und sahen Ueberbleibsel von neugeschälten Birken in den Sand gestreut. „Wer hätt' es gedacht, so sprach meine Freundinn Ino, daß auch dieß kleine Fleckchen Landes nicht unbewohnt veröde?" „Wohlan! sagte ich begierig, so laß uns seine Bewohner suchen." Da wandelten wir, meine Ino und ich, langsam und vorsichtig den sanften Hügel hinan, einen wohlbetretenen Pfad verfolgend. Unsere Diener, die frohen Seelen, holten indeß ihre vollen Schläuche aus den Schiffen, wälzten sich scherzend im Grase, tranken und sangen lustige Lieder, von der Harmonie weitschallender Hörner belebt. Eine artige Hütte erschien jetzt vor unsern Augen. Der unverschlossene Eingang erlaubte den Blicken ins Innere zu dringen. Zuerst fiel uns ein Tisch auf vier Pfählen in die Augen, mit einem Körbchen voll Brombeeren darauf, Bänke an den Wänden umher, Stühle ohne Lehnen, und ein Lager aus Laub mit wollenen Decken belegt. Weiterhin umfiengen breite Steine den Feuerheerd mit zerfallender Glut, und aufgestellte Schiefertafeln leiteten Rauch und Flammen unschädlich hinauf zu einer Seitenöffnung des Daches. Im Hintergrunde faßte ein abgesonderter Raum drey Ziegen mit ihrem Bocke. Sie meckerten nicht unfreundlich ihrem fremden Besuche zu. Rückwärts neigte sich das Dach bis zur Erde hinab, und beschirmte den Wintervorrath an Heu vor Regen und Schnee. Allerley Geräthe hiengen oder lehnten an den Wänden. Doch --- was beschreib' ich da lange? Du wirst alles sogleich selbst anstaunen.

Kliton. Wo waren denn die Einwohner? Spracht ihr sie nicht? --- Rudert la-

pfer, ihr Schiffer! So sind wir bald am
Ziele!

Eunoe. Wir standen ein Weilchen, und
sahen uns um. Da rauschte etwas durchs
Gebüsche heran, und eine männliche Stimme rief: „Komm, Melia, komm! das sind
lustige Töne! Laß uns sehen, woher sie kommen." Da schlüpfte ein frischer junger
Mann zwischen Blättern hervor, ein wohlgebildetes Weibchen ihm nach. Plötzlich erblickten sie uns, standen und stutzten, wie
zwey sich haschende Kinder, wenn sie unversehens ein verlorner Spiegel im Grase
blendet.

Kliton. Das glaub' ich wohl. Wie sollten Einsiedler nicht leutscheu seyn, beym ersten Anblick so schöner Gestalten?

Eunoe. Sehr verbunden für deine schmeichelhafte Bemerkung, lieber Gast! Aber laß
uns fortschwatzen von unsern dürftigen Fischern. Braun war ihre Haut, und kaum
zur Noth in ärmliche Kleider verhüllt. Seyd
mir gegrüßet, redete ich freundlich sie an:
merkwürdig ist uns euer Aufenthalt; zwar
wohnet ihr hier sehr einsam, aber ich glaube,
nicht ganz unbequem. „Da sahen die Ueberraschten, jetzt eins das andere, jetzt uns
Lächelnde zweifelhaft an, und ihre winkenden Augen fragten sich, was sie antworten
sollten. Das Weib brachte endlich zuerst,
schüchtern stammelnd, die Worte hervor:
Woher, ihr Frauen? Wollt ihr in die Hütte, Brombeeren kosten?

Kliton. Hm! das ist keine Wilde. Diese
Schüchternheit, mit Güte gepaart, ließ ihr
gewiß nicht unartig. — Muthig ans Ruder, ihr Schiffer! kein Windchen schwellt
das Segel: Arbeit muß das Beste thun;
sonst geht die Sonne hinab, ehe wir drüber
sind.

Eunoe. Allmählig nahm sich auch ihr Mann das Herz, zu reden. „Ey, bey allen Sternen! sagte er, wundernd mit Hand und Mund, und holte langsam neuen Athem, was führt euch doch zu uns? zum armen Fischer Idas --- so vornehme Frauen?„ Nun höre, Kliton, den Spaß, den wir uns machten! Du weißt, meine Ino ist ein schalkhaftes Mädchen. Flink war sie denn mit der Antwort da: Fischer, wir wüßten gern, ob du uns hier gedulden und nähren würdest, wenn wir uns bey dir zu bleiben entschlößen. Da hättest du die Gebehrden des Mannes sehen sollen. Ja, hört ihr Frauen! erwiederte er, voll Einfalt, mit ganz ernster Mine, und nickte bedenklich seiner Gattinn zu: höret, wenn mir jede von euch nur einen eßlustigen Mund mitbringet, so braucht die Antwort reifere Ueberlegung; denn urbares Gelände findet sich da nur zur Noth, und der Fischfang ist selten ergiebig: Alles reicht kaum hin, unsern Hunger zu stillen, und unsere Blöße zu decken; und ihr, nehmt mirs nicht übel, ihr seyd rund und wohlgenährt, und wißt wahrlich nicht viel vom Sparen und Missen. Doch --- wir wollen sehen!.. Meine Ino lachte, daß der Strauß an ihrem Busen aufhüpfte; ich leistete ihr treulich Gesellschaft. „Fürchte nichts, guter Mann, sprach ich endlich, des Spieles satt; meine Freundinn ist ein muthwilliges Mädchen, das seine Lust daran hätte, dir recht bange zu machen. Wir schifften von jenem Landsitz herüber, nur um die seltsame Gegend hier, und deine sonderbare Wirthschaft zu sehen." „Hm! murmelte da der Fischer halblaut seinem Weibchen zu: die müssen wohl recht viel lange Weile haben!" „Was schaut ihr so aufmerksam in die Hütte? sagte dann

Metta zu uns, wollt ihr nicht gar hineintreten? Oder scheuet ihr vielleicht den Geruch vom Ziegenstalle? Merket ihr bald, wie schlimm ihr bey unsrer Lebensart daran wäret?„ Beherzt schritt ich da über die Schwelle, als wollte ich mirs nicht nachreden lassen, daß ich eine gar zu empfindliche Nase habe. Aber --- hab' Acht! rief mir die Fischerin zu, daß dir deine schöne Kleider nicht schmutzig werden! Unsre Hühner spatzieren zuweilen über Tisch und Bänke, wenn sie die Stube offen finden, die unreinlichen Gäste!„ Da drängte sie sich geschwinde neben Ino durch die Thür, ergriff ein Stück rauhe Leinwand, und fegte geschäftig Tisch und Bänke. „Nun setzt euch, und eßt, sagte sie dann, und blies gar sorglich nochmals den Tisch ab. Wir beyde Frauen setzten uns vergnügt neben einander hin, und kosteten die reifen Brombeeren im Körbchen. Melia brachte auch Milch mit Rahm herbey, und Idas kleine schon gesottene Bachkrebse.

Kliton. Wie diese seltsamen Einsiedler im Sommer ihren Unterhalt finden, das läßt sich also begreifen; aber wie leben die Verlaßnen im Winter?

Eunoe. Das war auch unser Bedenken, und wir stellten sie darüber besonders zu Rede. Nun höre, wie der Fischer uns den Zweifel löste! Bäume fälle ich, sprach er, oben auf der Scheitel des Berges, und stürze sie in den schäumenden Bach; die Gewalt seiner Fluthen reißt sie schnell ins Felsenbecken herab, das zur Seite unsers Hügels sich vertieft. Dort hole ich die zerschlagenen Aeste und die Stämme heraus, ordne und spalte sie, und sammle mir so den nöthigen Vorrath von Brennholz. Zwar ist die steile Wand schwer zu erklettern, aber --- Gott sey gedanket! — noch nie entglitt mir der Fuß am schrecklichen Abhang. Dort oben in einer tiefen Höhle verwahre ich im Herbste einen hinlänglichen Vorrath an Lebensmitteln für die kalte Jahrszeit, rothe Rüben, gedörrtes Obst, Sellery, Salat, Ackerrüben und Kohl. Auch fange ich Fische und Krebse, und bisweilen eine Fischotter, und meine Z... versehen mich mit Milch und Käse. S... ssen wir niemals weder frieren, noch hu......

K...ton. Die guten Leute! Sie leben also bey all ihrer Armuth zufrieden?

Eunoe. Wenigstens eben so zufrieden, als wir bey unsern großen Besitzungen. Nur eines scheint mit sanfter Wehmuth das Einförmige ihres stillen Lebens manchmal zu unterbrechen. Wir verloren die Frage: Habt ihr keine Kinder? Da fiel uns der Fischer hurtig in die Rede: „Schweigt davon, „o schweigt, und verschonet uns! Sonst „weint meine Melia wider einen langen Tag „durch, und ich kann mich kaum der Thrä„nen erwehren." Wirklich füllten sich die Augen des armen Weibchens mit glänzendem Naß, und sie wandte ihr Antlitz traurig zur Seite. „Ach! so begann sie auf einmal zu klagen, und seufzete, wir hatten ein allerliebstes Knäblein, goldlockig, rosenwängig, frisch und munter, wie man den jungen Frühling mahlt. Ach ich sollte es nicht so loben, weil es mein eigenes Kind war. Aber ich kann nicht anders: lügen würde ich, spräch' ich, es war nicht so. Schon fieng es an, halbe Worte zu plappern, schon trippelte es mir nach zur Arbeit, trug sein Körbchen ans Traubengeländer oben am Felsen, oder Steinchen zu lesen an die Sandbank hinab, und füllte mir die einsamen Stunden mit tausend kleinen Freuden aus.

Da wär ich einst weit oben am Hügel, wo unsre Bohnenbeeten mit vollen Schoten prangten. Das Knäblein tändelte unten am Ufer im Grase, indeß der Vater ruhig die Ritzen seines Kahns mit Riedgras verstopfte. Plötzlich schreckte ihn ein lautes Rufen um Hülfe, das kläglich über die Fluthen tönte. Nicht ferne schwamm ein Schiffchen, voll jammernder Jünglinge. „Der Kahn ist gespalten, riefen sie, Hülfe, Hülfe! sonst sind wir verloren!" Wirklich hatte ihr leichtfertiges Hüpfen eine Fug des schwächlichen Fahrzeugs getrennt, und das Wasser sprudelte schnell und unaufhaltbar hinein. Mein Mann schob geschwinde seinen Kahn in den See; unser Kind kam gelaufen, und bat: Vater, mitfahren, ey, mitfahren, Vater! Aber der Vater sagte in der Eile: ich kann dich nicht haben, Kind! bleib zurück, und geh mir nicht zu nahe ans Ufer! .. Und da stieß er geschwind vom Lande, die Sinkenden zu retten. Der Kleine, unwillig allein zu seyn, lief weinend am Ufer umher, streckte die Händchen nach dem wegschwimmenden Vater aus, trippelte dahin, trippelte dorthin, immer näher ans Wasser, und stürzte endlich in des Baches reißende Wirbel. Mein Mann bemerkte das Unglück erst, als er mit den Geretteten landete. Da vermißte er das arme Kind, ließ alles fallen und stehen, kam zur Hütte gelaufen, kam zu mir, und fand es nicht. Aeußerst erschrocken, todtenblaß vor Angst sprang er wieder an den See, und forschte auf dem Ufergrunde umher: o wehe! da lag das starre Knäbchen mit dem Angesicht im Sande, die Arme ausgestreckt, die Händchen voll Kiesel. Zitternd riß er's heraus, rüttelte und herzte es, voll des heftigsten Schmerzens, blies ihm Athem in den Mund, und versuchte alles, um sein Körverchen vom verschluckten Waſſer zu befreyen. Aber alles vergebens: mein liebes Kind blieb todt! O, mit ihm ertranken mir alle ſüßen Mutterfreuden, der beſte Troſt in unſrer Einſamkeit. Ach was ſoll einſt aus mir werden, wenn ich meinen Idas überleben muß?„ Da erſtickte heftiges Schluchzen, und ein Strom von Thränen ihre Rede. Auch der Fiſcher wiſchte ſich die naſſen Augen.

Kliton. Ach, wer trägt nicht Mitleiden mit dem guten Paare?

Eunoe. Auch ich ward gerührt, zog meine Börſe aus der Taſche, legte ſie unvermerkt in das Brombeerenkörbchen, und tröſtete mit lieb reichen Worten die leidende Mutter. Wer hätte hier nicht gern gegeben? Dann verließ ich mit Ino die Hütte, und ſprach vor der Thür ſtehend: Lebet wohl, ihr ſtillen Einſiedler! Wehmuth und Armuth iſt euer Loos: Könnt' ich doch euern Zuſtand verbeſſern durch Geſchenke oder durch andere Hülfe! Was ihr dort im Körbchen findet, iſt euer; es ſoll nur ein vorläufiges Pfand meines fernern thätigen Wohlwollens ſeyn. Gebraucht es gut!„ Da ſchieden wir von ihnen, ſuchten unſre Diener, und ſchifften wieder nach Hauſe, vergnügt mit unſerm kleinen Abentheuer. Seitdem wuchſen dem Monde ſchon zweymal die Hörner, und jetzt bin ich ſehr begierig, zu hören, wie die armen Leutchen mein Geld indeſſen verwandten. Bald ſind wir am Ufer. Friſch daran, ihr Schiffer!„

So ward die Zeit der Fahrt verplaudert, und der ſchöne Nachen, mit den übrigen Kähnen, landete an der Einöde des Fiſchers. Idas und Melia, von der Ankunft fremder Gäſte durch den Schall der Hörner belehrt, erwarteten ſie lange ſchon, auf einem Steine am Ufer ſitzend. Freundlich boten ſie den

Aussteigenden die Hände, und giengen vor ihnen her, um ihre Schritte zur Felsenwohnung zu leiten. Kliton hüpfte vor Freuden auf, als er die artige Hütte sah. „Wahrlich, rief er, das ist hübsch, zum Mahlen hübsch! Zwey sehr grosse herabgestürzte Felsen bilden die Seiten der Hütte. Ein Schilfdach bedeckt den Zwischenraum vor Nässe und Stürmen, und ruht oben, rechts und links, an dem innern Rande der beyden viereckigten Massen. Behauene Stämme, nachläßig in einander gefügt, schliessen die Vorderseite; mitten daran die enge Thür, zu beyden Seiten ein Fensterchen, und oben am Giebel eine runde Oeffnung! Moos und Mauerrauten und Leinkräuter mit den gelben Rachenblumen kleben am Gestein, und blühen in den Fugen zunächst am Gebälke. Königskerzen und flatternde Gesträuche neigen sich über den Rand der Felsen, wie über altes Gemäuer, und beschatten wankend den Giebel. O was gäb' ich darum, wenn diese Einsiedeley in meinem Garten stünde!" So ergoß sich des Jünglings Freude. Indeß führte die Fischerinn ihre Gäste in die kleine Stube, und setzte ihnen Erfrischungen vor, Ziegenmilch und reife Birnen und Käse. Und als jeder Gast vergnügt und gesättigt schien; da traten die armen Wirthe zu Eunoe, und Idas legte die volle Börse wieder in ihre Hand, und sprach mit schüchternem Anstand: „Wir danken dir, gute Geberinn, für dieses reiche Geschenk." Und Melta fuhr fort: „Deine Freygebigkeit wollte uns beglücken, aber dieß Geld stört unsre Zufriedenheit: nimm es also wieder an!" Betroffen, wie ein schönes Mädchen, das Anbetung von jedem Jüngling erwartet, und nun im Pfänderspiel einen blöden Jüngling zu küssen heranhüpft, aber sehen muß, wie er ihr mit Kälte den Kuß verweigert; so staunte Eunoe, und ihre ganze Begleitung die armen Fischer an. Sie dünkten ihr um nichts klüger, als Anfänger im Schwimmen, die, vom Lande fern, ihre hülfreiche Binsenstöße unvorsichtig verlaßen. „Erklärt euch doch, sagte sie mit sichtbarer Verwunderung, wie meynt ihr das, ihr sonderbaren Leute?„

„Sieh dich einmal um in unsrer Hütte, erwiederte Idas: ist sie nicht bequem? Besitzen wir nicht alles, was wir bedürfen? Hier sind Geräthe, der Erde Früchte zu entlocken, und dem See seine Bewohner zu entwenden. Fruchtbar ist dieser Hügel, gesund unsre Nahrung. Was wollen wir mehr? Und was sollen wir mit deinem Gelde? Ach, es hat uns, seit wir's besitzen, schon allzuviel Unruhe gemacht! Wir arbeiteten nicht mehr mit der vorigen Lust und Munterkeit; der unglückliche Gedanke: was haben wir bey so viel Gold so strenger Bemühungen nöthig? schwächte in uns sehr merklich den Antrieb zur Thätigkeit: lange Weile, Gähnen und Ekel traten an die Stelle froher Betriebsamkeit, wie überriechende Melten an die Stelle verblühter Narcissen im vernachläßigten Garten. Ohne Beschäftigung, ohne Uebung unsrer Kräfte fühlten wir das Süße der Ruhe nicht mehr, und nahmen nicht halb so frohen Antheil, wie vormals am Gelingen jedes Tagewerks. Da wir der Früchte für den Winter, und des Gedeihens unsrer Thiere nimmer bedurften; so rührte uns auch ihr glückliches Wachsthum weniger lebhaft; der Hoffnung einer guten Weinlese, eines ergiebigen Fischfanges, einer reichen Obstärnte mangelte es ganz an der vorigen Süßigkeit: Dinge, die uns nur zum Uebernuß dienen konnten, rührten unsre Herzen nicht mehr."

Melia fuhr jetzt eifrig fort: Ach, alles was Anstrengung forderte, alles, was wir durch Fleiß gewinnen sollten, verlor an Werth und Reiz: gleichgültig sahen wir die Fische ziehen, gleichgültig jedes Gewächs blühen, und die Ziegen mit vollen Eutern die Heimath suchen. Kurz! wo vormals überall Freude grünte, wo sonst jeder offene Sinn seine Weide fand, da begann bald Ueberdruß und Unthätigkeit mit all ihrem unseligen Gefolge, wie üppiges Unkraut emporzusprossen, und betäubte uns wie mit giftiger Ausdünstung.

Idas fiel ihr jetzt in die Rede: Selbst meine Melia --- denkt doch! --- selbst dieß gute ruhige Weibchen bekam, vor langer Weile, Lust zu glänzen, war mit ihrem Gatten und dieser Hütte nimmer so recht zufrieden, wünschte in schönen Kleidern, wie die gepußten Herrentöchter, prangen zu können, und wollte auch andern als mir gefallen, und nicht mehr hier im friedlichen Winkel, sondern dort in der Stadt wohnen, wo die lustigen Leute immer zechen und tanzen und lustige Spiele treiben. Du siehst also, wohlthätige Frau, es ist hohe Zeit, deine Geschenke dir wieder zu geben.

"Ja, liebe Frau! rief auch Melia unter ihren Händen hervor, mit denen sie verschämt ihr Antlitz bedeckte; behalte du dein Geld, und laß uns arbeitsam und zufrieden seyn!"

Eunoe und Kliton sahen einander an, wie ein gutherziges Pärchen im Dorfe, dem eben ein verschmitzter Wahrsager, zum Beweise seiner Untrüglichkeit, leicht zu errathende Heimlichkeiten ihres Herzens, feyerlich und richtig, angezeigt hat. Einstimmig bewunderten sie die Gesinnungen ihrer armen Wirthe, und musterten mit wandelnden Blicken ihre Begleiter, ob Beyfall oder Mißbilligung auf ihrem Antlitze schwebe. Endlich sprach Eunoe mit heiterm Ernste:

„ Ueberraschend und seltsam, doch vernünftig und lehrreich sind eure Reden, und lobenswerth ist euer Betragen, ihr genügsamen, vom Himmel gesegneten Leute! Ich fühle es jetzt, mehr als jemals fühle ichs: Nicht aus Ueberfluß, nicht aus unbefriedigten Bedürfnissen blühet Menschenwohl auf; weder Reichthum noch Armuth läßt Glückliche gedeihen; zu bedauern ist, wer nichts bedarf, und wer zu viel bedarf; der eine hat nichts zu hoffen, der andere nichts zu geniessen. Nur Genügsame, die sich durch unsklavische Thätigkeit, so viel sie nöthig haben, erwerben, sind wahrhaft glücklich und reich.

Bronner.

III.
Briefe
auf einer Reise an den Genfersee.
Im Frühling 1790.

Brugg, im Aergau.

Unter trüben Bildern war ich eingeschlafen, an die sich die Begebenheiten der heutigen Tage knüpften. Aber um desto froher erwachte ich wieder bey dem Gedanke an das glückliche Land, in welchem ich geschlummert hatte, wo Eintracht und Genügsamkeit herrscht! --- Um den Aufgang der Sonne zu sehen, bestieg ich den Berg jenseits der Aare, über die eine steinerne Brücke führt, die dem Städtchen den Namen giebt. Ein steiler Pfad führte mich hinauf zu einem Tannenwald, der von Graseplätzen durchschnitten wird, durch die sich unter Kräutern kleine Bäche schlängeln und zwischen bestrauchten Felsen ins Thal fliessen. Welch ein Standpunkt auf der Stirne des Berges, da wo der Wald sich öffnet. Am Abhang verbreitet sich tief zu meinen Füssen bis in blaue Ferne eine der schönsten Gegenden des Aargäu. Eine reitzende Fläche von Hügeln und Bergen begränzt. Im Silberglanz der aufgehenden Sonne fliessen in mannichfaltigen Krümmungen die Aar, die Reuß und entfernter die Limmat. In den Armen dieser Flüsse erheben sich entweder fruchtbare Halbinseln, oder Sandbänke. Da wo diese Gewässer zusammen fliessen, bilden sie einen breiten Strom, der in ernstem Gang sich dem Rhein nähert. Zunächst meinem Auge erheben sich die Gebäude des reinlichen Städtchens Brugg --- in einiger Entfernung das Kloster Königsfelden und das lustige Dorf Windisch --- jenseits der Reuß Gäbistorf --- rechts in weiterer Entfernung die Ueberbleibsel Habsburgs und die Ruinen von Brunegg — hin und wieder zerstreut mehrere Dörfer und einzelne Wohnungen — Hügel und Gefilde, bebaut mit baumreichen Matten, Aeckern und Weinräben.

Nur mit Mühe riß ich mich von diesem Anblick los. Als ich wieder ins Städtchen herab kam, suchte ich die Addresse hervor, die Sie mir an einen Freund von Ihnen mitgegeben hatten. Dieser empfieng mich sehr höflich, und ich mußte bey ihm das Frühstück nehmen. Mit ihm gieng ich in das Kloster Königsfelden. Unterweges unterhielten wir uns von seinem Geburtsorte, besonders von dem berühmten Hofrath Zimmermann und seinem unsterblichen Werk über die Einsamkeit, das so tiefe Kenntnisse des menschlichen Herzens verräth und so manches enthält, wofür ihn der Menschenfreund seegnet. — Mitten unter Gesprächen betraten wir das Thor von Königsfelden, dieses in der Geschichte der ersten Hälfte des vierzehnten Jahrhunderts so merkwürdigen Stifts. Es wird jetzt von einem vornehmen Patrizier von Bern bewohnt, dem unterm Titul Hofmeister ansehnliche Verwaltungen anvertraut sind. Wenn die Stellen, auf denen für die Menschheit wichtige Veränderungen vorgefallen, dem spätern Wandrer, der sie betrittet, einen gewissen Schauer einflössen, indem er sich die Begebenheiten auf dem Platze selbst erzählen läßt, so ist Königsfelden in dieser Rücksicht ein merkwürdiger Ort. Kayser Albrecht I. der Sohn Rudolfs von Habsburg, im Begriffe seine Gemahlin in Rheinfelden von Baden aus zu besuchen, ward auf der Stelle, wo jetzt das Kloster steht, ermordet. Diese That geschah aus Rache von seinem Neffen, Johann, Herzog von

Schwaben, (1308.) weil er ihm sein väterliches Herzogthum vorenthielt. In das Complot waren verschiedne Edelleute verwickelt. Albrecht verschied, von seinen flüchtenden Mördern verlassen, in den Armen einer Metze. Diese That entflammte seine Tochter Agnes zu vast unersättlicher Rache. Sie richtete unter Schuldigen und Unschuldigen ein Schreckliches Blutbad an. Wer mit den Mördern Albrechts in irgend einer Verbindung stand, mußte das Opfer dieser Rache werden. Feste Burgen giengen im Rauch auf, und aus dem Raube wurden die Werkzeuge dieser Rachgier besoldet, oder andächtige Stiftungen angelegt. Agnes watete im Blute der Erschlagenen und rief mit unmenschlicher Wollust: „Ich bade im Maythau." Nach gesättigtem Blutdurst errichtete Agnes über der Mordstätte Albrechts **Königsfelden**. Sie zog sich in eine finstre Zelle zurück und erwarb sich durch strenge Klostersitten den Ruf einer Heiligen. — Aus dieser Zelle, die noch ganz so gelassen ist, wie sie zu den Zeiten der Agnes war, traten wir in das Chor der Kirche. Seine erstaunliche Höhe, das dämmernde Licht, welches durch die bunten Farben der mit heiligen Geschichten bemahlten Fenster herab fiel, die in einer Reihe gemahlten knienden Figuren **Leopolds** und seiner Helden, die (1386.) vor **Sempach** fielen, die erzählenden Inschriften*), alles das hatte etwas feyerliches und versetzte mich in die Tage dieser Begebenheiten zurück.

Ehe wir uns aus Königsfelden entfernten, besahen wir noch das Tollhause, in

---

*) S. hierüber ausführlicher: Beschreibung des Habsburgerbaads von J. Rudolf Maurer.

welches ein Theil des vormaligen Mannsklosters verwandelt worden. Arme Geschöpfe, deren einige freylich ihren unglücklichen Zustand nicht zu fühlen scheinen und bloß vegetiren, andre aber unter Stöhnen und wildem Geplauder ihre Zeit hinbrachten. Ich hätte dem Menschen, der uns bey den Zellen dieser verrückten vorbey führte, gerne die Gefälligkeit erlassen, Spiel mit einem dieser Unglücklichen zu treiben, und ihn durch Fragen bald in den Affekt schmachtender Liebe, oder rasender Wuth zu versetzen. Ist es nicht einerley, ob uns die Einbildung oder die Wirklichkeit unglücklich macht? Wie schonend sollte also die Behandlungsart solcher Leute seyn, die bloß die Aufregung einer unglücklichen Idee in den höchsten Grad der Affekte versetzt. --- Mit stiller Betrachtung an wie feinen Faden die Ruhe und das innere Glück des Menschen mit den Zufällen des Lebens und dem Bau unsers Körpers verwebt ist, giengen wir von dieser Scene weg.

Der wackere Mann, an den Sie mich empfohlen hatten, trieb seine Höflichkeit noch weiter. Er veranstaltete eine Fahrt nach Schinznach und setzte sich gleich Abtisch mit mir ins Cabriolet. Es war ein schöner Nachmittag und Frohlaune belebte mich und meinen alten Gefährten. Im Gespräche entdeckte er mir eine vorhabende Reise an den Genfersee --- und mein bisheriger Plan wankte. Kurz, Sie werden vorerst keine Briefe aus Deutschland, sondern aus dem welschen Berngebiet von mir erhalten. --- Unterdeß waren wir im Baad Schinznach angelangt. Nachdem wir das geräumige Gasthaus, die etwas entferntern Bäder, den hinter den Wohngebäuden angelegten Garten und das liebliche Buchwäldchen gesehen, wo einst die Lieder der Eintracht und republikanischer Freyheit von der helvetischen Verbrüderung erschollen, die nun jährlich in Olten sich versammelt — kurz, nachdem ich alles besucht, was diesen Ort merkwürdig macht, ließ ich meinen Freund bey einigen seiner Bekannten zurück, und bestieg den Hügel, auf welchem die ehrwürdigen Reste von Habsburg stehn. Lieblicher Schatten schützte mich vor der Sonne, und auf schmalem Fußpfad gieng ich zwischen Buchen zu den Ruinen hinan.

Als ich oben anlangte, belohnte mich eine der schönsten Aussichten in das von der Aare durchschnittene Thal und gegen viele Berge umher, über die sich zur Südöstlichen Seite die Schneegebürge des Alpenlandes glänzend in den reinen Aether erhoben. — Von dieser ausgebreiteten Uebersicht wandte ich mich gegen die modernden Mauern von Habsburg, und meine Phantasie beschäftigte sich wieder mit der Vorzeit. Aber die Geschichte dieser Burg ist zu bekannt, als daß ich Sie weitläufig damit unterhalten dürfte. Rudolf gab ihr den Ruhm, der sie vor allen andern Burgen der Ritterzeit heraus hob — und seinetwegen wandern die Deutschen hinan, ihre ehrwürdigen Reste zu besuchen. Er wars, dessen Jugendjahre hier verflossen, bis sein Rittermuth ihn zu Ebentheuern und in manche Fehde rief, wo sein grosser Charakter allgemein gefürchtet und geliebt wurde — von da er (1273) den deutschen Kayserthron bestieg und grossen Verwirrungen abhalf. Indeß sein erlauchtes Hause bis auf die grosse Maria Theresia sich fortpflanzte, zerfiel sein Stammort in modernde Trümmer. Niemand wohnt in diesen verlassenen Mauern, als ein Hohwächter, und was die Gegend ein wenig belebt, sind ein paar Strohbedeckte Hütten, die sich bescheiden unter Bäumen verbergen, da wo vormals ritterliche Freuden ertönten, girrt jetzt im dumpfen Gewölbe die wilde Taube oder der melancholische Uhu. — In Gedanken vertieft, auf die mich dieses Thema führte, stieg ich wieder herab zu meinem alten Freund, und mit ihm fuhr ich bey der Abenddämmerung nach Brugg zurück.

II.

Bulle, im Canton Freyburg.

So habe ich also die mir anfangs vorgeschriebene Route verlassen, um noch einen der schönsten Theile des Schweizerlandes zu besuchen; und wie froh bin ich, daß ich mich zu dieser Umänderung meines Plans entschlossen! Im Umgange mit meinem Gefährten, eines Mannes, dessen nicht gemeines Geschick, mannichfaltige Reisen und Gefahren in ausländischen Kriegen, ihm zu wichtigen Erfahrungen verholfen haben, und im Anblick immer wechselnder Scenen der Natur genieße ich ein tägliches Wohlleben des Geistes. Ich reise durch ein Land, wo gesunde Ueppigkeit blüht und auffallender Wohlstand herrscht! Um so lieber also fahre ich fort, Ihnen meine kleine Reisegeschichte zu erzählen. — Unsre Abreise von Brugg geschah früh Morgens. Wir kamen die Dörfer Holderbank, Hunzenschweil, Entfelden, Köliken, das Baad Schinznach und die Hellmühl vorbey. Am letztern Orte besuchten wir die beträchtlichen Cattunfabriken, die sint wenigen Jahren hier gebaut werden, und, indem sie vielen Menschen Brod und Beschäftigung geben, Industrie und Nacheifer erwecken, so daß sich am Fuße des Schloßes Wildegg nach und nach eine der schönsten Ortschaften anlegt, wovon bereits einige geschmackreiche Gebäude das lockende Beyspiel sind. — Schade, daß ein dichter Morgennebel die Gegend umhüllte und unserm Auge die Schlösser Wildegg und Lenzburg und die Stadt Zofingen verbarg. Endlich zog sich der düstre Vorhang auf, und wir befanden uns in einem helvetischen Tempe, dessen kunstlose Natur mich in Entzücken hinriß! Wenn Sie die Blätter von Aberli und Rieter und die ländlichen Scenen von Freudenberger gesehen haben, so können Sie von den erstern auf die Gegenden schliessen, die ich durchreise, von den letztern auf das Volk, das diese Landschaften belebt. — Im Dorfe Kodrisch spiesen wir ein gutes Mittagessen. Es ligt unweit dem Städtchen und der Festung Arburg. Nachmittags kamen wir bisweilen neben Wäldern durch. Das Luzernersche Stift St. Urban sahn wir zur Linken, und im Dorfe Herzogenbuchsee endigte sich unsre erste Tagreise.

Am folgenden Morgen giengs sehr frühe weiter. Beym Aufgang der Sonne sahn wir die Schneeberge des Grindelwaldes und die Thürme und Mauern von Thun. — In dem Dorfe Hindelbank besahn wir das Kunstwerk des Bildhauers Nahl. Es ist im Chor der Kirche. Wenn das Grabmonument der Edlen von Erlach sich durch Pracht und Vergoldung ankündigt — so zeichnet sich hingegen der Grabstein der Frau Langhans durch einen erhabenen Gedanken aus. Die Darstellung einer aus dem Schlummer des Grabes zur Unsterblichkeit erwachenden Mutter, die ihren Säugling im Arme hält, und, Seligkeit im Blick,

emporſtrebt von den Trümmern des Grabes
ſich loszuwinden --- könnte nicht rührender
ſeyn. Man ſieht und empfindet es, daß es
zärtliche Freundſchaft ware, die den Meißel
des Künſtlers lenkte, die groſſe Idee des
Wiederſehens auszuführen, die ihm ſo mei-
ſterhaft glückte. Hallers Muſe legte dem ſtum-
men Stein noch Sprache bey und vollendete
ſo die Würkung, die dieſes Kunſtwerk auf
jeden empfindenden Zuſchauer machen muß.
Die Mutter redet ihren Säugling ſo an:

Horch, die Trompete ſchallt, ihr Klang
    bringt durch das Grab;
Wach auf, mein Schmerzensſohn, wirf dei-
    ne Hülſen ab;
Dein Heiland ruft uns zu, vor ihm flieht
    Tod und Zeit
Und in ein ewigs Heil verſchwindet alles Leid.

Wie ſchade daß dieß Kunſtwerk bloß von
gemeinem Stein iſt, und jetzt ſchon Spuhren ſeiner Zerſtörung trägt. Indeß hat die
Mechelſche Kunſtinduſtrie geſorgt, die Idee
ſelbſt in einem ſchönen Kupferſtiche auf die
Nachwelt über zu tragen.

Nicht weit vom Dorfe Hindelbank
ſahn wir das Erlachiſche Luſtſchloß mit ſei-
nen Gärten, und dann gelangten wir nach
Bern. --- Von der Anhöhe des Stalden
läßt ſich die Lage der Hauptſtadt leicht über-
ſchauen. Sie wird zum Theil von der Aare
umgürtet. Die Staldenſtraſſe ſelbſt iſt eins
der kühnſten Werke, indem ſie über ein vor-
maliges Felſenbord ſpiralförmig herabgebahnt
iſt --- bis ſie ſich ganz in der Tiefe mit
einem Bruckenthor der Aare verbindet.
Hier betraten wir das ſchöne Bern, von
deſſen regelmäßigen Gaſſen, Gebäuden und
öffentlichen Plätzen ich Ihnen aber wenig be-
ſchreibe, weil Ihnen das alles ſchon bekannt

seyn muß und unser Aufenthalt nur sehr kurz war. Wir stiegen im Falken ab, und spiesen da in Gesellschaft von Engländern, Franzosen und Bernern in sehr unterhaltendem Gespräche zu Mittag.

Ab Tische besuchte ich den geschickten Prof. Sonnenschein von Stuttgard, der hier als öffentlicher Lehrer im Zeichnen und Poussiren steht. Dieser wackere, fleißige und talentreiche Mann, führte mich zu den Herrn Rieter und Freudenberger, wo ich einige ihrer Kunstsachen sahe. Rieter scheint den berühmten Aberli im Fache der Landschaft noch zu übertreffen und Freudenberger ist in seinem Fache ganz einzig. Die Leichtigkeit, Grazie und Natur in seinen ländlichen Scenen sind aus einigen seinen Blättern schon allzu bekannt, als daß ich noch etwas zu ihrem Lobe beyzufügen hätte. - - Mit diesen drey Künstlern und meinem Freunde besah ich einige Merkwürdigkeiten der Stadt, das Münster S. Vinzenz mit seiner schönen Promenade, den Musiksaal, das schöne Hospital ausser dem Christoffelthor, die Bibliothek und das Zeughause. Alles zeugt von dem Reichthum, der Achtung für schöne Alterthümer, und dem guten Geschmacke in neuern Gebäuden der bernerschen Regierung, worunter sich besonders, nach dem Plane zu urtheilen, das neue Rathhause auszeichnen wird. Mehr als alles aber entzückte mich ein Spaziergang, den wir Abends auf die Enge machten. Dieser öffentliche Spazierplatz, belebt von Damen und Herrn und frohen Menschen aus allen Klassen, weils Sonntag ware, ist sehr reizend. Man wandelt im Schatten von Kastanienbäumen, einsam oder auf bevölkerter Straße, oder ruht in dunkeln Lauben, die selbst am Mittag Kühlung enthalten. Zuletzt führt ein Pfad aufwärts zu einem Tannenwald, wo sich verschiedene Aussichten eröffnen. Die lebhafteste derselben ist die über Bern. Beblumte Wiesen erheben durch ihr sanftes Grün die dunkle Gruppe des Waldes; diese verliehren sich in Korngefilde. Hin und wieder eine ländliche Hütte. Aus dem Thal erheben sich die Palläste von Bern --- hinter diesen hohe Felsufer, und endlich die Riesenberge des Siementhals und Grindelwaldes von ewigem Eise und Schnee bedeckt. Vor diesem prächtigen Schauplatz setzten wir uns zusammen aufs Moos. Die Tannen verbreiteten ihre schwarzgrünen Arme über uns, indeß die Abendsonne ihre bezaubernde Beleuchtung auf die majestätische Gebürgkette warf, und unsre Seelen in unbeschreibliche Wonne hinriß.

Von Bern verreisten wir nach Freyburg. Aber Regenwetter verhinderte uns an jeder Art Beobachtung; wir waren froh uns in Mäntel einhüllen und im Gasthause beym Camin sitzen zu können. Die Gegend, durch die wir von Freyburg weg kamen, schienen mir einsam. Nach einigen Stunden kamen wir zum Abhang eines steilen Hügels, und da hinab in ein kleines romantisches Thal, von Felswänden und Wäldern gröstentheils umschlossen. Durch die Tiefe desselben rauscht die Sarine; kleine Wasserfälle plätschern hin und wieder herunter und vermischen ihr Gemurmel mit dem brausen des Flusses. In der Mitte dieses malerischen Thals liegt die Abtey Altenruf, von einer Gesellschaft Mönchen, Cisterzienserordens bewohnt. Die Väter des Klosters führten uns eine Orgelmusik auf; einige spazierten hernach mit uns an den einsamen Ufern der Sarine. --- Von dieſer Abtey weg gelangten wir bey Anbruch der Nacht in das Freyburgiſche Städtchen Bulle. — Bald alſo ſollen Sie einen Brief von der Gegend aus erhalten, nach welcher meine Neugierde ſich ſehnt.

III.

Corſier, am Genferſee.

Nun lebe ich in dem reizendſten Lande von der Welt, an den Ufern des Lemanns, welche die Natur mit allem Groſſen, Lieblichen und Sanften ausgeſchmückt hat; wo Rouſſeau's unſterbliche Heloiſe ſich entwickelte, und jetzt der ſanftempfindende Mathiſſon ſingt! Aber nicht bloß die Schönheiten der Natur entzücken hier mein Aug und Herz; die Freundſchaft hat an dieſer Wonne eben ſo viel Theil. O Freund! was iſt alles Schöne und Gute ohne dieſen Mitgenuß, dieſen Einklang in unſre Empfindungen? Unweit Vevay lebe ich auf dem Lande, bey einer Familie, in deren Mitte Freundſchaft und Hoſpitalität in ſeltenem Grade wohnen; in deren Umgang Geiſt und Herz Nahrung finden; wo ſüſſe Unbefangenheit jede Freude würzt, und kein neidiſcher Blick hinlauſcht.

Das Dorf Corſier liegt in einiger Entfernung von dem See auf ſanfter Anhöhe, von da herab ſich die köſtlichen Räbenbayne des Ryfthals ziehen. In der Nähe liegen die Oerter Vevay, S. Saphorin, Chardonne, Cuilly; die Schlöſſer Hauteville, La Tour, Blonay, Chillon. Zu Corſier ſelbſt ſind viele ſtädtiſche Landſitze, wo abwechſelnd freundſchaftliche Zirkel gehalten werden, bey denen ſelten sich lange Weile einstellt, und die Unterhaltung lebhaft, ohne steiffe Zwanggesetze und geistreich ist. Man scherzt, lacht, liest eine Stelle aus einem interessanten Buche, oder spaziert in der offenen Natur. Die gewöhnlichen Spaziergänge sind, der Dorfplatz neben der Kirche, wo sich an festlichen Tagen die jungen Dorfleute unter Gesang und körperlichen Spielen erlustigen, der Garten des Herrn de Lavel, die Ufer des Sees, oder ein einsamer Wasserfall, la Bergere, der hinter Corsier über einen Fels herab rauscht.

Und so fliessen --- ich fürchte nur zu schnell! meine Tage in dieser paradiesischen Gegend hin. Immer wechseln wissenschaftliche Beschäftigungen mit frölichem Umgang, häusliche Ruhe mit kleinen Reisen, bald in diese, bald in jene benachbarte Gegend. Vevay besuche ich um seiner Nähe willen sehr oft. Diese kleine Munizipalstadt des Païs de Vaud erstreckt sich auf einer Landzunge etwas in den See hinein. Sie hat verschiedne Promenaden längst dem See, wo man unterm Schatten der Bäume wandelt. Die vorzüglichste aber ist der Begräbnißplatz der S. Martinskirche, die hinter Vevay auf einem Hügel liegt. O wie rührend, wenn man da bey klarem Himmel unter den Bäumen die göttliche Aussicht über den Genfersee genießt und bisweilen das Geläute der Glocken, oder beym Gottesdienste die Orgel erschallt! --- Nahe an der Stadt ist eine Fabrike, wo Marmor zu Säulen, Altarstücken, Kamingesimsen, Grabmonumenten u. s. w. bearbeitet wird. Die Fabrike liegt sehr vortheilhaft am See, auf welchem die Steinlasten leicht hin und her geführt werden können. Die Säg- und Schleifmaschinen werden durch einen Kanal der Ve-

bayse in Bewegung gesetzt. Ganz einfach
ist der Bau einer solchen Maschine: Sie besteht
aus einem oberschlächtigen Wasserrad,
an dessen Wendelbaum eine Kurbel befestigt
ist, welche die Säge, ein in Rahmen gefaßtes
starkes Eisen ohne Zacken, horizontal
auf dem untergelegten Stein hin und
her treibt. Eben so einfach ist die Polirmaschine,
und so die Einrichtung für runde
Säulen, Vasen, Urnen, die durch Drehmaschinen
ihre Rundung erhalten. Das übrige
bearbeitet hernach der Bildhauer. —
Ein schönes Werk der Baukunst ist ebenfalls
in der Nähe von Vevay, der Palast
Hauteville. Ein Lustgang von Bäumen
führt in einen Garten mit Aleen, Terassen,
Wasserwerken und Bildsäulen. Das Gebäude
selbst umschließt drey Viertheile eines Hofes.
Die Bauzierathen sind auf nassen Kalk
so optischrichtig gemahlt, daß man sie beym
ersten Anblick für wirkliche Bildhauerarbeit
hält. Im Mittelgebäude erhebt sich ein
Dohm, mit Allegorien und Heldengeschichten
bemahlt. Eine Orgel, Busten und Medaillons
zieren dieß Zimmer, das zu Conzerten
und Bällen bestimmt ist. — Sehr oft
besuche ich in Vevay selbst einen Landschaftzeichner,
Brandoin, der in Rom
und London gelebt und sich von England aus
eine liebenswürdige Gemahlin mitgebracht
hat. Die Gegenstände seiner Kunst sind die
benachbarten Gegenden des Genfersees, die
Schneegebürge, Wasserfälle und romantischen
Dörfer von Wallis und Savoyen. Die Figuren,
welche er zweckmäßig in seine Landschaften
anbringt, bekleidet er allemal nach
dem Costume des Landes. Auf seinen Reisen
durch Italien, Frankreich, England und die
Schweitz, sammelte er sich einen Reichthum
von Studien nach Gebäuden, Ruinen und

Nationaltrachten. In Rücksicht seiner Landschaften muß man freylich, mein Freund, die Werke ihrer Geßner, Hesse oder Wüste nicht vorhergesehen haben, um sie untadelhaft zu finden. Diese Künstler haben die Natur bis in ihr kleinstes Detail verfolgt, und ihren eigenthümlichen Charakter in die Manier des Pinsels überzutragen sich bemühet. Frandoins Werke hingegen haben zu sehr das Gepräge einer gewissen neurömischen Großmanier, die sich bloß mit einem Totaleffekt begnügt, der zwar beym ersten Anblick die Sprache der Bewunderung hervor lockt, aber keine scharfe Untersuchung gestattet. Indeß würde diesem Künstler Unrecht geschehen, wenn man ihn in die Klasse gewöhnlicher Prospektzeichner herab würdigte, die ohne Wahl, ohne Geschmack und Gefühl ganze Schocke illuminirten Quarks, ins Publikum der Dilettanten ausstreuen. Richtige Perspektive, Auswahl des Großen und Aesthetischschönen, und kühne Behandlung, machen viele seiner Blätter schätzenswerth. Sie sind meistens in Aquarella und die größten haben die Form eines englischen Regalfolio. — Aber mehr als Brandoins Blätter gefielen mir ein Paar grosse Landschaften von Parret einem Brittischen Künstler. Hier erscheint die Natur in ihrer vollen Frühlingspracht. Grosser Styl mit Wahrheit und Ausdruck der Natur verbunden! die Bäume mit gewaltigen Stämmen und Laubparthien, unter denen die Aeste sich beugen; Felsen mit Epheu und Gesträuch bewachsen, sind Natur; die Luft zerfließt, und das Wasser scheint klar zwischen Kräutern und über Steine wegzurieseln. So muß die Kunst die Natur nachahmen — wenn sie hinreissen — bezaubern — entzücken soll!

IV.

Corsier, am Genfersee.

Mit meinen Freunden habe ich eine Anhöhe bestiegen, die hinter Corsier liegt, und auf dem Pelerin heißt, um den Ueberblick des Genfersees zu geniessen. Ach Freund! was war das für ein Tag! So voll reinen Lebensgenusses, wie noch keiner! Es waren unser me)rere, nebst einem Bedienten, der ein Fernrohr nebst Mundvorrath mittrug. Die Sonne war noch tief hinter den östlichen Bergen, da wir unsre Reise antraten. Wir hatten ein Paar Stunden zu steigen — aber Munterkeit des Geistes und der zu erwartende Anblick machte uns die Mühe vergessen. Auch wechselte bald der Fall eines Baches mit Wiesenpläne, geschlossene Waldgegend mit offnen Landschaftsparthien — bis wir endlich in ein hohes Bergthälchen kamen, wo eine von Bäumen umgebene Sennhütte und ein paar Viehställe standen. Kühe waideten zerstreut um dieselbe, und ihr Geblöck untermischt mit dem Geklingel der Schellen, war das einzige, was die Stille dieser einsamen Gegend unterbrach. Nirgends keine Aussicht, als in den grossen reinen Aether über uns — aber kaum bestiegen wir noch den nächsten Hügel — und da lag sie vor unserm Auge ausgebreitet die grosse göttliche Gegend des Genfersees:

   Dieß stolz umthürmte Land, gleich Tempe's Flur,
Mit jedem Reiz der Schöpfung übergossen!
Dieß Wunderwerk der göttlichen Natur,
Von Schönheit, wie vom Glanz die Sonn',
   umflossen.

Welcher Claude, welcher Haller oder Mathisson leiht mir Farben oder Worte, meine Empfindungen auszudrücken bey alle den Schönheiten, die jetzt mein wonnetrunknes Auge überschaute? --- Von den hohen umwölkten Riesengebürgen des Wallislerlandes --- bis herab zu den sanft in Duft zerfliessenden Ufern bey Genf, ein grosses göttliches Ganzes, getaucht in die Stralen der aufgehenden Sonne und in den Wiederschein der unabsehbaren glänzenden Fläche des Lemanns. Jede Größe und Majestät vereinigt mit jeder Sanftheit und Anmuth! Paradiesische Ruhe verbreitet über das Ganze --- jede Verschiedenheit in Eins zerfliesend! Hier verschwindet alles Kleinliche, jede hämische Scene, womit engherzige Geschöpfe sich und andern jeden süssern Lebensgenuß rauben! Alles was dem Sterblichen sein Daseyn trübt, scheint auf diesem erhabenen Standpunkte sich in der Harmonie des Ganzen wie ein unreiner Tropfe in der klaren, den Himmel in sich spiegelnden See zu verliehren! --- Da, wo die graulichtblauen Walliserberge ein grosses Amphytheater bilden, fliesst aus ihrem Schoos in manchen Krümmungen der Rhodan, aus dem Gletscher der Furka entsprungen, über flaches Gefild in den See, wo er seine Schlafen verläßt --- und bey Genf klar wieder hervorgeht. Jenseits des Sees ketten sich die hohen Berge Savoyens, vom Ufer herauf bis zu nakten Felsen mit Waldung und Gebüsche romantisch bekleidet. Das liebliche Meillerie an ihrem Fusse verliehrt sich in seiner Kleinheit. Ueber diese grossen mahlerischen Formen ragt in die Wolken empor das beschneite Haupt des Montblanc, und leuchtet in den ersten Strahlen der aufgehenden Sonne, wenn in den Thälern noch Dämmerung herrscht. Unerklimmbar schien die Silberspitze dieses furchtbaren Riesen, wenn nicht ein Saussüre, dessen Forschbegierde jede Gefahr verachtet, kühn den Weg hinauf gebahnt hätte. — In lieblichem Contraste liegen tief zu unsern Füssen die Fluren und Hayne des Waatlands mit ihren Dörfern, Landsitzen und Städten; Häufchen kleiner Wohnungen, die sich blendend weiß aus dem mannichfaltigen Grün von Weinräben, Bäumen und Wiesen heraus heben und nur Punkte in Verhältniß des Ganzen scheinen. Hier Vevay, und das Dorf, wo ich so glückliche Tage geniesse — duftiger dort das volkreiche Lausanne, und endlich dem Auge nicht mehr bemerkbar die Gegend des unruhigen Genf. Sie zieht sich allmählig in sanftem Bogen gegen Westen herum. Dort lebte einst Rousseau, dessen Geist jetzt noch über die Gegenden von Meillerie und Clarens schwebt, die Tage seiner Kindheit. Dort wohnt der weise Bonnet, in dessen Nähe Bonstetten, der als Regent sein Volk beglückt und als Mensch und weiser seelige Tage lebt.

Dieß, mein Freund ist das Schattenbild des unnachahmlichen Gemäldes. Zur andern Seite des Pelerin erscheint von eben diesem Standpunkt ein weniger lachendes Gegenstück zu demselben, die zum Theil wilden Gebürge und Thäler des Cantons Freyburg.

Wir eilten von dieser Höhe zu der Sennhütte herab, weil die Luft ziemlich scharf gieng und die Augen wieder einen beschränktern Gesichtskreis bedurften. Der Senn kochte Molken. Wir setzten uns traulich zu ihm ums Feuer herum. Er tischte uns Käse und Milchrahm auf — wir theilten Schinken und Wein mit ihm, und Frohsinn wurte unser Mahl. O wie glücklich, mein Freund, wer an so einfachen Freuden Geschmack findet!

Während dem wir bey dem Feuerheerd sassen, hatte ich unsern Senn beobachtet. Eine gewisse Feinheit der Sitten und ziemliche Weltkenntniß machten einen seltsamen Kontrast mit seiner Kleidung von Zwillich. Einer meiner Freunde sagte mir nachher, daß derselbe aus einem guten Hause herstamme. Aber Wiederwärtigkeiten hatten ihn frühe verfolgt, Cabalen ihm das städtische Leben verhaßt gemacht, und weder Kriegesdienste noch weniger Hofleben konnten seiner von Natur stillen Seele genug thun -- er faßte den Entschluß eine Sennerey zu errichten, und fand, was er überall umsonst gesucht hatte --- Unabhängigkeit und Zufriedenheit in ländlicher Stille. Den Sommer über wartet er hier oben seinen Alpgeschäften, im Winter wohnt er im Thal bey seiner Familie.

Wir hatten unsre frugale Mahlzeit abgespiesen und nun durchirrten wir die Berggegend. Der Senn zeigte uns seine ganze Oekonomie und machte uns mit dem Butter und Käsemachen bekannt. Endlich sezten wir uns alle an den Schatten einer grossen Buche und vor uns lag wieder das ganze göttliche Paradies ausgebreitet. An der Seite der Freundschaft so einen Anblick geniessen, geht über alle Beschreibung! Wie erweitern sich da die Begriffe von einer Gottheit, die in ihrem ganzen unabsehbaren Plan Liebe zur Basis hat! Unbegreiflich werden einem da die Scenen der Grausamkeit, an denen der von der Einfalt abgewichene Mensch und seine unersättlichen Begierden Ursache sind!

Im Begleite des freundlichen Senns fanden wir eine weniger steile Strasse ins Thal, als die, die uns auf den Pèlerin geführt hatte. Zwischen den Dörfern Corso und Chardonne kamen wir durch die Räbenhanne des Ryfthals herab. Ein beträchtlicher Theil derselben gehört dem Freund, bey dem ich lebe. Ueber 20000. Räbstöcke hat er aus Burgund hieher verpflanzt. Ziemlich verschieden scheint hier der Räbbau von einigen andern Gegenden der Schweiz. Dort scheint das Augenmerk mehr die Menge, hier mehr die Güte der Trauben. Die Weinräben werden an ganz niedrige Stäbe gebunden und klettern den Felsen nach, so daß die Sonnenhitze mit gedoppelter Kraft auf sie würken kann. So ein Räbberg gleicht oft einer Treppe, weil da, wo der Fels fehlt, niedrige Mauern in die Länge gezogen sind. Kostspielig scheint also die Unterhaltung dieser Weinberge, aber dafür wird der Nektar, der aus denselben gekeltert wird, desto theurer verkauft und bloß für lekere Gaumen gebraucht.

Bey der Abenddämmerung gelangten wir wieder in das liebe Dorf Corsier — und bey frohen Erzählungen und Gesang und Clavier liesse sich im Hause meines Freundes die Müdigkeit leicht vergessen.

Aber mein Freund, nun werde ich bald diese Gegenden verlassen, noch ehe ich sie ganz gesehen habe! Wie bald sind doch die frohen Zeitpunkte des Lebens vorüber! Aber lange werde ich sie in der Rückerinnerung wieder geniessen, und nie wird mir die liebe Schweiz, dieß Land der Harmonie, der Einfalt und des Biedersinns aus dem Gedächtniß schwinden! Der Himmel segne Sie immer mit diesen beßten Gütern! Leben Sie wohl!

Schwanau. *)
Ein Schweitzerisches Fischergedicht.

Lenchen. O wie wohl ist mir, daß ich wieder hier bin! Das war ein Wagstück, diese Reuse zu holen! — Nein, du böser Bruder! Wenn die Sonne hinab ist, setz' ich dir keinen Fuß mehr in jenen zertrümmerten Thurm.

Simon. Ha, wie du schnaubest! — Furchtsames Täubchen, sahst du nicht gar ein Gespenst? — Glaube mirs nur, der Thurm ist mir lieb: nirgends verwahr' ich meine Geräthe so bequem, nirgends so sicher wie dort.

Lenchen. Hu! Es ist so schauerig in seiner düstern Höhlung. Eidechsen zischen unten an den Wänden, Grillen zirpen, Käuzchen rufen, Fledermäuse flattern, und der Abendwind flüstert so heimlich in den Sträuchen am alten Gemäuer. Gieb mir nur das Schöpfholz her, gern leer' ich den Nachen: aber deine Reusen, Bruder, — magst du selbst holen.

Simon. So nimm hin, und sage mir: Hat diese Insel keine Reitze für dich! Möchtest du hier nicht wohnen, nicht pflanzen und säen, in dieser Einsamkeit voll Ruhe, ganz allein mit deinem Geliebten?

Lenchen. Ach, lieber Simon, mit ihm für immer! aber doch weit von dem Thurme; denn ich fürchte, dort spuckt es!

Simon. Laß das jetzt, du scheues Kind! und wisse: Schon oft fiel mir bey; wenn aus den Steinen jenes alten Gemäuers für euch

---
*) Die größere Insel im Lauwerzer-See, im Canton Schweitz.

ein neues Häuschen entstünde; wenn eure fleißigen Arme dieser Einöde Früchte entlockten; so wäret ihr ein glückliches Paar. Sonst, fürchte ich, dürft ihr noch Jahrelang seufzen: Denn Armuth hindert eure Verbindung, wie eine neidische Zwischenwand zweyer Liebenden Umarmung.

Lenchen. Ein glücklicher Einfall, lieber Bruder! Laß dich küssen dafür! Aber — wenn nun das Häuschen dem Schutte entstiegen wäre, wenn alles im schönsten Flor stünde, und wir Armen würden vertrieben? Welch ein trauriges Loos! O sprich, wessen ist das Gelände?

Simon. Wahrscheinlich niemands! Sieh nur die überständigen Grashalmen an! Hier weidet und mäht ja kein Mensch. Einst, als unsre Aeltern unter dem Joche noch seufzeten, drohte dort eine starke Burg, von Zwingherrn bewohnt: sie herrschten strenge auf der Insel und am Lande. Becherklang und Lieder zarter Fräulein hallten ehemals, wo jetzt Heimchen schwirren und Eulen rufen. Aber auch Seufzer und der Gefesselten Jammer drang damals aus ungesunden Grüften, die nun im ruhigen Schutte schweigen. O Glück, daß sie schweigen! Ich weiß die Geschichte ihrer Zerstörung: es ist ein schaueriges Lied. Laß mich nur erst die Reusen holen; sonst möchte ich, in tieferm Dunkel, an Steinen die Füße mir wund stoßen.

Da lief er zum Thurme, und Lenchen schöpfte das Wasser aus dem Nachen. Dann senkten sie die Reusen ins Schilf, und Simon begann auf der Heimfahrt zu singen:

Am Ufer der lieblichen Insel Schwanau
Gieng Lischen, mit Augen wie Wegwart
so blau,

Mit reitzendem Wuchse, und rosigen Wangen.--
Das Mädchen war ihren zwey Brüdern dahin
Von Lauwerz gefolgt, um die Netze zu ziehn,
Und Fische dem Vogte des Schlosses zu fangen.

Nun trug sie im Handnetz den Ausbund davon
Zur Küche der Burg, wo die Speisefrau schon,
Am Heerde geschäftig, nach Fischen sich sehnte;
Indeß nach erwarteten Gästen zu spähn,
Und Lischens anziehende Reitze zu sehn,
Der müßige Schloßvogt ans Fenster sich lehnte.

Kaum stand sie am Herde, da rief er ihr zu:
„Komm, Mädchen, herauf, und empfange, was du
„So redlich verdienst, ein Geschenk und die Löhnung!"
Nun stieg sie zum Vogte die Treppe hinan.
Er schloß die Gemächer, umarmte sie dann,
Und that des abscheulichsten Preises Erwähnung.

Zudringlich entweihte des Lüsternen Hand
Des Busens Verschämtheit; vergebens entwand
Sie kämpfend jungfräuliche Reitze dem Frechen.
Vergebens nur rief sie: Vergiß nicht der Pflicht,
„Die Unschuld zu schützen! Entehre mich nicht!"
Nichts konnte des Rasenden Gierigkeit schwächen.

Laut schrie sie: er hielt ihr den Mund zu, und stieß
Sein Sacktuch ihr zwischen die Zähne, und riß,

Wie Bären, umklammernd, sie hin zu der
Stätte,
Wo Blumen oft welkten, vom Frevel zer-
knickt,
Die gerne nur welken, wenn Liebe sie
pflückt.
Entrüstet sank Lischen vom häßlichen Bette.

Wild fuhr sie empor, und versuchte zu fliehn,
Er folgt': es gelang ihr, den Riegel zu ziehn;
Und sich aus des Schändlichen Armen zu
winden.

Sie stürzte verstört von der Treppe durchs
Thor,
Durch Sträuche am Ufer, durch Riethgras
und Moor,
Um Zuflucht bey ihren zwey Brüdern zu fin-
den.

„Was stutzet ihr, Brüder? Was staunt
ihr mich an?
„Ihr seht mich entehret: der Vogt hat's
gethan!„
So rief sie, und schluchzte, und wünschte zu
sterben.

Sie hörtens mit Ingrimm und steigender
Wuth:
„Pfuy, gräßliche Schandthat! Dich rächet
nur Blut!„
Und schwuren dem Bösewicht Tod und Ver-
derben.

Sie wußten: oft wandelt' er Abends am
Strand,
Und ruderte heimlich zu Dirnen ans Land:
Dort laurten sie einmal; dort laurten sie
wieder!

Da kam er geschlichen, ein Diener ihm nach:
„Zur Wehr nun, du Mädchenverderber!
Die Schmach
Der Schwester entflammet zur Rache die
Brüder!„

Verzagt, ist das Laster; der Diener entlief;
Der Frevler fiel ihnen zu Fußen, und rief:
„ Erbarmung, Erbarmung, ihr rächenden
Brüder!„ ---
„ Du hast nicht das Flehen der Unschuld
erhört;
„ So bist du auch unsrer Erbarmung nicht
werth!„
Sie sprachens, und schlugen mit Kolben ihn
nieder.

Schnell rannte die blutige Sage durchs Land
Zum Grafen von Habsburg: „Was? legten
sie Hand
„ An meinen Beamten? so rief er, sich brüstend,
„ Wer darf sich erkühnen, selbst Rächer zu
seyn?
„ Man greife die Thäter! Der Blutbann
ist mein!„
Nun liefen die Häscher, zum Fange sich rü-
stend.

Nachts kamen sie, polternd, den Fischern
vors Haus.
Allein da erscholl es zum Fenster heraus:
„ Zieht friedlich zu dem, der euch sandte,
von hinnen!
„ Und sagt: was geschah, sey mit Rechten
geschehn!
„ Hier geb' es viel Arme, mit Waffen
versehn:
„ Nur Beulen und Wunden sey'n hier zu gewinnen!„

Vielstimmig ertönte dann Kriegesgesang,
Und drohender Waffen erschütternder Klang.
Die Häscher entflohn, um Entschlüsse zu fassen.
Hoch hatten, von Lißchens Geliebtem be-
schwört,
Zehn Tapfere, lieber zu sterben, betheurt,
Als --- Rächer der Unschuld bestrafen zu lassen.

„ Gerechtigkeit, hieß es, schwingt selten das
  Schwert
„ Auf Obre, obschon sie Verbrechen entehrt:
„ Der Kühne nimmt Rache, und spottet der
  Kette!„
Dann brachen sie sämmtlich zur Hausthür
  hervor,
Zu spähen, wohin sich die Rotte verlor,
Die gerne dem Kerker sie zugeführt hätte.

Doch alles war stille: kein lispelnder Hauch
Verrieth, daß die Feinde im dichtesten
  Strauch,
Voll Hinterlist, laurten, um sie zu verderben.
Bald kehrten sie ruhig zurück in das Haus.
Nur wandelte Lischens Geliebter hinaus
Nach Steinen *,) um neue Verfechter zu wer-
  ben.

Die Laurer umschlichen ihn, drangen heran,
Und schleppten den Kämpfenden weg in den
  Kahn,
Der ihn nach Schwanau fuhr zu Kerker und
  Ketten.
Sein Schreyen um Hülfe durchhallte die
  Nacht:
Die Rächer vernahmens, und schifften mit
  Macht
Den Eilenden nach, die Gefährten zu retten.

Umsonst! Da sie landeten, schlossen sich schon
Die Thore der Burg, und des Jammernden
  Ton
Beklagte aus düsterer Haft sein Verhängniß.
Sie tobten am Tohre da that es sich auf;
Nur wenige flohen im glücklichen Lauf
Zum Schiffe, die andern verschlang das Ge-
  fängniß.

---

*) Ein grosses Dorf nicht ferne von Lauwerz,
der Wohnort Werners von Stauffach.

Die Flüchtlinge weckten die Dörfer umher
Zu Wehmuth und Zürnen: Kühn griff nun
 zur Wehr,
Was Mann war, und schiffte zum Zwingher-
 ren-Neste,
Und foderte: laßt die Gefangenen los!
Man ließ sie nicht los. Und die Menge be-
 schloß,
Zu stürmen; verbrannt' und zerstörte die Veste.

Voll Scham und Verzweiflung mied Lischen
 das Land,
Und barg sich im Reste des Thurmes: dort
 fand
Ihr Lieber sie weinend und wünschend zu
 sterben,
Und bat sie zu leben für Tugend und ihn:
Da gab sie, mit Thränen, dem Treuen sich
 hin.
„Glück quillt so aus Tugend, aus Laster Verderben."

Bronner.

Erklärung der Kupfer.

1.

Wenn man vom Ufer zu Wallenstadt links über das Riedtfeld geht, so führt endlich ein Pfad in abwechselnden Krümmungen längs dem See hin. Bald schließt sich die Gegend in einen kleinen Buchwald, und öfnet sich plötzlich wieder gegen die jenseitigen hohen Berge des Toggenburgs. Bisweilen trift man auf Ruinen, wie die zu **Bommerstein**, wo vormals Edle und Ritter wohnten; bald auf einsame Hütten, die von brettern aufgeführt sind — oder gar, weiter nichts als Felsblöke zu Wänden und Baumäste zum Obdach haben. Der sprechendste beweis mit wie wenig sich der Mensch begnügen kann! — Hier wars, wo, beym Anblick des Dörfchens **Quinten**, von dem Bilde der Einfalt gerührt, der Fischerdichter Bronner eine liebliche Idylle entwarf.

2.

Wenige Ufer sind so abwechselnd mahlerisch, wie die auf der östlichen Seite des Zugersees. Hier ist schon mehr Wohlstand und künstlicherer Bau der Häuser, als dort an den Ufern des Wallenstattersees. Die Dörfer **Waldweil** und **Oberweil** ligen in romantischer Hirtenflur. Räbengeländer ziehen sich über die Seeufer hin, und umflattern die Gehäge und die gewätteten Landhütten. Hinter ihnen erheben sich grasreiche Viehweiden, und Kastanienwälder — vorüber erscheint der zu jeder Tagszeit und in jeder Beleuchtung schöne und fruchtbare **Rigtberg**.

3.

Reichenau ligt am Fuße eines Theils des hohen Flimserberges in Graubündten, da wo der vordere und hintere Rhein sich vereinigen. Es besteht aus einem Schloß und Zollhause nebst einigen andern Gebäuden. Etwas höher erscheint das Dorf Tamins. Die Herrschaft Reichenau gehört einem Freyherrn von Schauenstein und Riedtberg, der ebenfalls im Dorfe Tamins gewisse Rechtsamen hat.

4.

Unter den verschiedenen, bald beschränktern, bald erhabenen Aussichten, die man auf dem Rigiberg genießt, ist beym herauf steigen von dem Fleken Arth aus, eine der lieblichsten die über das kleine Thal, in welchem der Lowerzersee ligt. Zur rechten erheben sich die Berge von Steinen --- zur Linken ein Arm des Rigi und gerade vorüber die oben ganz kahlen Felsenspizen des Schweterhakens und des Mythen. Mitten in diesem kleinen Thale ligt der reizende See mit seinen zwo Inseln, auf deren einer die Burg Schwanau stand, und auf beiden sich Eremiten angesiedelt haben.

5.

Steinen am Lowerzersee im Canton Schweiz ist der Geburtsort Wernhers von Stauffach, eines der Urheber der helvetischen Freyheit. Beweggrund genug für jeden Helvetier, diesen Ort zu besuchen, obschon nur noch der Plaz da ist, wo die Wohnung dieses Retters des Vaterlands ge-

standen hat. Hinter Steinen ligt auf der
Anhöhe, die eine reizende Aussicht beherrscht,
die Capelle, die hier vorgestellt ist.

6.

Die Ruinen von Trostburg ligen in der
Landvogtey Lenzburg im Canton Bern.
Das Schloß gehörte ehemals den Edlen von
Hallweil. Von dem Schloße Liebegg aus
geht der Weg dahin sehr romantisch neben
Felsenwänden und Bäumen, zwischen welchen leztern man in ein einsames Thal herab sieht, um eine Bergeke herum. Wenig
bewohnbares ist mehr in diesen Ruinen.
Seine Thürme und zerfallenen Mauern sind
sehr malerisch mit Gebüsche und Epheu bekleidet.

Verzeichniß von Ankunft und Abgang der Posten in der Schweitz.

Zu Zürich kommen an:

Sonntag Morgens um 11. Uhr von Arau, mit Briefen von Bern, Genf, und ganz Frankreich; von Basel, Straßburg, Elsaß, Lothringen ꝛc. Abends um 5. Uhr die Briefe und schwere Sachen von St. Gallen, Rorschach, Lindau ꝛc. It. die Messagerie v. Bern.
Montag Abends um 8. Uhr die Dilligence von Augspurg und Kostanz.
Dienstag Morgens der Bot von Glarus und verschiedene Böte aus dem Thurgäu. Abends um 5. Uhr die Post von Schaffhausen mit Briefen aus Deutschland, Holland u. England. Um 6. Uhr aus Italien.
Mittwoch Morgens um 7. Uhr ein Fußbot mit Briefen von Basel, Strasburg, Elsaß, Lothringen, Paris und dem ganzen westlichen Theil von Frankreich. ** die Post von St. Gallen mit Briefen ʒ weren Sachen. Abends um 5. Uhr ein B on Schaffhausen mit Briefen und Zeitungen. It. die Messagerie von Basel, so auch Passagiers führt.
Donnstag Morgens der Churerbott auf dem Münsterhof. Um 10. Uhr die Post von Arau, Bern, Lyon und dem mittägigen Theil von Frankreich. It. v. Basel. Nachmitt. um 1. Uhr der Bot von Luzern, beym Schwerdt. Abends um 8. Uhr der Waldshuterbot mit schweren Sachen, so auch Passagiers führt.
Freytag Morgens die Nebenböte von Schweiz, Zug, Glarus und andern Orten der Schweiz. Abends um 5. Uhr die Post von Schaffhausen, mit Briefen aus Deutschland und dem Reich, Holland und England. Um 6. Uhr die Briefe aus Italien.

Samstag Morgens um 7. Uhr die Post von St. Gallen mit Briefen und schweren Sachen von Rorschach, Lindau, Memmingen ec. Item der Fußbot von Basel wie am Mittwoch. Mittags der Geldstock von Basel. Abends um 7. Uhr ein Bot von Schaffhausen mit Briefen und Zeitungen.

Zu Zurich gehen ab :

Sonntag Abends um 3. Uhr die Post nach St. Gallen mit Briefen nach Rorschach, Lindau, Insprugg, Tyrol, Augspurg. Jt. mit Paquets u. Geldgrouppen nach St. Gallen.
Montag Morgens um 5. Uhr die Dlligence nach Kostanz und das ganze Reich, mit schweren Sachen und Personen. Um 7. Uhr nach St. Gallen und Lindau mit Briefen und schweren Sachen. Abends um 8. Uhr Briefe und schwere Sachen nach Schaffhausen.
Dienstag Morgens die Messagerie nach Bern. Abends um 7. Uhr der Glarnerbot.
Mittwoch Morgens um 10. Uhr die Post nach Arau, Bern, Lausanne, Genf und ganz Frankreich. Item nach Basel, Straßburg, Elsaß, Lothringen ec. Um 11. Uhr nach Schaffhausen, ganz Deutschland, Holland u. England. Abends um 7. Uhr nach Italien.
Donnstag Morgens um 7. Uhr die Messagerie nach Basel. Die Waaren werden bis 5 Uhr Mitwoch Abends abgenommen. Abents um 3. die Post nach St. Gallen mit Briefen und schweren Sachen. Um 8. Uhr Briefe und schwere Sachen nach Schaffhausen.
Freytag Mittag der Waldshuterbot mit schweren Sachen und mit Passagiers. Nachmittag verschiedene Nebenböte in alle Orte der Schweiz. Abends um 7. Uhr der Glarnerbot.
Samstag Morgen um 10 Uhr nach Arau, Bern, Lausanne, Genf und ganz Frankreich. Jt. nach Basel, Straßburg, Elsaß und Lothringen ec. Nachmittag um 1. Uhr die Briefe

nach Schaffhausen, in das Reich und Niederlande. Um 3. Uhr der Geldstock nach Basel. Item der Churerbot. Abends noch ein Fußbot mit den nachkommenden Bündtner- und Glarnerbriefen. Um 7. Uhr nach Italien.

Zu Bern kommen an:

Sonntag, Morgens um 7. Uhr die Post von Basel, Schaffhausen, Zürich und Deutschland, Elsaß, Lothringen, Burgdorf, Ergäuw, Solothurn. Die Post von Neuenburg, Frankreich. Um 9. Uhr von Genf, Piemont und Welschland.

Dienstag, Morgens um 7. Uhr die Post von Neuenburg. Um 9. Uhr die Post von Schaffhausen und Basel, Holland und England, Thun und Oberland.

Mittwoch, Morgens um 9. Uhr die Post von Genf, Frankreich, Italien und Welschland. Um 11. Uhr die Post von Lucern.

Donnstag, Morgens um 7. Uhr die Post von Basel, Zürich, Schaffhausen, wie am Sonntag. Um 9. Uhr die Post von Thun und die Landkutsche von Zürich. Um gleiche Zeit die Post von Genf, ꝛc. Abends der Waarenwagen von Basel.

Freytag, Morgens um 7. Uhr die Post von Neuenburg. Um 9. Uhr die Post von Schaffhausen, Holland und England. Um 10. Uhr die Waarenwagen von Genf.

Samstag, Morgen um 10. Uhr die Post von Genf und Italien. Mittags die Post von Thun. Um 2. Uhr Nachmittags von Lucern.

Zu Bern gehen ab:

Sonntag Morgens um 11. Uhr die Post nach Neuenburg und Frankreich. Mittags nach Burgdorf, Aergäuw, Schaffhausen, Basel, Deutschland, Holland, item nach Genf, Welschland. Die Post nach Thun, Oberland, Lucern, ꝛc.

Dienstag um 11. Uhr die Post nach Neuenburg. Mittags nach Genf, Piemont und Italien. item nach Thun.
Mittwoch Morgens die Post nach Basel, Zürich, Schaffhausen, Deutschland, Holland und England, Elsaß und Lothringen. Solothurn und Aergäuw.
Donstag Morgen um 11. Uhr die Post nach Neuenburg. Mittags nach Genf, wie am Sonntag. item nach Burgdorf, Aergäuw, Schaffhausen, Thun und Lucern.
Freytag Mittag die Post nach Genf und Italien. Die Landkutsche auf Zürich und die Waarenwagen auf Basel und Genf.
Samstag Abends um 3. Uhr die Post nach Basel, Zürich, Schaffhausen, Solothurn, Aergäuw, Deutschland, Holl- und England.

Zu Luzern kommen an:

Sonntags der Bott von Solothurn mit Briefen aus Frankreich, item von Freyburg im Nechtland. Um 7. Uhr von Baaden.
Montag Nachmittag um 3. Uhr die Bernpost. item die Bötte von Willisau, Münster, Sursee, Zug, und die Schiffe von Uri und Schweitz.
Dienstag Vormittag um 8. Uhr von Basel; auch die Mayländer Post; item die Bötte von Einsiedlen; die Schiffe von Küßnacht und Unterwalden.
Mittwoch Nachmittag um 3. Uhr von Costanz.
Freytag Vormittag um 9. Uhr die Post von Bern und von Mayland. Abends von Sursee, Münster, Zug, Unterwalden.
Samst. Morgen um 7. Uhr der Bot v. Zürich.

Zu Luzern gehen ab:

Dienstag Morgen um 9. Uhr die Post von Bern; item die Bötte von Willisau, Sursee, Zug, Einsiedlen, um 12. Uhr, und die Schiffe an umligende Oerter.

Mittwoch Morgens um 5. Uhr nach Baa-
den; um 8. Uhr die Schiffe nach Uri,
Schweitz. Nachmittag um 2. Uhr nach
Basel und Mayland. Nachts nach Zürich
und Solothurn.
Freytag Morgens um 8. Uhr nach Costanz;
Nachmittag um 2. Uhr nach Bern.
Samstag Mittag die Bötte nach Sursee,
Münster, Zug, ꝛc. Nachmittag um 2.
Uhr nach Mayland, ꝛc.

Zu Basel kommen an:

Sonntag Morgens um 9. Uhr die Briefe aus
der ganzen Schweitz, von Genf, Savoyen,
Sardinien, Piemont und Italien; item
von Elsaß, Lothringen; ferner aus Oestreich, Tyrol, Schwaben und Schaffhausen.
Um 11. Uhr die Messagerie von Solothurn,
Bern, aus dem ganzen Welschland, Neuschatel, Genf, Lyon ꝛc.
Montag Morgens die Briefe von Frankfurt,
Sachsen, Holland, England, Frankreich,
Spanien ꝛc. Die Briefe von Schaffhausen
und aus dem ganzen deutschen Reich, Oesterreich, Böhmen und Ungarn. Gegen Mittag
der Frankfurter Postwagen.
Dienstag Morgens die Briefe von Frankfurt,
wie am Montag. Ferner die Briefe aus
ganz Elsaß und Lothringen. Item die Bot-
ten von Müllhausen, Bruntrut ꝛc.
Mittwoch Morgens die Post von Augspurg,
Nürnberg, Schwaben, Franken, Bayern ꝛc.
Donnstag Morgens die Briefe aus der ganzen
Schweitz, Piemont, Italien, Frankfurt
und Niederlanden. Item aus Frankreich,
England, Spanien, wie am Montag. Item
die Briefe von Straßburg, Elsaß, Lothringen. Abends der Müllhauser Bot.
Freytag Morgens die Briefe von Frankfurt,
wie Montag, Dienstag und Donnstag. It.

gegen Mittag der Bot von Lucern; gegen
Abend von Bruntrut. It. die Meßagerie
von Zürich.
Samstag Morgens die Briefe aus ganz Frankreich, England und Spanien, wie am Montag und Donnstag.

Zu Basel gehen ab:

Sonntag Morgens der Luzerner-Bot. Mittags um halb 2. Uhr der Müllhauser-Bot. So wie auch die Post nach Straßburg, Elsaß, Lothringen.
Montag Mittag um 11. Uhr die Post nach Frankreich, England, Spanien, Burgund. Item um 4. Uhr im Winter, und um halb 6. Uhr im Sommer die Briefe nach Frankfurt, Sachsen, Braband, Flandern, Holland, England. Abends um 4. Uhr der Postwagen nach Frankfurt, Heilbronn, Nürnberg.
Dienstags Morgens früh die Meßagerie nach Zürich. Mittags um 2. Uhr die Post nach Straßburg, Elsaß, Lothringen. 2c. Item die Post nach Zürich, und ganz Italien.
Mittwoch Morgens die Meßagerie nach Solothurn, Bern, Neuschatel, Lausanne, Genf, Lyon. 2c. Item, der Bruntruter-Bot. Um halb 11. Uhr nach Frankreich, England, und Spanien, wie am Montag. Um halb 2. Uhr nach der ganzen Schweitz, St. Gallen, Genf, Piemont und Savoyen. Item, nach Schaffhausen, ins Reich und nach Sachsen. Um halb 4. Uhr im Winter und um halb 6. Uhr im Sommer die Briefe nach Frankfurt, wie am Montag.
Donnstag Nachmittag die Briefe nach Frankfurt 2c. wie Montag und Mittwochen.
Freytag Morgens um halb 11. Uhr die Post nach Frankreich, England und Spanien,

wie am Montag und Mittwoch. Item, um halb 2. Uhr nach Straßburg, Elsaß und Lothringen. Zu Mittag der Müllhauser-Bot. Um halb 3. Uhr die Post nach Zürich, Bündten, ganz Italien. It. nach Schaffhausen, in das ganze Reich ꝛc.

Samstag Morgens der Bruntruter-Bot. Um halb 3. Uhr die Post nach Schaffhausen, mit Briefen ins Reich, wie am Mittwoch. It. die Briefe nach der ganzen Schweitz, wie am Mittwoch. - Abends die Briefe nach Frankfurt, wie am Mittwoch.

Zu Schaffhausen kommen an:

Sonntag Morgens um 6. Uhr die Post von Basel, mit Briefen aus ganz Frankreich, sodann aus Deutschland, und aus dem Reich. Ferner von Insprugg, Boßen, Trient, Venedig, Mantua, ganz Tyrol, und Oesterreich. Ingleichem die Briefe von Freyburg im Brisgau. Nachmittag um 1. Uhr die Post von Bern, aus dem ganzen Pays de Vaud, Genf, Lyon, Marseille.

Montag Morgens die Briefe von Frankfurt, Niederland, Holland, England. ꝛc. Nachmittags um 1. Uhr die Post von Bern, Genf, Lyon, Savoyen, und Piemont.

Dienstag Morgens die Post von Frankfurt, Stutgardt. ꝛc. Item aus dem Reich, Schwaben, Franken, Bayern, Oestreich, Ungarn, Böhmen, und Schlesien. Ferner von Costanz, Lindau, St. Gallen, aus dem Thurgäu, Appenzell und Toggenburg, wie auch von Freyburg in Brisgau. Nachmittag um 4. Uhr die Post von Zürich.

Mittwoch Morgens die Post von Insprugg, mit Briefen wie am Sonntag. Abends um 7. Uhr die Post von Zürich, aus der Schweitz, von Lugans und Meyland. Um 8. Uhr die Post von Basel, mit Briefen aus ganz Frankreich.

Donnstag Morgens der Postwagen von Strasburg, Frankfurt ꝛc. Sodann die Post von Frankfurt, wie am Montag. Item, aus dem Reich und Sachsen.

∙ ∙ Nachmittag um 1. Uhr die Post von Bern, mit Briefen wie am Montag. Item die Briefe von Costanz.

Freytag Morgens die Post von Frankfurt, Stutgardt ꝛc. Item die Reichspost, wie am Dienstag.

∙ ∙ Nachmittag die Post von Bern, wie am Sonntag. Ferner die Briefe von Zürich, Luzern und Bündten.

Samstag Morgens die Briefe von Costanz, St. Gallen ꝛc.

∙ ∙ Nachmittag der Postwagen von München, Wien ꝛc.

∙ ∙ Nachts um 10. Uhr die Briefe von Zürich, Glarus, Meyland und ganz Italien.

Zu Schaffhausen gehen ab:

Sonntag Morgens um 7. Uhr die Post nach St. Gallen, Frauenfeld, Herisau, Bischofzell, Rorschach, Ardon, Rheinegg, Toggenburg, Appenzell ꝛc. Item, ins Reich, und nach Sachsen, Hamburg, und ganz Norden.

∙ ∙ Nachmittag um 1. Uhr die Briefe nach Costanz, Stein, Steckbohrn, Lindau, Bregenz, und in das Algäu. Item, die Post nach Stutgardt, Frankfurt ꝛc. in die Niederlande und ganz England. Ferner ins Reich. ꝛc.

Montag Morgens um 7. Uhr nach Bern, Zurzach, Arau, Freyburg, Neuschatel, ins Pays de Vaud und Wallisserland, nach Genf, Lyon, Marseille.

§ - Nachmittags um 1. Uhr nach Frankfurt, Holland und Niederland. Item nach Freyburg in Brisgäu ꝛc. nach Oestreich, Tyrol, Italien, Neapel, Sicilien und Maltha.

Dienstag Morgens um 7. Uhr nach Basel, Frankreich und Spanien. Um 8. Uhr nach Zürich.

§ - Abends um 3. Uhr nach St. Gallen, Costanz, Stein, Steckbohrn, Frauenfeld, Herisau, Bischofzell, Rorschach, Arbon, Rheineck ꝛc.

Mittwoch um 6. Uhr der Postwagen nach München, Wien ꝛc. Um 7. Uhr die Post nach Bern, Solothurn, Genf, Lyon, Marseile, ganz Savoyen und Piemont. Item, nach Zürich, Lucern, Uri, Schweitz, Unterwalden, Zug, Glarus, Lugano und Mayland.

§ - Abends um 8. Uhr die Post ins Reich ꝛc. wie am Sonntag.

Donnstag Morgens um 7. Uhr die Post nach Bern, wie am Montag.

§ - Nachmittag um 1. Uhr nach Costanz, Stein, Steckbohrn, Lindau, St. Gallen, Herisau, Bregenz und das Algäu. Ferner, die Post nach Stutgardt, Frankfurt, Niederland und ganz England, wie am Sonntag. Sodann ins Reich ꝛc.

Freytag Morgens um 7. Uhr die Post nach Basel, Frankreich und Spanien. Um 8. Uhr nach Zürich, Chur und ganz Bündten. Um 9. Uhr der Postwagen nach Strasburg, Frankfurt ꝛc.

§ - Nachmittag um 4. Uhr die Post nach Frankfurt, Holland und Niederland. Item, ins Reich, Ungarn, Böhmen und Schlesien. Item, nach Insprugg und Italien, wie am Montag. Ferner nach Freyburg in Brisgäu.

Samstag Morgens um 7. Uhr die Post nach
Bern, wie am Mittwoch. Item, nach
Zürich, Lucern, Mayland, Piemont und
Genua.

Zu St. Gallen kommen an:

Sonntag Nachmittag der Lindauerbot mit
Reichsbriefen.

Montag Morgens um 6. Uhr die Post von
Zürich, Bern, Solothurn, Genf, Piemont, Burgund, Lyon, Frankreich, Basel
und Schaffhausen.

Dienstag Morgens um 6. Uhr ein Bot mit
Briefen und schweren Sachen, so von und
über Zürich kommen.

• • Nachmittag um 2. Uhr die Post von Bregenz mit Briefen von Chur, Mayland, Insprugg, Bozen, Venedig und ganz Italien.

Mittwoch Nachmittag der Lindauerbot mit
Briefen aus dem Reich: Item, von Insprugg, Tirol und Venedig ꝛc.

Donnstag Morgens um 6. Uhr die Post von
Schaffhausen.

Freytag Morgens um 5. Uhr die Post von
Zürich mit Briefen, wie am Montag.

Samstag Nachmittag die Post von Bregenz mit
Briefen aus Italien und Abends der Bot
von Lindau mit Briefen, wie am Mittwoch.

Zu St. Gallen gehen ab:

Montag Mittag um 1. Uhr die Post nach Bregenz. Um 2. Uhr die Briefe nach Bündten
und ganz Italien.

Dienstag Morgens um 8. Uhr der Lindauerbot mit Briefen ins Reich. Item, ins
Tirol, Insprugg, Venedig ꝛc.

• • Nachmittag um 3. Uhr die Post nach Zürich, Bern, Solothurn, Genf, Piemont,

Burgund, Lyon, Frankreich, Basel und
Schaffhausen.
Donstag Nachmittag um 2. Uhr die Post nach
Schaffhausen.
Freytag Morgens um 7. Uhr der Bott nach
Lindau, mit Briefen wie am Dienstag.
* * Mittag um 1. Uhr die Post nach Bregenz
wie am Montag. Um 3. Uhr die Post nach
Zürich wie am Dienstag.
* * Abends um 6. Uhr wieder ein Bott nach
Lindau, mit Reichs-Briefen.
Samstag Abends ein Bott nach Zürich mit
Briefen, und schweren Sachen.

Zu Genf kommt an.

Die Post aus Frankreich. Montag Morgen
um 8. Uhr. Dienstag Mittag. Donstag
Morgen um 8. Uhr. Samstag Morgens
um 8. Uhr.
Die Post aus Italien. Dienstag Morgen
um 10. Uhr. Samstag Morgen um 10.
Uhr die Post aus der Schweitz. Montag
Morgen um 9. Uhr. Mitwoche Morgens
um 7. Uhr. Freytag Morgen um 9. Uhr.
Samstag Morgen um 7. Uhr.

Zu Genf gehen ab.

Die Post nach Frankreich. Montag Mittag
um halb 3. Uhr. Mittwoche Mittag. Freytag Mittag. Samstag Nachmittag um 2.
Uhr.
Die Post nach Italien. Dienstag um halb
10. Uhr. Freytag um halb 10. Uhr Morgens.
Die Post nach der Schweitz. Dienstag Mittag und Abends. Mittwoche um 3. Uhr.
Freytag um 4. Uhr. Samstag um 3. Uhr.

Reise-Route
durch die Schweitz.

1. Von Zürich auf Altorf. 14 und 3 Achtel Stund.

Biß Zug sehet Nro. 23. 5 ein halbe Stund. Oberweil 1 Vrtl. An der Egelen 3 Vrtl. Walchweil 1 halbe. St. Adrian 1 Vrtl. Arth 1 halbe. Goldau 5 Achtel. Büsigen 1 halbe. Lawerz 1 Vrtl. Sewen 3 Vrtl. Brunnen 1. Ueber den See nach Flüelen 3. Altorf 1 halbe.

2. Von Zürich auf Appenzell. 17 Stund.

Biß Gossau sehet Nro. 17. 13 3 Vrtl. St. Herisau 1. 1 Vrtl. Hundweil 1. Appenzell 1.

3. Von Zürich auf Basel. 16. 1 halb St.

Höngg 1. Weiningen 1. Oetweil 5 Achtel. Würenloß 5 Achtel. Wettingen 5 Achtel. Baden 3 Achtl. Geblstorff 1. 1 Vrtl. Fahr zu Windisch 1 Vrtl. Königsfelden 1 Vrtl. Brugg 1 Vrtl. über den Bözberg biß Elfingen 1. 1 halbe. Bözen 1 halbe. Hornusen 1 halbe. Unter-Frick 1. 1 halbe. Stein 1. Mompf 1 Vrtl. Mölli 1. 1 Vrtl. Rheinfelden 3 Vrtl. Warmbach 1 Vrtl. Wiehlen 1. 1 Vrtl. Grenzach 1 halbe. Basel 1 St.

4. Von Zürich auf Bellenz. 37. 1 Achtel St.

Biß Altorff 14. 3 Achtel. Erstfeld 1. Am Stäg 2. Wesen 3. Gestinen 1. Teufelsbrugg 1. 1 halbe. Urselen 1 halbe. Hospital 1 halbe. Auf den Gotthard, zu den Capuzinern 2. 1 halbe. Oriels 1. ein halbe. Piota 1 halbe. Ober-Umbri 1 halbe. Unter-

Umbri 1 Vrtl. Dacio grande 1 halbe. Zoll-
haus 1 halbe. Feudo 1 halbe. Giganeo
1 halbe. Jruis 1. Giornico 3 Vrtl. Bodis
3 Vrtl. Poleggio 3 Vrtl. Bellenz 3. 3 Vrtl.

5. Von Zürich auf Bern. 24. und
3 Viertel Stund.

Baden 4. 1 Vrtl. Mellingen 1. 1 halbe.
Lenzburg 1. 1 halbe. Suhr 2. Entfelden
5 Achtel. Kölliken 1 halbe. Saffenweil 1.
Rotherist 1. 3 Vrtl. Morgenthal 1. 3 Vrtl.
Vützberg 1. 3 Vrtl. Herzogenbuchsee 1. 1 Achtel. Seeberg 1. St. Niclaus 1. Kilchberg 1.
1 Vrtl. Hindelbank 1. 1 Vrtl. Bern 2. 3 Vrtl.

6. Von Zürich auf Biel, 23. 3 Vrtl. St.

Baden 4. 1 Vtl. Mellingen 1. 1 halb. Lenzburg 1. 1 halb. Ruhe 2. Arau 1 halb. Schö-
newerd 1. Olten 2. Wangen 1 halbe. Rickenbach 1 Vrtl. Hegendorff 1 Vrtl. Egri-
kingen 1. Ornzigen L. Wilchsingen 1 Vrtl.
Wipp 1 Vrlt. Dürrmüllt 1 Vrtl. Wetli-
spach 1 Vrtl. Addisweil 3 Vrtl. Solothurn
1. 1 Vrtl. Selzach 1. Haag 3 Vrtl. Bett-
lach 1 Vrtl. Grenchen 1 halbe. Lengnau
1 halbe. Pieterlen 1 halbe. Biel 1. 1 halbe.

7. Von Zürich auf Chur.
23. 1 halbe St.

Als Lachen über den See 7. Galgenach ein
halbe. Sibnen 1 halbe. Schübelbach 1 halbe.
Butiken 1 halbe. Reichenburg 1 halbe. Unter-
Bilten 1 halbe. Ober-Bilten 1 Vrtl. Nieder-Urnen 1 halbe. Ziegelbrugg 1 Viertel.
Wesen 1 halbe. Ueber den See nach Wallen-
statt 4. Fluens 1. 1 halbe. Sargans 1.
1 halbe. Ragaz 1. Izers 2. Chur 2.

8. Von Zürich auf Constanz. 12. 3 Vtl. St.

Basserstorf 2. Winterthur 2. Frauenfeld
3. 1 Vrtl. Pfyn 1. 1 Vrtl. Müllheim 3 Vrtl.

Lipperschweil 3 Vrtl. Grevenhausen 1 Vrtl. Sunterschweil 1 halbe. Wäldi 3 Vrtl. Dägerweilen 3 Vrtl. Constanz 1 halbe.

9. Von Zürich auf Freyburg.
30. 1 halbe Stund.

Bis Bern sehet Nro. 5. 24. 3 Vrtl. St. von da nach Wangen 1. 1 Vrtl. Sensebrug 2 St. Wünnenweil 1 halb. Schmidte 1 halb. Verg 1. Freyburg 1 halbe.

10. Von Zürich nach Genf.
48. 3 Vrtl. St.

Bis Bern 24. 3 Vrtl. St. Capellen 1. 1 halbe. Gümmienen 1. 1 halbe. Morat oder Murten 2. Avenges od. Wistispurg 1. Payerne oder Peterlingen 1. Marnand 1. 1 halbe. Lucens 1. 1 halbe. Moudon oder Milden 1. Montpreveye 2. 1 Vrtl. Lausanne 1. 3 Vrtl. Morges 2. Rolle 2. Nyon 2. Coppet 1. Versoy 1. Geneve 1.

11. Von Zürich auf Glarus. 13 St.

Bis Nieder-Urnen sehet Nro. 7. 10. 3 Vtl. Stund. Ober-Urnen 1 halbe. Nettstall 1. Glarus 3 Vrtl.

12. Von Zürich auf die Gletscher im Grindelwald. 40. 1 Vrtl. St.

Bis Bern 24. 3 Vrtl. St. Münsingen, Wichtracht, Kilsen, Heimberg u. Thun 6. St. Ueber See zum Neuhauß 4. Unterseen 1 halb. Zweylütschinen 2. Grindelwald 3.

13. Von Zürich auf Herisau. 15 St.

Sehet die Route Nro. 17. bis Gossau 13. 3 Vrtl. St. Herisau 1. 1 Vrtl.

14. Von Zürich auf Lucern. 10 St.

Wolllshofen 1. Adlischweil 1 halbe. Auf den Albis-Berg 1. Rifferschweil 1. 1 halbe. Knonau 3 Vrtl. St. Wolfgang 1. 1 Vrtl.

Honau 1. 1 halbe. Roth 1 halbe. Dierifen
1 halbe. Ebifen 1 halbe. Lucern 1.

15. Von Zürich auf Müllhausen.
23. 1 Vrtl. Stund.

Auf Basel, sehet Nro. 3. 16. 1 halbe St.
St. Louis 3 Vrtl. Bartenheim 2. Sierentz
1 halb. Habsheim 2. Mülthaussen 1. 1 halbe.

16. Von Zürich nach Neufchatel.
29. 1 Vrtl. Stund.

Bis Biel sehet Nro. 6. 23. 1 halbe St.
Vigneule 1 halbe. Altferne 3 Vrtl. Tu-
scherz 1 Vrtl. Wingreis 1 Vrtl. Tawenna
1 Vrtl. Lippscheal 1 Vrtl. Steresse 1 Vrtl.
Chavanne 1 Vrtl. Neuveville 1 Vrtl. Mon-
tet 1 Vrtl. Grissach 1 halb. Cornau 1 halb.
St. Blaise 1 halbe. Neufchatel 1.

17. Von Zürich nach St. Gallen.
15. 3 Viertel St.

Bis Winterthur sehet Nro. 21. 4 Stund.
Elgg 2. 1 halbe. Duttweil 1. 1 Viertel.
Mönchweil 1. Weil 1. Büren 2. Gossau 2.
Bruggen 1. 1 Vrtl. St. Gallen 3 Vrtl.

18. Von Zürich nach Schaffhausen.
9 ein halbe St.

Glattbrugg 1 ein Viertel. Kloten 1 halbe.
Seb 1. Bachenbülach 1 halbe. Bülach ein
Viertel. Eglisau 1 ein halbe. Rafz 1. Lott-
stätten 1. Jestätten 1. Schaffhausen 1 ein
halbe.

19. Von Zürich nach Schweitz.
11 ein Viertel St.

Bis Richtenschweil, zu Wasser oder Land,
5 St. Auf die Schindellegi 1. Alt Matt 1.
1 Viertel. Roth Thurn 1. Steinen 2.
Schweitz 1.

20. Von Zürich nach Solothurn.
18. 1 halbe Stund.

Sehet die Route nach Biel Nro. 6.

21. Von Zürich auf Stein am Rhein.
8. 3 Viertel Stund.

Schwamendingen 1. Wallisellen 1 Vrtl. Rieden 1 Vrtl. Pafferstorff 1. Nürnstorff 1 halbe. Breiti 1 Vrtl. Töß 3 Vrtl. Winterthur 1 Vrtl. Seuzach 3 Vrtl. Gütikhausen 1. 1 Vrtl. Neunförn 1 halbe. Ober-Stammheim 1. Stein 1.

22. Von Zürich bis Zoffingen.
12. 1 Achtel Stund.

Altstätten 1. Schlieren 3 Achtel. Dietiken 3 Vrtl. Wettingen 1. 1 halbe. Baden 3 Achtel. Mellingen 1. 1 halbe. Lenzburg 1. 5 Achtel. Hunzischweil 1. 1 Achtel. Sur 3 Viertel. Entfelden 5 Achtel. Kölliken 1 halbe. Saftenweil 1. Zoffingen 1.

23. Von Zürich nach Zug.
5. 1 halbe St.

Ueber den Zürich-See bis Horgen 3. St. Sihlbrugg 1. Zug 1. 1 halbe.

Oder:

Auf das Albis 2. St. Cappel 1. Baar 1. Zug 1 St.

Eydgenößisches Münzwesen.

Weil jeder der Eidgenößischen Ständen mit allen Rechten der Hoheit, auch dasjenige der Münz hat, so ist sich über die in der Schweitz herrschende Verschiedenheit nicht zu verwundern, da sie theils schon sehr alt ist, theils mehr oder weniger sich nach den Umständen derjenigen Nachbarschaft richten müßte, mit welcher die meiste tägliche Verkehr ware. Um aber den dermaligen Zustand der verschiedenen Eydgenößischen Währungen zu erkennen, so muß man sich nicht an die eigene Münzen derselbigen halten, weil sie nicht allen Ständen gemein und die cursierende mehr Bruchstücke als grobe Sorten sind; sondern man muß einen allen gemeinen Maasstab suchen, und diesen findet man am besten an dem Französischen doppelten sogenannten Neuen Cronen- Feder- oder Laubthaler von 6. Livres, weil die Französ. groben Sorten die einige gemeinsame Münz der Eydgenoßschaft sind.

Wann nun diese Thaler untersucht, so wie sie dermalen im Lauf sind, so wiegt ein Stück nach der Cöllnischen Mark * zu 4352 Gran

* Die Cöllnische Mark verhält sich zu der Französischen wie 104 3/4 zu 100. Man rechnet gemeinlich 105. vor 100./ aber letztre wird in 4608. Gran abgetheilt, welche also ungefehr 1. pro Cento leichter als die Cöllnische sind.

gerechnet, 544. Gran; weil sie aber nicht 16. sondern 14. und ein halben Pfenning fein halten, so bestehet bemeldter Thaler auß 493. Gran feinen Silbers. Dieses sene der Maßstab.

Zürich.

Der Französische Thaler giltet allda 2. 1/2. fl. und so kommt vor einen dortigen Gulden an feinem Silber 197 1/2. Gran, und die Mark feinen Silbers auf 22 fl. 4 kr. Dieser Gulden giltet 40. Schilling oder 60. kr.

Die reale Münzen sind:

Ducaten, 68 auf die rohe Mark, zu 4 fl. 30 ß.
Thaler, 11 auf die feine Mark, zu 2 fl.
Halbe Thaler zu 1 fl.
Halbe Gulden zu 20 ß.
Ortsgulden oder Vierbäzler zu 10 ß.
Zweybäzler zu 5 ß.
Schilling.
Rappen oder 3 Haller. 4 vor 1 ß.
Angster oder Pfenning. 6 vor 1 ß.

Ideale Münzen.

Pfund (Haller) vor 20 ß.
Bazen. 16 vor 1 fl.
Haller. 12 vor 1 ß.
Creuzer. 60 vor 1 fl.
Mark Silber 5 Pfund.

Bern.
Freyburg.
Solothurn.
Biel.
Wallis.

Neuenburg.
Bischthum Basel.

Der Französische Thaler giltet 40 Batzen.
Der Gulden 15 Batzen. Also kommen
auf jeden Gulden — 144 3/8 Gran.
und die Mark fein stehet auf 23 fl. 36 kr.

Die reale Münzen sind:

10
5
2 1/2 } Batzen-Stücke.
1
1/2

Creutzer zu 8 Haller.
Halbe Creutzer oder Vierer.

Die ideale Münzen sind:

Cronen zu 25 Batzen.
Gulden zu 15 Batzen, 40 ß. oder 60 kr.
Pfund. 2 vor 1 fl.
Schilling. 40 vor 1 fl.
Haller. 12 vor 1 ß. 8 vor 1 kr.
Florins petits, i. d. Watt u. im Freyburg. 4 Bz.
— — bons, 5 Batzen.
Franken oder Schweitzer-Livre zu 10 Batzen.

Luzern.

Der Französische Thaler giltet 3 fl.; also ist
ein Gulden gleich — — 164 1/3 Gran,
und die Mark fein 26 fl. 29 kr.

Die reale Münzen sind:

Gulden vor 40 ß.

5
1 } Batzen. 15 vor 1 fl.
1/2

Schilling.   40 vor 1 fl. jeder zu 12 Haller.
Kreutzer.   60 vor 1 fl.
Rappen.   vor 3 Haller.
Angster   vor 2 Haller.

Die ideale Münzen:

Cronen vor 2 Gulden.
Gulden vor 40. ß. / die Münzgulden genennt werden.
Pfund vor 20 ß.

Uri.
Schweitz.
Unterwalden.

Der Französische grosse Thaler gilt 3 fl. 10 ß. kommt vor einen Gulden 151 9/13 Gran, und die Mark fein steiget auf 28 fl. 42 kr. Münzen, wie Luzern.

Zug.

Der Französische Thaler giltet 3 fl. 5 ß. komt vor einen Gulden - - 157 19/25 Gran, und vor die Mark fein 27 fl. 22 kr. Münzen, wie Luzern.

Glarus.

Der Französische Thaler giltet 2 fl. 25 ß. kommt also ein Gulden auf 169. 15/21 Gr. und die Mark fein 23 fl. 10 kr.

Basel.

Der Französische Thaler von 2 fl. 40 kr. kommt ein Gulden auf 184 7/8 Gran, und die Mark fein 23 fl. 33 kr.

Die reale Münzen sind:

Thaler von 30 Batzen oder 120 kr.
1/2 Thaler von 15 • • • • 60 • •
1/3 Thaler von 10 • • • • 40 • •
1/6 Thaler von 5 • • • • 20 • •
1/10 Thaler von 3 • • • • 12 • •
       1 • • • • 4 • •

1/2 Batzen oder Albus.
Rappen von 2 Haller.
Schilling assis oder Plapphart, zu 6 Rappen.

Ideale Münzen.

Thaler vor 2 Gulden.
Gulden vor 15 Batzen, oder 60 kr. oder 20 ß.
Pfund vor 12 Batzen.
Kreutzer vor 8 Haller.
Haller.
Das Wechselgeld ist der Französis. Thaler
       vor 2 fl. 24 kr.
 also der Gulden vor • • 20 s. 5/12 Grau.

Schaffhausen.
Appenzell.
Abt u. Stadt St. Gallen.
Thurgäu.
Rheinthal.
Sargans.
Toggenburg.

bedienen sich der Schwäbischen Währung.
Der Französische Thaler giltet also 2 3/4 fl.
 und so kommt vor den Gulden 179 3/11 Gran,
 und die Mark fein 24 fl. 16 kr.
 Nach dem Conventions-Thaler aber zu 10 vor
  eine feine Mark • • 181 1/3 Gran,
 und die feine Mark von 2. 2/5 fl. auf 24 fl.

Müllhausen.

gebraucht die Französ. Münz und Währung.

Bündten.

Der Französische Neue Thaler 3 3/8 fl. es kommt also der Gulden auf 146 1/27 Gr. und die Mark fein auf 29 fl. 47 kr.

Der Guld. hat 15 Batzen oder 70 Bluzger. Der Batzen 5 Bluzger. 2 Batz. 9 Blzger. 3 Batzen 14 Bluzger.

Vor den Reichs - oder guten Gulden zählt man 90 Bluzger.

Genf

hat zweyerley Währung, die Monnoye courrante und Petite.

In der erstern oder in courant gelten 4 grosse Französ. Thaler Liv. 14. 10 Sols 6 den. und so ist die Livre courrant · · 135 4/5 Gran. und die Mark fein 32 Pfund 1 Sols.

Die petite Monnoye beruhet auf dem Florin von 12. petits Sols, derer 42. vor 20. Courrant gezählt werden; solchergestalt hat ein Florin · · · 38 6/7 Gran. 21 Sols petit machen 10 Sols courrant.

Reale Münzen sind:

Pistolen · · Liv. 10 · · corr. Fl. 35 pet. mon.
Thaler · · · · 3 · · · · 10 1/2.
Stück · · · · · · 10 S. · · 21 Sols.
Stück 6 · ·
· · 3 · ·
· · 1 1/2.

Verhältniß der Gulden, wann der Zürichsche
zu 100. angenommen wird.

Zürich	100.
Bern ꝛc.	93. 48.
Luzern	83. 33.
Uri ꝛc.	76. 94.
Zug	80. 00.
Glarus	96. 20.
Basel	93. 75.
Wechselgeld	104. 19.
Schaffhausen ꝛc.	90. 91.
Bündten	74. 07.
Genf	19. 69.

Wer den feinen Halt fremder Sorten weiß, der kann nach obigen Grundsätzen das Pari mit jedem Wechselplatz gar leicht finden.

Nachricht,

wohin die Kupfer können gebunden werden.

No. 1. 2. 3. 4. 5. 6. werden jedes zwischen zween Monate gebunden.

―――――

Dieser Calender kostet gebunden 1 fl. und ungebunden 39 kr. netto in Zürich-Valuta.

―――――

www.ingramcontent.com/pod-product-compliance
Lightning Source LLC
Chambersburg PA
CBHW030817230426
43667CB00008B/1264